本书系国家社会科学基金教育学重点课题"职业学院与应用型本科产教融合评价体系与监测研究"（课题编号：AJA190013）研究成果

高职校企合作育人模式的影响机制研究

吴华溢 ◎ 著

Research on the Influence Mechanism of
the Cooperative Education Model
between Higher Vocational Schools and Enterprises

中国社会科学出版社

图书在版编目（CIP）数据

高职校企合作育人模式的影响机制研究 / 吴华溢著 . —北京：中国社会科学出版社，2024.4
ISBN 978 - 7 - 5227 - 3406 - 4

Ⅰ.①高… Ⅱ.①吴… Ⅲ.①高等职业教育—产学合作—教育模式—研究—中国 Ⅳ.①G718.5

中国国家版本馆 CIP 数据核字（2024）第 073749 号

出 版 人	赵剑英
责任编辑	张　林
特约编辑	肖春华
责任校对	朱妍洁
责任印制	戴　宽

出　　版	中国社会科学出版社
社　　址	北京鼓楼西大街甲 158 号
邮　　编	100720
网　　址	http://www.csspw.cn
发 行 部	010 - 84083685
门 市 部	010 - 84029450
经　　销	新华书店及其他书店
印刷装订	北京明恒达印务有限公司
版　　次	2024 年 4 月第 1 版
印　　次	2024 年 4 月第 1 次印刷
开　　本	710×1000　1/16
印　　张	19.5
插　　页	2
字　　数	322 千字
定　　价	109.00 元

凡购买中国社会科学出版社图书，如有质量问题请与本社营销中心联系调换
电话：010 - 84083683
版权所有　侵权必究

目　录

序言一 …………………………………………………………… (1)

序言二 …………………………………………………………… (1)

序言三 …………………………………………………………… (1)

第一章　导论 …………………………………………………… (1)
　第一节　研究背景与研究问题 ………………………………… (1)
　第二节　研究意义 ……………………………………………… (6)
　第三节　研究思路与著作结构 ………………………………… (8)

第二章　文献综述 ……………………………………………… (11)
　第一节　交易成本理论视角的研究 …………………………… (12)
　第二节　国家技能形成理论视角的研究 ……………………… (21)
　第三节　三螺旋创新模式理论视角的研究 …………………… (31)
　第四节　文献述评与扩展方向 ………………………………… (35)

第三章　理论框架 ……………………………………………… (44)
　第一节　多重制度逻辑分析框架的引入 ……………………… (44)
　第二节　框架构成维度 ………………………………………… (48)
　第三节　框架的理论蕴含 ……………………………………… (62)

第四章　研究设计 …… （77）
 第一节　研究方法 …… （77）
 第二节　案例选择 …… （80）
 第三节　数据收集与分析 …… （89）
 第四节　效度和信度的处理 …… （96）

第五章　校企合作政策发展的总体历程与育人模式 …… （98）
 第一节　校企合作政策发展的总体历程及其困境 …… （98）
 第二节　高职校企合作育人模式分析 …… （108）
 第三节　本章小结 …… （119）

第六章　高职校企合作育人模式的静态差异及其影响机制 …… （121）
 第一节　大规模紧密关联型合作育人模式的影响机制 …… （121）
 第二节　小规模紧密关联型合作育人模式的影响机制 …… （134）
 第三节　大规模松散关联型合作育人模式的影响机制 …… （150）
 第四节　小规模松散关联型合作育人模式的影响机制 …… （160）
 第五节　静态差异：四种模式的跨案例比较与讨论 …… （165）
 第六节　本章小结 …… （194）

第七章　高职校企合作育人模式的动态转换及其影响机制 …… （198）
 第一节　大规模紧密关联型向小规模松散关联型转换的影响机制 …… （198）
 第二节　小规模紧密关联型向大规模紧密关联型转换的影响机制 …… （210）
 第三节　动态转换：模式转换的案例内比较与讨论 …… （220）
 第四节　本章小结 …… （225）

第八章　多重制度逻辑下的高职校企合作育人模式及其理论探讨 …… （227）
 第一节　高职校企合作育人模式何以形成及理论贡献 …… （227）
 第二节　高职校企合作育人模式何以见效及理论发现 …… （231）

第三节　本章小结 …………………………………………… (243)

第九章　结论与建议 ……………………………………………… (245)
　　第一节　研究结论 …………………………………………… (245)
　　第二节　政策建议 …………………………………………… (247)
　　第三节　研究展望 …………………………………………… (251)

附录Ⅰ　政策文件来源说明 …………………………………… (252)

附录Ⅱ　1978—2021年高职校企合作育人形式词频统计 ………… (253)

附录Ⅲ　高职校企合作育人政策措施细节 …………………… (265)

附录Ⅳ　访谈材料及编码规则 ………………………………… (269)

附录Ⅴ　案例背景介绍 ………………………………………… (276)

附录Ⅵ　案例中涉及的图表 …………………………………… (287)

图 目 录

图 1-1　人社部：中国高技能人才求人倍率长期
　　　　保持在 2.0 以上 ………………………………………… (3)
图 1-2　政府推进职业教育校企合作育人的系列举措 ………… (5)
图 1-3　本书的技术路线 …………………………………………… (10)
图 2-1　国家主义模式、自由主义模式与三螺旋创新模式 ……… (32)
图 3-1　本书的理论框架 …………………………………………… (48)
图 3-2　"政校企行"四方联动 …………………………………… (59)
图 4-1　因果机制与案例选择方法 ………………………………… (81)
图 5-1　中国现代学徒制的政策演进脉络 ………………………… (110)
图 5-2　中国职教集团（联盟）的政策演进脉络 ………………… (112)
图 5-3　中国股份制与混合所有制的政策演进脉络 ……………… (116)
图 5-4　中国共建实习实训基地的政策演进脉络 ………………… (117)
图 5-5　中国订单式培养的政策演进脉络 ………………………… (119)
图 6-1　A 高职院校现代产业学院对接产业链育人模式 ………… (122)
图 6-2　A 高职院校现代产业学院的规模化发展路径 …………… (124)
图 6-3　A 高职院校现代产业学院的主管部门架构 ……………… (128)
图 6-4　2017—2020 年 A 高职院校经费收入情况 ………………… (129)
图 6-5　A 高职院校现代产业学院运行过程中的多重制度逻辑 … (134)
图 6-6　B 高职院校医学美容技术专业现代学徒制
　　　　主管部门架构 …………………………………………… (141)
图 6-7　QY 市现代学徒制试点工作领导小组架构 ……………… (142)

图6-8　B高职院校医学美容技术专业现代学徒制专用性技能的形成路径 …………………………………………（146）

图6-9　B高职院校医学美容技术专业现代学徒制运行结构 ………………………………………………………（148）

图6-10　B高职院校医学美容技术专业现代学徒制多重制度逻辑的关系 ……………………………………（149）

图6-11　2018—2021年C高职院校财政投入情况 ………（155）

图6-12　GD省高职院校的举办主体 ………………………（167）

图6-13　GD省高职院校的管理主体（以省属高职为例）………（168）

图6-14　GD省属和珠三角等市属财政拨款的差异 …………（171）

图6-15　珠三角与粤西、粤北、粤东区域市属高职院校财政拨款的差异 ……………………………………（172）

图7-1　E高职院校专业镇产业学院多元办学主体及其关系 ………（200）

图7-2　2011—2014年E高职院校专业镇产业学院多元办学主体的投资比例 ……………………………………（201）

图7-3　F高职院校产教对接模式 …………………………（217）

图8-1　四种高职校企合作育人模式的类型 ………………（228）

图8-2　高职校企合作育人模式的影响因素与成效机制 ……（232）

图8-3　行政科层逻辑：条块关系的影响 …………………（233）

图8-4　政治监管逻辑：问责风险的影响 …………………（235）

图8-5　企业市场逻辑：专用技能需求程度的影响 …………（238）

图8-6　多重制度逻辑之间的关系 …………………………（242）

表 目 录

表1-1 人社部：中国技能人才普遍短缺 …………………… (3)
表2-1 基于交易成本理论的相关研究（部分） ……………… (16)
表2-2 人力资产专用性、交易频率与高职校企合作
　　　育人模式 ……………………………………………… (19)
表2-3 人力资产专用性、市场需求与高职校企关系………… (19)
表2-4 资产专用性与职业教育治理结构类型………………… (20)
表2-5 集体主义技能形成中的合作治理……………………… (24)
表2-6 国家技能形成体系多样性的类型……………………… (27)
表2-7 政校企技能合作伙伴关系的类型……………………… (29)
表2-8 职业教育PPP项目协调模式的类型 ………………… (30)
表2-9 高职校企合作创新制度化的影响因素………………… (34)
表2-10 高职校企合作育人模式类型的比较………………… (37)
表2-11 三种解释路径的比较………………………………… (40)
表3-1 人力资产专用性程度的衡量标准……………………… (52)
表3-2 网络规模与高职校企合作育人关系研究……………… (56)
表3-3 高职校企合作育人模式的分类模型…………………… (59)
表3-4 问责风险对高职校企合作关系的影响研究…………… (66)
表3-5 组织声誉对高职校企合作关系的影响研究…………… (71)
表3-6 分析框架的操作化……………………………………… (74)
表4-1 GD省代表性产业的技能人才需求与缺口情况
　　　（2020年） …………………………………………… (83)
表4-2 案例类型的选择说明…………………………………… (84)

表 4-3　正负面案例的选择说明……………………………（85）
表 4-4　四个案例的基本情况…………………………………（86）
表 4-5　正负面转换案例的选择说明…………………………（88）
表 4-6　访谈者一览表…………………………………………（90）
表 4-7　二手数据一览表………………………………………（93）
表 5-1　高职校企合作育人模式总体分析 …………………（109）
表 5-2　政策视域下现代学徒制的主要特征 ………………（110）
表 5-3　政策视域下职教集团的主要特征 …………………（112）
表 5-4　政策视域下产业学院的主要特征 …………………（114）
表 5-5　政策视域下股份制与混合所有制的主要特征 ……（116）
表 5-6　政策视域下校企共建实习实训基地的主要特征 …（117）
表 6-1　D 高职院校与企业 T 订单式培养的特征 …………（161）
表 6-2　订单式培养的政策演变历程 ………………………（163）
表 6-3　静态差异下高职校企合作育人模式特征的比较 …（165）
表 6-4　条条关系对高职校企合作育人模式的影响 ………（173）
表 6-5　问责风险对高职校企合作育人模式的影响 ………（181）
表 6-6　专用技能需求程度对高职校企合作育人模式的影响 ……（188）
表 6-7　组织声誉对高职校企合作育人模式的影响 ………（195）
表 7-1　动态转换下高职校企合作育人模式特征的比较 …（221）

序言一

黄 崴[*]

随着产业结构升级和经济结构调整的不断加速，各行各业对高素质技能人才的需求日益迫切，职业教育在经济社会发展中的地位和作用更加凸显。作为职业院校人才培养主要路径的产教融合、校企合作引起国家的高度重视，上升为党和国家的战略布局。党的十九大报告提出"完善职业教育和培训体系，深化产教融合、校企合作"；党的二十大报告进一步提出"统筹职业教育、高等教育、继续教育协同创新，推进职普融通、产教融合、科教融汇，优化职业教育类型定位。"

为在理论上廓清校企合作育人有效模式的特性及其生成机制，吴华溢在读博期间以此问题作为其博士学位论文选题，从多重制度逻辑的视角对校企合作育人的典型案例比较，深入剖析校企合作育人模式的影响机制，经过深入研究，数易其稿，她最终完成了《高职校企合作育人模式的影响机制研究》博士学位论文并通过了博士学位论文答辩。在博士学位论文的基础上她又作了补充和完善，形成现在这部专著，我作为她的导师感到十分高兴。她希望我为该书写个序，我就此谈几点看法。

一是建立了校企合作育人的人力资产专用性和网络规模两维分析框架，为构建校企合作育人模式提供理论依据。作者引入人力资产专用性和网络规模两个重要概念，作为衡量职业院校校企合作育人模式有效性的两个重要变量。作者认为，人力资产专用性可以测量校企合作育人的深度；校企合作网络的规模可以衡量校企合作育人的广度。校企合作育

---

[*] 黄崴，中山大学政治与公共事务管理学院教授、博士生导师，现任广东培正学院校长、广东省教育评估协会会长。

人正是在这两个变量的相互作用下演化出"大规模紧密关联型合作育人模式""小规模紧密关联型合作育人模式""大规模松散关联型合作育人模式""小规模松散关联型合作育人模式"四个类型。

从校企合作育人网络规模大小来看，大规模合作模式要求同一行业、同一劳动力市场中竞争的多家企业与高职院校建立合作关系，以满足更加适合的技能人才培养需求。对企业来讲可以扩大可用技能人才的蓄水池，减少企业之间相互因人力资源招聘、培养和薪酬的竞争的投入成本。从学校来讲，可以规模化开展实习、实训、实践并扩大就业面，从而提高校企合作育人的规模效益。

从人力资产专用性程度来看，校企深度合作要求校企双方对培养专用技能人才进行大量的投入。企业参与校企合作育人的行为实质上是一种专用性人力资本的投资，只有当企业人力资本专用化程度较高时，企业才倾向与高职院校开展实质性的校企合作，反之则不愿意合作。同样的逻辑也适用于高职院校，高职院校培养的人才与行业产业对接越密切，企业越能够提供更专业的、更有效率的人才培养服务，高职院校才更愿意与之合作。

因此，促进小规模松散关联型合作育人向大规模紧密关联型合作育人转化，是提升高职校企合作育人成效的关键所在。大规模紧密关联型合作模式是职业教育改革与发展的重要目标。该模式能够防范企业随意剥削学徒工，促进行业内企业深度参与专用性技能人才的培养，产生规模化发展效应，满足现代工业化规模生产对大量的专用技能人才的需求。

二是引入多重制度逻辑分析校企合作育人的影响机制，对提高校企合作育人模式的有效性具有实践指导意义。作者运用所建立的理论模型，按照案例选择的"时空规制下的最大相似性"，选取了广州科学城现代产业学院及其联盟（产业学院）、医学美容技术专业现代学徒制（现代学徒制）、C高职院校示范性职业教育集团（示范性职教集团）、D高职院校与企业T的订单式培养（订单式培养）分别作为大规模紧密关联型合作模式、小规模紧密关联型合作模式、大规模松散关联型合作模式、小规模松散关联型合作模式的典型性案例。作者对这些案例进行了数据分析和深度访谈，开展了正面和负面案例的跨案例比较、正负面转换案例内部比较，厘清多重制度逻辑是如何影响人力资产专用性（深度）和网络规模（广度）两大核心因素，从而导致不同的合作模式及不同的合作模式为何有的有效、有的难以见效的机制。

高职院校校企合作模式所涉及的核心主体是政府、企业和职业院校，无论是政府、职业院校还是企业，任何方面的一厢情愿是无法有效推动校企合作育人的。因此，行政逻辑、监管逻辑、企业逻辑和院校逻辑对人力资产专用性和网络规模产生多重的制度影响，从而形成不同的校企合作育人模式并产生了不同的校企合作育人成效。

作者从行政逻辑、监管逻辑、企业逻辑和院校逻辑，对四个案例进行了分析比较，以解释校企合作何以有效。从行政逻辑看，纵向上，公办高职院校和国有企业分别都有中央、省级（直辖市、自治区）、地级（市）、县（市、区）级不同层级政府举办的。民办高职院校和民营企业虽然是由民间私人举办，但也受相应层级政府的管理。横向上，高职院校和企业的管理结构为"一主多辅"，也都有相应的主管部门，但根据学校或企业的不同业务，有相应的业务主管部门来管。由于纵向的多层级管理和横向的多部门管理，在管理和政策上会出现不协调、不一致现象，影响到校企合作育人运行和效果问题。比如，教育行政部门不竭余力推动产教融合、校企合作，但如果工商税务部门不出台相应的约束和激励政策，校企合作育人就很难深入开展。

从监管问责的逻辑来看，对企业的监管问责主要是通过工商税务部门、人社部门来实施的。对职业院校的校企合作育人成效的监督和问责，主要是通过教育行政部门的审计、督导来实施，这些对校企合作育人会产生一定的问责压力。实际上，我国目前在校企合作育人方面的监管问责体系尚未建立，这也是为什么我国的校企合作育人差强人意的重要原因。无论是学校还是企业，仅凭其自愿，没有外部问责压力，校企合作育人也是难以有效开展。

企业市场逻辑是指市场主体基于利益最大化目标开展协商、交易时需要遵循的规则和机制。从微观经济学看，当企业需要获取所需技能型人才时，面临的抉择是与高职院校合作培养或在劳动力市场上招聘。满足校企合作育人的利益机制是：合作培养的人才的专用技能须更符合本企业的需要；投入的成本相对最低；借助合作获得更好的品牌效应；获得政府的激励（政策的、资金的、奖励）。这些对企业参与校企合作育人具有重要的影响。

作为校企合作育人的重要主体的高职院校，其逻辑起点是通过校企合作育人达到办学的目标：一是实现学生专用技能的有效提升；二是促进学生实现良好的就业；三是获得更多的竞争优势；四是获得良好的办学声誉；五是获得更优质的生源和办学资源。这些目标的实现进一步巩固和增强学校地位。学校声誉越高，往往会吸引更多的更优质的合作伙伴，影响校企合作的网络规模。

概言之，行政逻辑影响到校企合作育人的深度和广度，监管问责逻辑影响到校企合作育人的深度，企业市场逻辑决定校企合作育人的深度，学校发展的逻辑影响技能合作的广度。这些发现说明，多重制度逻辑影响下的高职校企合作育人模式复杂多变，合作模式的形成及其成效是政府、学校和企业等多主体不同行为逻辑相互叠加及其互动的结果。

三是本书所提出的"两维"分析框架和"四重"制度逻辑对深入推进校企合作育人实践具有重要的启示。该书的这些研究构建了对职业教育校企合作育人模式差异性的一种解释框架，揭示出人力资产专用性和网络规模是校企合作育人模式建立的两个决定性要素，而校企合作育人的有效性主要取决于行政科层、监管问责、企业市场和院校发展逻辑的组合及其相互作用。

首先，高职院校和企业建立合作育人模式需要根据人力资产专用性和合作网络的规模的双重维度。任何高职院校和企业的合作，如果是小规模松散的抑或是大规模松散的，都达不到校企合作育人的目的。校企合作育人的根本目的是培养学生具有行业企业所需要的专用技能，但也必须考虑合作网络的适当规模。

其次，政府要加大有关的制度供给并提供有力的政策工具。目前职业教育法、国家职业政策都把职业教育发展和产教融合、校企合作、科教融汇作为战略问题给予重视，但有关的法规、政策更多的是宏观的软性要求，缺少微观的硬约束和可执行激励制度安排。政府不仅要对职业院校和企业提出校企合作育人的要求，还更需要厘定高职院校和企业在合作育人中的权利和义务，并在国家法规和政府的政策中加以明确，对校企合作育人中的学校和企业的行为进行约束和激励。同时对高职院校和企业的行为进行监督、指导、问责、整改。

再次，企业作为校企合作育人的利益主体，需要从企业的中、长期发展战略和企业担负的责任来考量，积极参与高职院校合作育人。企业发展的核心要素有战略、组织、人才、营销、创新、资金、品牌等，其中人才和创新则是核心竞争力。校企合作育人可以为本企业培养所需要的专用技能人才并进行技能人才储备，可以推进企业的管理和技术的创新，并提升企业的品牌效应。实际上，只要能保证企业获得最大的利益，大多数企业都愿意与高职院校合作开展人才培养。

最后，高职院校需要更加主动担负起实施校企合作育人的主体责任。高职院校不同于普通高等学校，其性质决定了它只有通过产教融合、校企合作才能培养经济社会发展所需要的技能人才。建立产业学院等形式的校企合作平台，实现专业设置、人才培养和技术研发与产业链、创新链、价值链的对接与融合。

总之，全面推进产教融合、校企合作育人是职业教育高质量发展的关键。吴华溢博士这本专著既是对校企合作育人模式理论的创新，也为校企合作育人的实践提供了重要依据。

谨以为序。

黄崴
于广东培正学院
2023年6月28日

序言二

岳经纶[*]

党的二十大报告全面阐述了中国式现代化概念，并指出人口规模巨大是中国式现代化的基本特征。人口规模巨大一方面意味着我国劳动力资源充沛，另一方面也意味着就业压力大。人口规模巨大，不仅意味着人口数量多，而且也意味着人口结构的复杂性。为了推进中国式现代化的进程，需要思考和探索如何从人口数量大国转变为人力资源大国、强国。面对低生育率，建立在廉价土地和劳动力基础之上的低成本发展模式不可持续，必须转向主要依靠劳动力质量驱动经济发展。为此，人口素质，特别是教育水平和技能水平必须得到提升，规模庞大的大学生群体的就业能力必须得到提升，技术人才，特别是高技能人才的队伍必须得到壮大。

进入新时代以来，随着人口结构与经济结构深度调整，我国劳动力供求两侧均出现了一些较大变化，一方面，产业转型升级、技术进步对劳动者技能素质提出了更高要求，另一方面，人才培养培训不能有效适应劳动力市场的需求，其结果是"就业难"与"招工难"并存，结构性就业矛盾更加突出。就业压力大主要表现在促进高校毕业生等重点群体就业任务艰巨。数据显示，2021年我国高校毕业生总规模高达909万人，较2020年增加35万；2022届高校毕业生规模预计1076万人，同比增加167万人；2023届高校毕业生将达到1158万人。越来越多的应届毕业生涌进劳动力市场，争夺着有限的就业岗位，应届毕业生面临的就业压力

---

[*] 岳经纶，中山大学教授，博士生导师，现任中山大学社会保障与社会政策研究所所长、教育部人文社会科学重点研究基地中山大学公共管理中心副主任。

不断增加。同时，还有大量农村富余劳动力需要转移就业，规模性失业风险不容忽视。为此，党的二十大报告要求实施就业优先战略，强化就业优先政策，健全就业促进机制，促进高质量充分就业。

为了推动结构性就业矛盾的解决，党的二十大报告要求健全终身职业技能培训制度。同时，还要求统筹职业教育、高等教育、继续教育协同创新，推进职普融通、产教融合、科教融汇，优化职业教育类型定位。改革开放以来，我国逐步建立起以企业、职业院校和各类培训机构为依托，以就业技能培训、岗位技能提升培训和创业培训为主要形式的培养培训体系。特别是党的十八大以来，我国高等职业教育得到了快速的发展。但是，近年来，大数据、云计算、物联网等新兴行业快速发展，企业对劳动者综合素质和技能提出了更高的要求，也对我国职业教育的发展带来了新的挑战。这些发展和挑战需要高职院校在技能人才培养模式和培养方法方面进行新的创新和变革，从而不断提高技能培训的质量，壮大技能型人才队伍。据最新的统计数据，我国技能劳动者仅占从业人员总数的27%，高水平创新人才仍然不足，需要普遍提升全民科学文化素质，强化高素质高技能人力资源支撑。

深化职业教育校企合作、提升校企合作育人质量，是高素质技能人才培养的基本路径。长期以来，我国形成了形态各异、多元并存的职业教育校企合作育人模式，但是有关这些合作模式形成的影响机制等关键问题，并没有得到深入系统的研究。华溢在中山大学攻读博士学位期间就把职业教育作为自己的博士学位论文研究方向，并把研究重点放在职业教育校企合作育人模式。通过多年的努力，华溢以在职身份完成了关于高职校企合作育人模式比较分析的博士学位论文，揭示了影响不同模式形成的主要因素，并且评估了不同育人模式的育人成效。

华溢的研究发现主要体现在以下三个方面：第一，在人力资产专用性和网络规模相互作用下，高职校企合作育人模式呈现了动态转化而非单一静态的特征；第二，从小规模松散关联型合作走向大规模紧密关联型合作，是提升高职校企合作育人成效的关键所在；第三，高职校企合作育人模式的形成及其产出成效是政府、学校与企业三方不同行为逻辑相互叠加与互动的结果，主要受到行政科层逻辑（条块关系）、政治监管逻辑（问责风险）、企业市场逻辑（专用技能需求程度）和院校发展逻辑

（组织声誉）四大要素的影响。

  华溢的研究具有重要的理论和实践意义。在理论上，本研究构建了多重制度逻辑下的高职校企合作育人影响机制的分析框架，为理解中国如何应对技能人才短缺问题提供有益的视角；在实践上，本研究明确了大规模紧密关联型合作育人模式是我国职业教育改革与发展的政策方向。华溢的博士学位论文得到了外审专家和答辩小组的认同。2022年秋天，华溢完成了博士学位论文答辩，并获得了博士学位。

  我虽然不是华溢的指导老师，但作为答辩小组成员，见证了华溢博士学位论文的修改和完善过程，目睹了她在学术上的不断进步，深感她是一位态度端正、勤学好问、勇于面对逆境、敢于挑战自己的年轻学人。毕业后，华溢把自己博士学位论文作为专著出版，并邀我作序，我欣然应允。相信华溢博士的新著可以嘉惠高职教育界的同人，并助力我国职业教育事业的高质量发展。

  是为序。

岳经纶

于广州中山大学

2023年6月10日

序言三

易 敏

国际政治环境和国内人口结构的压力日渐增大，为中国经济的持续发展带来危机。中国政府转向推进产业转型升级，为经济发展提供"提质增效"的新动能。在这一"百年未有之大变局"的浪潮下，人才可谓经济发展和产业升级的重中之重。其中，高技能人才作为将新技术和新设备转化为生产力的关键主体，为中国经济持续发展奠定了重要基石。

中国高技能人才培训的主要渠道是职业院校。截至2020年，中国共有1.13万所职业院校，在校生达3123万，为普通本科在校生的1.7倍，已建成全世界规模最大的职业教育体系，年均培训的技能人才过亿。然而，当前高技能人才短缺却仍然构成了制约中国经济高质量发展的瓶颈。同样截至2020年，中国技能人才占就业人口总量比例仅26.8%，高技能人才更是仅占6%左右。高技能人才的求人倍率长期保持2.0以上并持续升高，这意味着平均每2个，甚至3个高技能岗位才能获得1名高技能人才。可见，中国高技能人才不仅是数量不足，更存在技能人才培养与产业需求的不匹配问题，这已经构成中国经济发展的重要短板。

那么，如何弥合中国职业教育体系与中国产业发展需求间的显著差异呢？实践者与知识界将目光投向了企业，认为这一需求主体直接融入技能人才的培训体系，有利于弥合院校培训与企业需求间的鸿沟。由此，校企合作，成为中国技能人才培训体系改革的主要方向。经过多年探索和发展，中国职业教育校企合作育人已经形成订单式培养、现代学徒制、职教集团和产业学院等诸多典型模式，为中国职业教育的改革提供了重要经验。

那么，为什么中国职业教育的校企合作会形成如此众多的模式呢？各模式形成的影响机制是什么？这些模式之间是如何发展和相互转化的呢？作者为我们提供了一个有趣的分析。

这本书分别基于资产专用性理论和社会网络理论，搭建起具有内在一致性的分析框架。作者分别从技能合作的深度（即企业参与的程度）和广度（即参与企业和院校的数量）切入，将中国职业教育校企合作育人模式划分为小规模松散关联型、小规模紧密关联型、大规模松散关联型和大规模紧密关联型等四种理想类型，并从经典理论和田野观察中分离出条块关系、问责风险、专用技能需求程度和组织声誉四大关键变量，为不同模式的形成和绩效提供了系统解释。作者不仅关注了不同模式各自的相对静态形成过程，更进一步研究了不同模式之间的动态转化机制。

作者最终发现，政府、企业、院校等不同主体，在不同场域中不同的行动逻辑及其相互作用，共同形塑了校企合作育人的模式差异。作者认为，从小规模松散关联型走向大规模紧密关联型，即提升企业参与高技能人才培训过程的深度，扩展企业和院校的参与广度，是中国职业教育小企业合作的关键。

这本书的最大贡献在于构建起中国职业教育校企合作育人模式差异的整体性解释框架。作者首次观察到院校和企业的数量在合作网络中的重要意义，并创造性地引入社会网络理论，利用网络规模这一理论变量为校企合作的广度提供解释。同时，作者纳入既有研究中的知识专用性理论，基于校企合作的广度和深度搭建起四象限模型的类型学，为后来的研究者们提供了可供参考的有分析力度的解释框架。

自 2022 年起，职业教育纳入国家发展重大战略，"大国工匠"和"高技能人才"纳入国家人才战略，"探索省域体系建设新模式、打造市域产教联合体和行业产教融合共同体"成为国家战略任务。中国的高技能人才培训体系自此进入全新的发展时期。从这一角度讲，作者针对不同模式的绩效提出的产权保护、负面清单、对企业进行分类分层以及以多院校合作强化职校实力等研究结论对于中国现代职业教育体系的改革以及中国职业教育的高质量发展也有一定的参考价值。

易敏
于广州中山大学
2023 年 4 月 13 日

第 一 章

导　　论

第一节　研究背景与研究问题

职业教育事关国家发展和民族复兴,已纳入国家发展重大战略。中国不仅需要先进的科技工作者,还需要将先进科学技术和先进设备融合转化为现实生产力的数以亿计的高素质技能人才①(以下简称"高技能人才"),而职业院校是向劳动力市场输送高技能人才的主要渠道。据统计,截至 2020 年 12 月,我国有 1.13 万所职业院校、3123 万在校生,职业院校与普通本科院校在校生的比例为 1.7∶1,已建成世界规模最大的职业教育体系。近年来我国职业院校每年向社会输送 1000 万名以上的毕业生,每年培训上亿人次的技能型人才②。在现代制造业、现代服务业、现代农业产业和战略性新兴产业领域,一线新增从业人员 70% 以上来自职业院校毕业生③。职业教育已上升

---

①　本书将高素质技术技能人才、高素质技能型人才、高端技能型人才、高素质高级技能型人才、高等技术应用型专门人才、高级技能人才等表述统称为"高素质技能人才",以下简称"高技能人才"。高技能人才指在生产、运输和服务等领域岗位一线,具有精湛的操作技能的人员。包括技能劳动者中取得高级技能、技师和高级技师职业资格及相应职级的人员(《中华人民共和国职业分类大典》中第三至第六大类)。

②　田丽、赵婀娜、张烁等:《高质量发展呼唤高技能劳动大军——来自山东、江苏、浙江、贵州、广东等地的职业教育调研》,《人民日报》2019 年 7 月 26 日第 1 版;王延中、王俊霞、单大圣等:《改革开放 40 年与社会保障中国模式》,《学术界》2018 年第 8 期,第 17—42 页。

③　上海市教育科学研究院、麦克思研究院:《中国高等职业教育质量年度报告》,高等教育出版社 2019 年版,第 54—62 页;赵婀娜、张烁、吴月:《职教为高质量发展提供人才支撑》,《人民日报》2020 年 10 月 29 日第 1 版;李玉静、荣国丞:《高等职业教育高质量发展报告——基础与方向》,《职业技术教育》2021 年第 36 期,第 7—16 页。

至国家发展的战略高度，成为服务于现代化经济体系建设、促进就业创业和改善民生的重要战略举措。

然而，当前中国技能人才培养供给侧与产业需求侧的不匹配现象依旧突出①，高技能人才短缺问题成为制约经济社会可持续发展的瓶颈。人力资源和社会保障部公布的数据显示：截至2020年12月，我国技能人才总量超过2亿人，高技能人才达到5800万人。② 但我国技能人才占就业人口总量的比重仅为26.8%；高技能人才占技能人才总量的比重为28%，占就业人口总量的比重仅为6%左右；且我国高技能人才的求人倍率③长期保持在2.0以上。以制造业为例，2025年中国制造业十大重点领域技能人才需求缺口将达到2985.7万人，缺口率高达48%。④ 服务业的缺口更大，仅家政、养老等领域至少需要4000万技能人才。中国劳动力市场存在技能人才普遍短缺的现象，且技能人才短缺⑤问题在制造业中更为严峻，具体如表1-1和图1-1所示。

---

① 潘岳生、戴文静、潘正茂：《产教融合视域下高职院校推进高质量就业实施路径研究——以岳阳职业技术学院为例》，《职教通讯》2021年第5期，第78—83页。

② 中华人民共和国中央人民政府网站：《"技能中国行动"实施方案》，http://www.gov.cn/，2021年6月30日。

③ 求人倍率是指劳动力市场在同一周期内有效需求人数与有效供给人数的比率。即职位空缺率，在通常采用的指标中，难以填补的、未被填补的职位空缺数目过多是衡量技能人才短缺的一个重要标准。

④ 中华人民共和国教育部网站：《制造业人才发展规划指南》，http://www.moe.gov.cn/，2016年12月27日。

⑤ 《中国制造业2025与技能短缺治理》报告："中国劳动力市场的技能人才短缺包括技能总量短缺、技能质量滞后和技能供求不匹配三层含义。"其中技能总量短缺反映在中国高技能劳动力数量少、比例低以及企业存在广泛的技能人才招聘困难两个方面；技能质量滞后反映在中国劳动力技能水平低，可替代性强，难以支撑产业升级的要求；技能供求不匹配反映在产业结构与技能供给不匹配、工业技能供给不断下降、培养学生的技能与市场脱节三个方面。资料来源：杨钋、王星、刘云波：《中国制造业2025与技能短缺治理》，《中国教育财政政策咨询报告补充版（2015—2019）》，2021年；复旦大学、清华大学：《中国劳动力市场技能缺口研究》，http://www.econ.fudan.edu.cn/dofiles/all/.pdf，2016年11月21日。

表1-1　　　　　　　　人社部：中国技能人才普遍短缺

	2020年	"十四五"目标		2025年（万人）	
	技能人才		十大重点领域	人才总量预测	人才缺口预测
总数	2亿人+	新增4000万人+			
占就业人口比例（%）	26.80	30	新一代信息技术产业	2000	950
	高技能人才		高档数控机床和机器人	900	450
总数	5800万人+	N/A	航空航天装备	96.6	47.5
占技能人才比例（%）	28	东部地区达到35	海洋工程装备及高技术船舶	128.8	26.6
			先进轨道交通装备	43	10.6
		中西部地区提高2—3	节能与新能源汽车	120	103
			电力装备	1731	909
			农机装备	72.3	44
占就业人口比例（%）	6	N/A	新材料	1000	400
			生物医药及高性能医疗器械	100	45

资料来源：根据教育部、人社部与工信部联发的《制造业人才发展规划指南》（教职成〔2016〕9号），人力资源和社会保障部印发的《"技能中国行动"实施方案》（人社部发〔2021〕48号）中的数据整理。

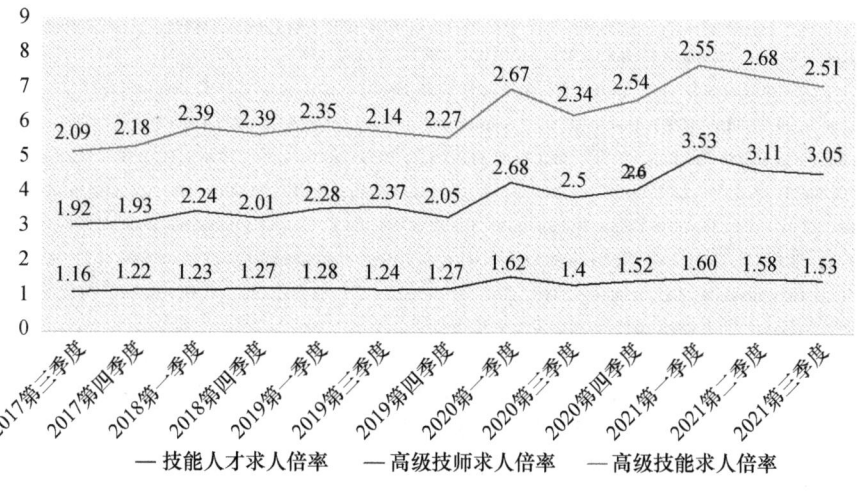

图1-1　人社部：中国高技能人才求人倍率长期保持在2.0以上

资料来源：根据人力资源和社会保障部网站中的数据整理并绘制。

技能人才短缺引发了贫困加剧①、中等收入陷阱②、大规模经济无效率③、失业和就业不足、技能价格上涨④及社会不稳定等一系列问题。究其原因，主要集中于四个方面：（1）经济发展引起劳动力需求结构的变化；（2）教育（尤其是职业教育）培训滞后，企业行业所需的技能与求职者具有的技能之间不匹配；（3）激励缺失导致技能提升的动力不足（包括工资水平、技能人才评价等）；（4）人口增长缓慢与老龄化导致技能人才供给不足等。其中行业企业所需的技能与求职者所具有的技能之间的不匹配是造成技能短缺的重要原因（或内在根源）⑤。因此，深化职业教育校企合作，提升校企合作育人质量，是新形势下职业教育内涵式发展的重要任务，也是我国人才强国战略和全面建设小康社会的题中之意。

在顶层设计方面，国家已在制度层面提出了推进职业教育校企合作育人的一系列举措，从最初的半工半读⑥、校办产业与生产实习基地建

---

① Lewis A. Economic Development with Unlimited Supplies of Labour [J], The Manchester School of Economic and Social Studies, 1954, 22（02）：139 – 191.

② Holder S. Schooling in the Workplace：How Six of the World's Best Vocational Education Systems Prepare Young People for Jobs and Life [M], Harvard Education Press, 2012：224.

③ Abraham K. Mismatch and Labour Mobility：Some Final Remarks [M], Cambridge University Press, 1991：102.

④ Alchian A. A., Demsetz H. Production, Information Costs, and Economic Organization [J], The American economic review, 1972, 62（05）：777 – 795.

⑤ Bosworth D. L., Dutton P., Lewis J. Skill Shortages：Causes and Consequences [M], Avebury, 1992：456 – 478；Booth A. L., Snower D. J. Acquiring Skills：Market Failures, Their Symptoms, and Policy Responses [J], Industrial and Labor Relations Review, 1998, 51（01）：128 – 132；Barnow B. S., Trutko J. Skill Mismatches and Worker Shortages：The Problem and Appropriate Responses [J], Urban Institute Policy Memorandum Prepared for the U. S. Department of Labor, 1998：336 – 372；Shah C., Burke G. Skills Shortages：Concepts, Measurement and Policy Responses [J], International Encyclopedia of Education, 2010, 31（01）：320 – 327；杨伟国、代懋：《中国技能短缺治理》，复旦大学出版社2011年版，第1—31页.

⑥ 计划经济时期（1949—1977），职业教育一直沿用"半工半读"的合作育人模式。市场经济转型时期（1978—2001），我国职业教育探索了"双元制"试点、"校办产业"与"生产实习基地"的育人模式，其中"双元制"沿袭了计划经济体制下的某些特征。而"校办产业"具有社会主义市场经济体制下的某些特征，其基本动力在于解决办学经费问题，实现"以企养校"。市场经济完善时期（2002年至今），校企成为两个独立的主体，真正意义上的职业教育校企合作育人不断发展。这一时期，政府相继推出了订单培养、职教集团、现代学徒制、产业学院等一系列举措，促进教育链、人才链与产业链、创新链有机衔接。

设，到开展订单式培养、职教集团，再到订单式培养、现代学徒制、企业新型学徒制，再到示范性职教集团（联盟）、产业学院、股份制与混合所有制改革等，形成了多元并存的格局，使职业教育校企合作的制度成果不断丰富，具体如图1-2所示。

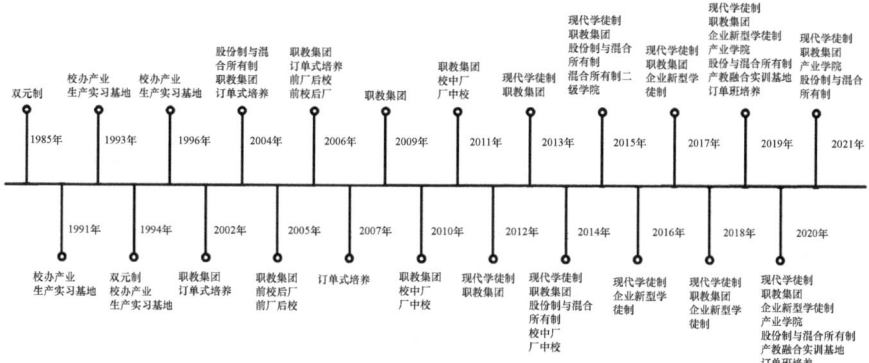

图1-2 政府推进职业教育校企合作育人的系列举措

资料来源：根据有关职业教育政策文件整理并绘制。

在实践推进方面，以上举措成为中国职业教育在不同时期实现校企合作育人和服务经济社会发展的重要形式。从目前来看，职业教育校企合作育人的形式（组织形态）主要有现代学徒制、企业新型学徒制、职教集团、产业学院、股份制与混合所有制、共建实训基地、订单式培养等。以上校企合作育人的形式存在诸多交叉，正因为诸多因素在实践中的变形与置换，从校企合作育人的基本形式中又可衍生出其他多种形态①。

综上可知，中国形成了形态各异、多元并存的职业教育校企合作育人形式，但是有关这些合作形式形成的影响机制等关键问题，并未得到深入系统的研究。对此，本书尝试在多重制度逻辑的理论框架下回答：高职校企合作育人模式类型有哪些，这些类型模式形成的影响因素有哪

---

① 周晶：《中国职业教育校企合作制度建设研究》，博士学位论文，东北师范大学，2015年，第80—81页；徐国庆：《从分等到分类：职业教育改革发展之路》，华东师范大学出版社2018年版，第129—145页；俞启定、和震：《中国职业教育发展史》，高等教育出版社2012年版，序言。

些,为何有些类型模式取得预期成效而另一些却没有,其中的机制又该如何解释。对这些问题的回答,有助于全面、深入地把握影响高职校企合作育人特征的因素,以及吸引企业和高职院校有效参与技能合作的因素与机制①,进而为提升高职校企合作育人的成效、解决中国如何应对技能人才短缺问题提供有益的视角。

第二节　研究意义

一切制度都孕育着行为,一切行为都表征出结果。职业教育校企合作育人模式作为多重制度逻辑下的政校企互动关系的经验表述,不仅表征为制度运行中政校企各自的行动逻辑及其不同联结方式,而且直接决定了职业教育校企合作育人的成效,展现了政府解决技能人才短缺问题的调适能力。本书以广东省高职院校为研究对象,建立高职校企合作育人模式的类型学划分,廓清多重制度逻辑下的政校企的行动逻辑及其互动规律,厘清高职校企合作育人模式的形塑机理,具有重要的理论价值和一定的现实意义。

首先,引入网络规模维度,建立高职校企合作育人模式的类型学划分。网络规模是影响高职校企合作育人类型建构的重要维度。从横向对比看,我国高职校企合作育人逐步从"标准化"人才培养和"定制化"人才培养向"校企网络化"优质人才培养模式转变,校企合作育人网络化是高等职业教育发展的必然趋势,而网络规模则是衡量整体社会网络化最直接的维度;从纵向对比看,目前世界上已有145个国家建立了国家资历框架体系,打通了职业教育内部结构之间,职业教育与普通高等教育之间以及职业教育与终身教育之间纵横衔接的渠道,形成了一种立体式社会网络结构,为引入网络规模维度奠定了基础。然而从已有文献看,很多研究着眼于分析人力资产专用性程度和地方政府协调水平等因素对高职校企合作育人模式类型建构的影响,但忽略了网络规模维度。本书的研究表明,人力资产专用性和网络规模的相互作用,可以有效阐释现

---

① [俄]托马斯·雷明顿、杨钋:《中、美、俄职业教育中的校企合作》,《北京大学教育评论》2019年第2期,第2—25、187页。

代高等职业教育发展的本质。由此，本书基于资产专用性理论和社会网络理论，以技能合作的深度（人力资产专用性程度）和广度（网络规模大小）为基础，建立高职校企合作育人模式的类型学，这有助于充实职业教育校企合作育人模式类型建构的微观理论基础。

其次，引入多重制度逻辑的分析框架，廓清多重制度逻辑下的政校企的行动逻辑及其互动规律，厘清高职校企合作育人模式的形塑机理。高职校企合作育人过程中必然会涉及多元行动主体，行动主体又受到各自所处位置的制度制约以及利益驱动等因素的影响①，形成各自的行动逻辑，这些行动逻辑又会诱发和塑造行为主体的具体行为，从而对高职校企合作育人模式的形成产生深刻的影响。但已有研究集中于对高职校企合作育人的描述以及对单一运行机制与影响因素的梳理，缺乏对制度运行中政校企的不同行动逻辑及其互动的考察，同时也对高职校企合作育人模式多样性缺乏深入的探讨。因此，本书通过反思和借鉴已有的解释路径，运用多重制度逻辑分析框架，探讨制度运行中政校企的行动逻辑及其互动和高职校企合作育人模式的形塑机理，这样不仅有助于拓展相关研究，还为理解当代中国高职校企合作育人模式的形成路径及其背后的机理提供了有益启示。

最后，有助于促进国家和地方完善职业教育校企合作育人的有关政策。依靠行业企业发展职业教育一直是国家的重要战略举措②。自2014年习近平总书记就加快发展职业教育作出重要批示以来，国家连续出台了30多个文件推进双主体校企合作，这折射出职业教育校企合作育人的重要性和紧迫性。本书对高职校企合作育人模式的类型学划分，明确了大规模紧密关联型合作模式是我国职业教育改革与发展的政策目标，其价值在于通过构建行业内企业与高职院校之间的合作网络来实现资产专用技能的有效供给。并在此基础上归纳了影响校企深度参与技能合作的若干因素，对促成国家和地方政策框架的落地具有一定的借鉴意义。

---

① 张斌：《多重制度逻辑下的校企合作治理问题研究》，《教育发展研究》2014年第19期，第44—50页；陶军明、庞学光：《多重制度逻辑下现代学徒制的实践困境与路径选择》，《西南民族大学学报》（人文社会科学版）2021年第9期，第206—212页。

② 杨进：《职业教育校企合作"双主体"办学：治理创新与实现途径》，高等教育出版社2019年版，第1页。

第三节　研究思路与著作结构

本书以 GD 省部分高职院校为研究对象，采用跨案例与案例内比较相结合的研究设计，探析高职校企合作育人四种模式的特征及其影响机制。首先通过我国技能人才培养供给侧与产业需求侧的错配现象引出研究问题；然后通过借鉴和反思已有的三种研究视角，依据多重制度逻辑的分析框架建构本研究的理论框架，从而进行研究设计和实证论述。在具体的实证论证和分析中，按照"背景分析—过程分析—机制分析"的线索展开：这一部分首先分析了中国职业教育校企合作政策发展历程和不同阶段校企合作育人的模式；在此基础上引入案例，并在理论的指导下，对高职校企合作育人模式及其表现进行深描，接着对影响高职校企合作育人模式的因素，以及相关主体行为逻辑及其互动进行分析与解释；最后对高职校企合作育人模式何以形成和何以有效问题进行进一步讨论，尝试在案例讨论的基础上探索新理论。

本书共九章。

第一章为导论。简要交代研究问题、研究意义和篇章结构，旨在向读者简明扼要地呈现本书研究的核心内容。

第二章进行文献综述。主要针对研究问题梳理、比较并总结相关已有研究，确定本书研究的焦点及其所在的理论位置，为构建本书研究的理论框架奠定基础。本章将从以下三个方面串联已有研究：（1）通过反思交易成本理论、国家技能形成理论和三螺旋创新模式理论在高职校企合作育人模式中的运用，发现影响高职校企合作育人模式形成的因素，确定影响企业和高职院校有效参与技能合作的理论基点；（2）通过梳理三种理论视角下高职校企合作育人模式的类型学研究，发现影响高职校企合作育人特征的因素，确定本书研究高职校企合作育人模式的类型学划分；（3）从不同高职校企合作育人模式与育人成效、技能人才短缺治理的关系中，建构本书研究的价值。

第三章构建理论框架。结合多重制度逻辑的分析框架发展出本书研究的核心理论框架。该理论框架呈现了多重制度逻辑、多种模式与多元效果之间的关系，也就是说，多重制度逻辑通过影响人力资产专用性和网络规模，导致了不同的校企合作育人模式，从而产生了不同的育人成效。

第四章介绍研究设计。围绕连接经验事件和理论重点规划研究设计，包括研究方法、案例选择说明、数据收集与分析以及效度和信度的处理等。其中本书研究主要采用正负面案例比较的跨案例分析和正负面案例转换的案例内分析相结合的研究方法，正面案例是指实现了相应理论所指向的结果的案例，负面案例则是指并未实现相应结果的案例。① 负面案例必须要与正面案例存在相似性，相似性是指负面案例除主要的解释变量之外，必须要具备与正面案例相似的必要条件，使其具备出现正面案例结果的可能性。②

第五章介绍政策背景。简述职业教育校企合作政策发展的总体历程与育人模式，以便为后续分析奠定基础。本章内容包括：（1）中国职业教育校企合作政策发展的总体历程及其困境；（2）通过对市场经济体制确立以来国家颁布的职业教育政策文本的分析，归纳出不同的校企合作育人形式及其在理论框架四种模式中的体现。

第六章和第七章为实证分析部分。第六章为正负面案例比较的跨案例分析（cross-case analysis），以所选取的正面案例、Ⅰ类负面案例、Ⅱ类负面案例、Ⅲ类负面案例为载体，从静态差异的视角分析和讨论高职校企合作育人四种模式的特征，以及制度运行中政校企的行动逻辑及其互动规律和高职校企合作育人模式的形塑机制。第七章则为正负面案例转换的案例内时序性分析（within-case chronologies），以所选取的"正面转负面案例""负面转正面案例"为载体，从动态转换的视角分析和讨

---

① Mahoney J., Goertz G., The Possibility Principle: Choosing Negative Cases in Comparative Research [J], American Political Science Review, 2004, 98 (04): 653–669; Emigh R. J. The Power of Negative Thinking: The Use of Negative Case Methodology in the Development of Sociological Theory [J], Theory and Society, 1997, 26 (05): 649–684; Tang S., Xiong Y., Li H. Does Oil Cause Ethnic War? Comparing Evidence from Process-tracing with Quantitative Results [J], Security Studies, 2017, 26 (03): 359–390.

② Mahoney J., Goertz G., The Possibility Principle: Choosing Negative Cases in Comparative Research [J], American Political Science Review, 2004, 98 (04): 653–669；周亦奇、唐世平：《"半负面案例比较法"与机制辨别——北内与华内的命运为何不同》，《世界经济与政治》2018年第12期，第30页。

论高职校企合作育人四种模式的特征，以及制度运行中政校企的行动逻辑及其互动规律和高职校企合作育人模式的形塑机制。

第八章为理论分析与总结。主要任务是回溯理论框架和研究命题，展现本书研究的理论贡献，推进相关理论对话。

第九章为结论与建议。旨在通过归纳本书的研究发现，阐述这些发现在理论与政策层面的意义，提出一些相对具有针对性的政策建议，并指出未来研究的可能方向。

本书的技术路线如图1-3所示。

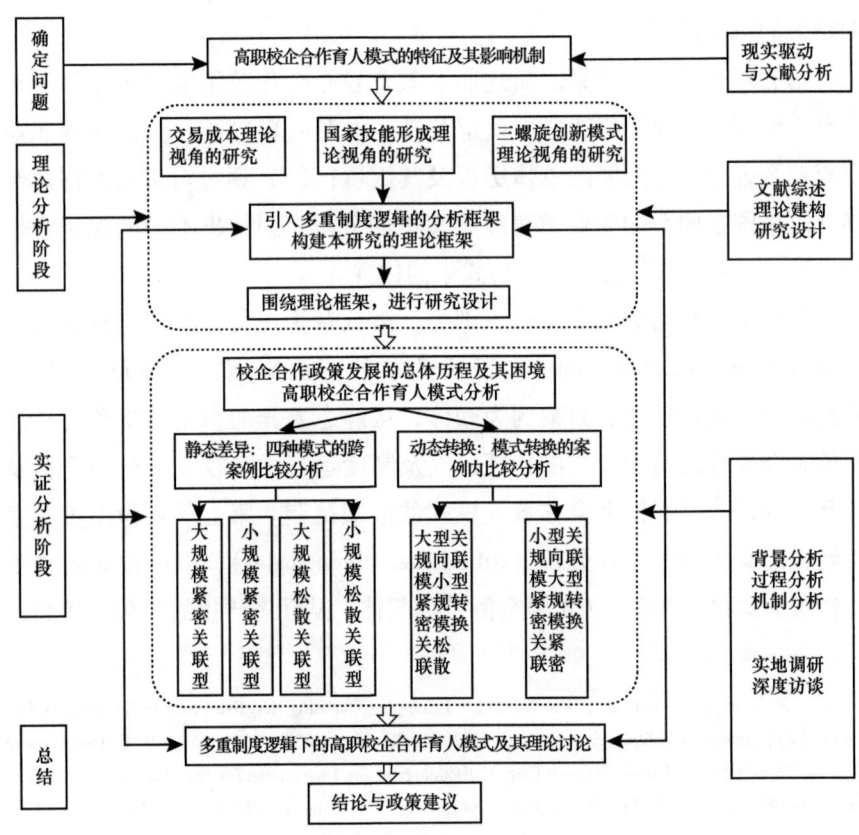

图1-3 本书的技术路线

资料来源：笔者自制。

第二章

文献综述

分析已有研究和相关政策文件，会发现有三大交错使用的概念，即产教融合、校企合作和工学结合。这三个概念其实是同一事物的三个层面：产教融合是宏观层面的概念，指产业系统与教育系统的融合[①]；校企合作是中观层面的概念，指职业院校与企业的合作；工学结合是微观层面的概念，指生产（工作）与教学（学习）的结合。本书研究从中观层面出发，研究高职院校与企业之间合作育人关系的建立，以下简称为高职校企合作育人[②]。高职校企合作育人模式的实质是高职院校和行业企业

[①] 葛道凯：《中国职业教育二十年政策走向》，《课程·教材·教法》2015年第12期，第3—13、81页；石伟平、郝天聪：《从校企合作到产教融合——我国职业教育办学模式改革的思维转向》，《教育发展研究》2019年第1期，第1—9页。

[②] 与普通教育不同，职业教育是一种与经济社会发展联系最为紧密的教育形态，其核心职能是为行业企业培养高素质技能型人才，根本路径是产教融合、校企合作。职业教育校企合作是指职业院校和企业在人才培养、科学研究、产品开发等方面开展的合作活动。目前，因职业院校和企业在技术研发和技术创新转化等方面的合作有限，本书所提及的职业教育校企合作主要指人才培养方面的合作。校企合作育人是2010年全国高等职业教育改革与发展工作会议上首次明确提出的政策概念。之后《关于推进高等职业教育改革创新引领职业教育科学发展的若干意见》（教职成〔2011〕12号）、《关于全面提高高等教育质量的若干意见》（教高〔2012〕4号）、《关于学习贯彻习近平总书记重要指示和全国职业教育工作会议精神的通知》（教职成〔2014〕6号）等一系列政策文件，均明确提出推进校企合作育人。虽然稍后的政策文件和已有文献中，出现了校企共同育人、校企"双主体"育人、校企"命运共同体"、校企协同育人等概念，但并未改变职业教育校企合作育人的内涵，进而为职业教育校企合作育人的进一步实施夯实了基础。根据《中华人民共和国职业教育法》的规定，中国职业学校教育分为中等和高等职业学校教育两种，其中高等职业学校教育定位于国际教育标准分类（The International Standard Classification of Education, ISCED）中的5B，包括高等职业技术院校（专科）、应用技术类型高等学校（本科）和部分技师院校三类。本书研究校企合作育人聚焦于专科层次的公办高等职业技术院校，校企合作育人模式与校企合作模式的内涵一致。

基于劳动力市场供需博弈结果的社会选择，也是提升高等职业教育人才培养质量的路径选择。[①] 目前学术界关于高职校企合作育人模式的研究主要聚焦于交易成本理论、国家技能形成理论和三螺旋创新模式理论等视角。

第一节 交易成本理论视角的研究

已有研究者普遍认为，校企究竟选择何种关系（模式）主要取决于交易成本[②]。交易成本理论是由科斯在1937年初步创立[③]，他提出了两个对组织研究具有深远影响的定理："如果交易成本为零，无论权力如何界定，都可以通过市场交易达到资源的最佳配置；一旦考虑到市场交易的成本，合法权利的初始界定以及组织形式的选择将会对资源配置效率产生影响。"[④] 交易成本理论的基本假设是有限理性和机会主义。威廉姆森指出："如果社会中充满高度理性，组织设计和组织分析也就无用武之地；如果没有投机行为，人们会一致同意按共同利益最大化的要求行动，不需要用其它经济组织来替代市场。"[⑤]交易成本理论认为，交易成本的

[①] 何菊莲、李缘等：《校企合作育人模式的调查与分析》，《人才资源开发》2017年第19期，第64—67页；娄志刚：《职业院校校企合作育人的动因、问题与实践进路》，《教育与职业》2022年第3期，第46—50页；张晶晶、郭晨：《中德职业教育治理结构比较研究——基于校企合作育人的视角》，《中国职业技术教育》2018年第21期，第45—51页。

[②] 目前交易成本并没有统一的概念，科斯认为是搜寻价格和签订合约的成本，阿罗给交易成本下的定义是经济系统的运行成本，威廉姆森认为交易转移过程中产生的摩擦就是交易成本，张五常认为是衡量和明确交易单位特征和实施契约的成本，随后又将交易成本扩展为制度费用，认为交易成本是一切制度费用。

[③] 张五常：《交易费用范式》，《社会科学战线》1999年第1期，第1—9页；[美]埃里克·弗鲁博顿、[德]鲁道夫·芮切特：《新制度经济学：一个交易费用分析范式》，姜建强、罗长远译，上海人民出版社2006年版，第542页。

[④] 奥利弗·E.威廉姆森、西德尼·G.温特：《企业的性质——起源演变和发展》，商务印书馆2010年版，第116—121页；王为民、尚晨晨：《职业院校混合所有制改革中的产权问题研究》，《中国职业技术教育》2021年第7期，第82—87页。

[⑤] 黄振羽、丁云龙：《小科学与大科学组织差异性界说——资产专用性治理结构与组织边界》，《科学学研究》2014年第5期，第650—659页；黄振羽：《大科学工程组织的治理结构冲突与演化研究》，博士学位论文，哈尔滨工业大学，2015年，第28—32页；奥利弗·E.威廉姆森：《资本主义经济制度——论企业签约与市场签约》，商务印书馆2002年版，第21—96、76、225—226页；奥利弗·E.威廉姆森：《治理机制》，中国社会科学出版社2001年版，第273—276页。

产生或存在取决于三个核心因素：有限理性、机会主义和资产专用性；区分各种交易的主要标志是资产专用性、不确定性以及交易频率①。其中资产专用性是最重要的标志，指的是在不牺牲生产价值的条件下，资产可重新用于不同用途和由不同使用者使用的程度。② 资产专用性是交易成本经济学与其他理论相区别的最重要的特点，交易成本理论的许多理论研究和实证研究主要依赖这个维度来实现③。目前已经识别出的资产专用性类型有六种④：人力资产专用性（Human-asset Specificity）、实物资产的专用性（Physical Asset Specificity）、场地专用性（Site Specificity）、特定用途资产的专用性（Dedicated Asset）、时间专用性（Temporal Specificity）和品牌资本专用性（Brand Name Asset）。

从影响机制来看，交易成本理论视角下的高职校企合作育人模式的研究大致呈现以下四种路径（具体见表 2-1）。

第一，交易成本产生的前提假设分析。研究者强调职业教育校企合作育人过程中会遇到有限理性、机会主义行为等问题，这些因素对职业教育校企合作育人模式的形成或选择具有重要影响。例如郝天聪⑤基于有限理性、投机行为、小数现象、环境的不确定性和复杂性四个维度，探讨职业院校和企业之间的组织关系，并认为在复杂的环境下，校企究竟选择何种关系主要取决于交易成本。李俊等探讨了有限理性、机会主义

---

① 方卫华：《自我利益与社会规范：社会科学中的三次革命》，《学海》2006 年第 4 期，第 186—193 页。

② 吴冰：《高职院校产学合作行为影响因素研究——专用技能人力资本形成的分析视角》，博士学位论文，南京农业大学，2014 年，第 23—26 页。

③ 彭光细：《新制度经济学入门》，经济日报出版社 2014 年版，第 44 页；奥利弗·E. 威廉姆森：《资本主义经济制度——论企业签约与市场签约》，商务印书馆 2002 年版，第 93 页；Williamson O E. Comparative Economic Organization: the Analysis of Discrete Structural Alternatives [J], Administrative Science Quarterly, 1991: 269-296。

④ 彭光细：《新制度经济学入门》，经济日报出版社 2014 年版，第 44 页；奥利弗·E. 威廉姆森：《资本主义经济制度——论企业签约与市场签约》，商务印书馆 2002 年版，第 93 页；Williamson O E. Comparative Economic Organization: the Analysis of Discrete Structural Alternatives [J], Administrative Science Quarterly, 1991: 269-296。

⑤ 郝天聪、石伟平：《从松散联结到实体嵌入：职业教育产教融合的困境及其突破》，《教育研究》2019 年第 7 期，第 102—110 页。

和资产专用性对高职校企合作组织间关系的影响，他们认为由于存在有限理性，校企合作双方不可能在签订校企合作协议时制定一个完备的合同①，这就需要建立一种机制"经济合理地运用有限的理性，同时又能保护各利益主体免受投机行为之苦"②；由于存在机会主义倾向，校企合作双方可能会因为专用资产的准租金而进行"敲竹杠"。且随着资产专用性程度的增加，校企合作双方会由组织间市场关系演变为具有高度相互依赖性的双边关系或多边关系③。

第二，影响交易成本产生的内因分析。很多研究者强调资产专用性、交易不确定性、交易频率的变化以及其相互作用对职业教育校企合作育人模式形成或选择具有重要影响④。例如刘志民和吴冰通过定量分析发现，校企合作育人水平的差异是由人力资产专用性与市场需求共同作用的结果，"只有兼具专用技能投资需求和技能投资策略的企业才倾向于和高职院校开展实质性校企合作，而非投资策略企业的校企合作动力主要在于获取技能从而降低企业生产成本"⑤。李亚昕等通过对企业资产专用性的限制、企业参与校企合作育人的不确定性和企业参与校企合作育人频率变化的分析得出，较高的交易费用是导致企业参与职业教育校企合

---

① 黄振羽、丁云龙：《小科学与大科学组织差异性界说——资产专用性、治理结构与组织边界》，《科学学研究》2014年第5期，第650—659页。

② 奥利弗·E. 威廉姆森：《资本主义经济制度——论企业签约与市场签约》，商务印书馆2002年版，第80—93页。

③ 李俊：《企业参与职业教育的关键制度要素研究：基于新制度经济学的分析》，《江苏高教》2017年第1期，第85—89页。

④ 朱俊：《产权秩序与治理效率》，《中国职业技术教育》2016年第34期，第172—178页；肖凤翔等：《论企业参与现代职业教育治理的制度供给路径——基于交易费用的分析方法》，《教育研究》2016年第8期，第57—63页；王亚鹏：《基于交易费用分析的企业参与现代职业教育治理的机制创新》，《教育与职业》2017年第12期，第34—40页；李亚昕：《企业参与现代职业教育治理研究——基于新制度经济学的分析》，博士学位论文，天津大学，2017年，第23—25页。

⑤ 刘志民、吴冰：《企业参与产学合作培养人才的机理研究：基于新制度经济学的分析》，《高教探索》2013年第5期，第27—32页；吴冰、刘志民：《技能形成制度对高职产学关系的影响：基于新制度经济学的分析》，《教育发展研究》2014年第13期，第59—66页；吴冰、刘志民：《人力资本专用性对高职校企合作的影响》，《高教发展与评估》2015年第6期，第27—34、82页；刘志民、吴冰：《企业参与高职校企合作人才培养影响因素的研究》，《高等工程教育研究》2016年第2期，第143—147页。

作育人集体行动困境的重要原因①。

第三，影响交易成本产生的外因分析。很多研究者强调外部市场因素、"搭便车"问题对职业教育校企合作育人模式形成或选择具有重要影响。微观经济学认为，当企业获取所需技能时，会面临着一个选择：是与职业院校合作"制造"技能还是在劳动力市场上"购买"技能②。在高流动的劳动力市场上，如果企业参与职业教育技能培养，一旦培养的技能人才流失，企业就无法获得技能投资的回报，因此，理性的企业则会选择不参与职业教育技能投资。而试图通过"挖人"来节约技能投资的成本③，选择这种策略的企业越多，从事技能投资的企业的资本损失就越大，企业参与技能投资的积极性就越小，由此呈现恶性循环④。加里·贝克尔（Gary Becker）对以上观点提出质疑。贝克尔以在职培训为载体，将企业对技能的需求分为通用性人力资本和专用性人力资本，并提出无论哪一种技能形式，"挖人"的界外效应都不会成为问题⑤。贝克尔认为，从通用性人力资本的角度来看，"挖人"不是一个负向因素的存在，反而激励了企业员工对自身通用性人力资本的投资；从专用性人力资本的角度来看，"挖人"是不存在的，因为企业投资之后，主要提升投资企业的生产率，员工一旦离开企业就会失去价值。与此同时，出现了大量批判和超越贝克尔的研究。Acemoglu和Pischke通过对德国学徒制的分析，指出："企业非理性地投资于技能培

---

① 李亚昕：《企业参与现代职业教育治理研究——基于新制度经济学的分析》，博士学位论文，天津大学，2017年，第124页。

② Finegold, D., and Soskice, D. The Failure of Training in Britain: Analysis and Prescription [J], Oxford Review of Economic Policy, 1988 (03): 21-53.

③ Remington, Thomas F., Business-government Cooperation in VET: a Russian Experiment with Dual Education [J], Post-Soviet Affairs, 2017, Vol. 33 (4): 313-333.

④ 凯瑟琳·西伦：《制度是如何演化的：德国、英国、美国和日本的技能政治经济学》，上海人民出版社2010年版，第1—3页；Hansen, and Eugune, H. Caps, and Gowns: Historical Reflections on the Institutions that Shaped Learning for and at Work in Germany and the United States [J], Journal of Economic History, 1999 (02): 528-626。

⑤ ［美］加里·贝克尔：《人力资本》（第3版），陈耿宣译，机械工业出版社2016年版，第28—50页；M Stevens. Human Capital Theory and UK Vocational Training Policy [J], Oxford Review of Economic Policy, 1999 (01): 16-32, https://doi.org/10.1093/oxrep/15.1.16。

训在于劳动力市场的不完善。"①Aghion 和 Howitt 指出："劳动力市场的不完全竞争性，可以使企业通过技能投资获取额外收益，企业技能投资的意愿和动机亦随之产生。"② 在此基础上，学者们从信息不对称性、技能偏向的技术进步理论和工资挤压效应（wage compression）、人力资本红利等四个维度进一步探讨和解释企业对技能的投资③。

第四，合同签订前后的交易成本分析。研究者认职业教育校企合作育人的问题其实就是一个为了某种特定目标而如何签订合同的问题。奚进通过对企业参与职业教育校企合作前和合作过程中的交易成本的探讨，证明了交易成本是制约企业参与校企合作育人的重要因素，也是影响校企合作形式选择的关键要素④。李俊通过对职业教育校企合作协议签订前和合作协议签订后交易成本的探讨，指出交易成本与职业教育治理结构的选择密切相关⑤。

表2-1　　　　　基于交易成本理论的相关研究（部分）

作者	理论基础	观点
郝天聪（2019）	理论基础：交易成本理论 系列概念：有限理性、不确定性和复杂性、行为的投机性倾向、小数现象	校企究竟选择何种关系主要取决于交易成本： a. 有限理性使校企"双主体"办学难以名副其实 b. 环境不确定性和复杂性影响校企合作的稳定性 c. 投机性倾向使校企合作难以触及人才培养层面 d. 小数现象使双边合作面临诸多体制机制障碍

---

① Acemoglu, and Pischke, J. S. Why do Firms' Train? Theory and Evidence [J], Quarterly Journal of Economics, 1996: 79-119; Acemoglu, D., and Pischke, J. S. The Structure of Wages and Investment in General Training [J], Social Science Electronic Publishing, 1998 (01): 1-25.

② Aghion, P., and Howitt, P. Wage Inequality and the New Economy [J], Oxford Review of Economic Policy, 2002 (03): 306-323.

③ Winchester, N., and D Greenaway. Rising Wage Inequality and Capital-skill Complementarity [J], Journal of Policy Modeling, 2007 (01): 41-54.

④ 奚进：《企业参与职业教育校企合作的交易成本及补偿机制构建》，《中国职业技术教育》2018年第33期，第43—50页；戴先红：《产学研一体化视域下高职院校校企合作的现状及路径》，《齐鲁师范学院学报》2022年第3期，第7—11、19页。

⑤ 李俊：《企业参与职业教育的关键制度要素研究：基于新制度经济学的分析》，《江苏高教》2017年第1期，第85—89页。

续表

作者	理论基础	观点
朱俊 (2018)	理论基础：交易成本理论 交易属性：资产专用性、不确定性、交易频率	影响校企合作选择市场外部交易还是公共生产的主要变量实质上与校企合作双方的交易成本有关
王春旭 (2018)	理论基础：交易成本理论 交易属性：资产专用性、不确定性、交易频率	校企之间的合作形式实际上是按照"生产"技能的技术复杂性（资产专用性、不确定性等），共同构建的一个关于技能形成的治理结构
奚进 (2018)	理论基础：交易成本理论 合作前：信息成本、议价成本、决策成本 合作中：执行成本、风险成本、监督成本	交易成本是制约企业参与校企合作育人的重要因素，也是影响校企合作形式选择的关键要素
王亚鹏 (2017)	理论基础：交易成本理论 人性假定：有限理性和行为的机会主义 交易维度：资产专用性、不确定性、交易频率	较高的交易费用和成本付出是制约企业积极参与现代职业教育治理的重要因素
李亚昕 (2017)	理论基础：交易成本理论和产权理论 分析前提：效用最大化、有限理性、机会主义 内因：资产专用性、不确定性、交易频率 外因：外部市场因素和"搭便车"问题	较高的交易费用是导致职业教育校企合作集体行动困境的重要原因
李俊 (2017)	理论基础：交易成本理论 核心因素：有限理性、机会主义、资产专用性	交易成本是影响职业教育校企合作的核心因素，交易成本与职业教育治理结构的选择密切相关
朱俊 (2016)	理论基础：交易成本理论和产权理论 交易属性：资产专用性、不确定性、交易频率	职业教育校企合作制度变迁的核心旨在节约技能形成过程的交易费用，达到完成校企合作收益与效率的统一

续表

作者	理论基础	观点
肖凤翔（2016）	理论基础：交易成本理论 交易维度：资产专用性、不确定性、交易频率	交易费用的高低是决定企业参与现代职业教育治理的核心问题

资料来源：根据文献整理。

综上可知，交易成本理论为本书研究提供了重要的理论基础，即技能人力资本专用性与效率成本的比较是影响校企究竟选择何种关系（模式）的关键因素，劳动力市场的不完备性是影响校企究竟选择何种关系（模式）的外部因素。但是，这种经济学视角的解释忽略了社会、经济和政治制度在塑造高职校企合作育人模式方面的重要作用。

从类型划分来看，交易成本理论视角下的高职校企合作育人模式的分类方法主要有以下五种。

第一，高职校企合作育人模式的类型学。相关研究者基于交易成本理论，从人力资产专用性程度和交易频率两个维度对高职校企合作育人模式进行类型学划分。第一个维度为人力资产专用性程度，衡量标准是企业投资的成本，人力资产专用性程度高，企业越倾向于投资专用性技能；人力资产专用性程度低，企业越倾向于购买通用技能。[①] 第二个维度为交易频率，衡量标准是企业的特征（规模大小、所有权性质等）。在此基础上，研究者发现，人力资产专用性程度影响高职校企合作育人的水平，只有在面对企业专用性程度比较高、需求比较稳定的技能时，企业才可能与高职院校进行实质性合作。[②] 而对于交易不确定的专用技能，企业一般会采取非实质性合作策略。具体如表2-2所示。

---

① 刘志民、吴冰：《企业参与高职校企合作人才培养影响因素的研究》，《高等工程教育研究》2016年第2期，第143—147页；刘志民、吴冰：《企业参与产学合作培养人才的机理研究：基于新制度经济学的分析》，《高教探索》2013年第5期，第27—32页。

② 刘志民、吴冰：《企业参与高职校企合作人才培养影响因素的研究》，《高等工程教育研究》2016年第2期，第143—147页；刘志民、吴冰：《企业参与产学合作培养人才的机理研究：基于新制度经济学的分析》，《高教探索》2013年第5期，第27—32页。

表2-2　　　人力资产专用性、交易频率与高职校企合作育人模式

		人力资产专用性程度		
		通用性技能	企业和市场混合专用性技能	企业完全专用技能
交易频率	偶尔交易	企业内部招聘	非实质性合作模式：学生顶岗实习、招聘等	企业内部培训
	重复交易	市场公开招聘	实质性合作模式：订单式培养、现代学徒制等	企业自主办学

资料来源：参照刘志民等①论文中表1。

第二，高职校企合作行为与水平的类型学。相关研究者基于交易成本理论，根据11691个样本的校企合作专项调查数据②，从人力资产专用性程度与市场需求两个维度来解释企业与高职院校的合作行为和合作水平的差异。第一个维度为人力资产专用性程度，衡量标准为专业对口率。第二个维度为市场需求，衡量标准为市场月薪和离职率。在此基础上，研究者发现，企业与高职校企合作行为与水平的差异是由人力资产专用性与市场需求共同作用的结果。具体如表2-3所示。

表2-3　　　人力资产专用性、市场需求与高职校企关系

		人力资产专用性程度	
		通用性技能	企业专用性技能
市场需求	市场需求小	企业内部招聘，企业无须与院校合作	企业内部培训、企业与高职院校非实质性合作
	市场需求大	市场公开招聘，企业无须与院校合作	企业与高职院校开展实质性合作

资料来源：参照吴冰等③论文中表1。

---

① 刘志民、吴冰：《企业参与高职校企合作人才培养影响因素的研究》，《高等工程教育研究》2016年第2期，第143—147页；刘志民、吴冰：《企业参与产学合作培养人才的机理研究：基于新制度经济学的分析》，《高教探索》2013年第5期，第27—32页。

② 吴冰：《技能形成制度对高职产学关系的影响：基于新制度经济学的分析》，《教育发展研究》2014年第13期，第59—66页；吴冰、刘志民：《人力资本专用性对高职校企合作的影响》，《高教发展与评估》2015年第6期，第27—34、82页。

③ 吴冰：《技能形成制度对高职产学关系的影响：基于新制度经济学的分析》，《教育发展研究》2014年第13期，第59—66页；吴冰、刘志民：《人力资本专用性对高职校企合作的影响》，《高教发展与评估》2015年第6期，第27—34、82页。

第三，高职校企合作形式的类型学。相关研究者基于交易成本理论，从产学研合作创新中的交易费用及其构成的视角，将高职校企合作形式细分为产品合作、组织合作和产权合作三种类型。其中产品合作包括接受毕业生、企业派兼职教师参与教学、高职院校教师到企业兼职、企业培训教师等；① 组织合作是指订单式培养、顶岗实习、合作开发课程教材、企业捐赠设备、企业捐款等；② 产权合作是指企业冠名二级学院、混合所有制二级学院等。

第四，高职校企合作治理结构选择的类型学。相关研究者基于交易成本理论，根据资产专用性的权衡模型，推导出高职校企合作的三种治理结构：在规模经济条件下，资产专用性极低的时候，选择市场化治理模式；资产专用性处于中间状态的时候，选择混合式治理模式；资产专用性极高的时候，选择内部一体化治理模式。③ 具体如表2-4所示。

表2-4　　　　　　　资产专用性与职业教育治理结构类型

	资产专用性程度		
	非专用	混合专用	高度专用
治理结构类型 （固定交易频率、不确定性适中）	市场化治理	混合式治理 （双方治理或多方治理）	内部一体化治理

资料来源：参照李亚昕④论文中表1。

---

① 苏敬勤：《产学研合作创新的交易成本及内外部化条件》，《科研管理》1999年第5期，第68—72页；杨钋：《技能形成与区域创新：职业教育校企合作的功能分析》，社会科学文献出版社2020年版，第61—78页。

② 苏敬勤：《产学研合作创新的交易成本及内外部化条件》，《科研管理》1999年第5期，第68—72页；杨钋：《技能形成与区域创新：职业教育校企合作的功能分析》，社会科学文献出版社2020年版，第61—78页。

③ 李亚昕：《论企业参与现代职业教育的治理结构选择：基于资产专用性模型的分析》，《高教探索》2017年第1期，第71—75页；李亚昕：《企业参与现代职业教育治理研究》，博士学位论文，天津大学，2017年，第104—105页。

④ 李亚昕：《论企业参与现代职业教育的治理结构选择：基于资产专用性模型的分析》，《高教探索》2017年第1期，第71—75页；李亚昕：《企业参与现代职业教育治理研究》，博士学位论文，天津大学，2017年，第104—105页。

第五，技能形成中校企合作模式的类型学。相关研究者基于交易成本理论，从技术复杂性和校企合作的绩效评价难度两个维度对技能形成中的校企合作模式进行类型划分。第一个维度为技术复杂性，是由人力资产专用性程度、培养技能人才的难易程度和环境不确定性构成的表征函数；第二个维度为校企合作绩效评价难度，是指"校企合作人才培养的评价质量易于观察的程度"。技能形成中校企合作模式的选择分为四种类型：第一种类型是市场交易模式，该模式特点为双方按照市场协议价格进行技能的"生产"与"购买"，只不过不是现货交易，而是期货交易，典型代表为订单式培养等。[1] 第二种类型是多元主体模式，该模式强调在"第三方主体"[2]的干预下，企业参与学校人才培养的各个环节。第三种类型是股权混合模式，该模式是一种资本层面的深度合作。第四种类型是纵向一体化模式，该模式强调企业通过科层式治理来对培训组织进行行政管理。在此基础上，研究者发现，校企之间的合作是以技能形成的技术复杂性为变量构建的一个校企合作模式的选择模型[3]。

综上可知，很多研究者基于交易成本理论，主要从资产专用性程度（专用、非专用、混合专用），人力资产专用性程度与交易频率、交易不确定的关系中建构高职校企合作育人模式的类型学。

第二节 国家技能形成理论视角的研究

已有研究者普遍认为，国家间技能发展模式的差异取决于制度体系之间的相互匹配（制度匹配，Institutional Complementarities）。技能政治经

---

[1] 王春旭、朱俊：《技术复杂性与治理结构：技能形成中的校企合作》，《教育学术月刊》2018年第6期，第8页；朱俊、田志磊：《论校企合作治理模式的选择机理》，《江苏教育》2018年第20期，第22—26页。

[2] 研究者认为，除了校企两个主体，还存在第三方主体，"第三方主体"往往指政府或具有行业主导作用的企业。

[3] 王春旭、朱俊：《技术复杂性与治理结构：技能形成中的校企合作》，《教育学术月刊》2018年第6期，第8页；朱俊、田志磊：《论校企合作治理模式的选择机理》，《江苏教育》2018年第20期，第22—26页。

济学多将教育培训体系与更广泛的社会与经济生活的制度模式联系起来讨论①，这类讨论被称为资本主义多样性理论（Varieties of Capitalism，以下简称 VOC）。资本主义多样性理论是由彼得·霍尔和大卫·索斯凯斯提出的②，其以企业为分析单位，以制度匹配或制度互补性为中心，主要涉及五大制度领域③，分别为金融制度、劳资关系制度、职业教育和培训制度、企业间关系制度，以及企业内部的治理体系等，在以上提及的制度领域中，职业教育与培训制度占据着核心位置。在政治经济学家看来，技能意味着经济收益，技能的获得和投资被许多经济学家看作"增长的引擎"，对国家增长绩效具有绝对的核心作用。④ 研究者们一般认为，特定的制度安排定义了国家之间技能发展模式的差异。

从影响机制来看，20 世纪 80 年代以来，职业教育国家技能形成体系在资本主义多样性文献中普遍得到重视。在 Hall 和 Soskice 关于资本主义多样性的开创性著作中，职业教育国家技能形成体系被视为衡量国家经济绩效的核心社会经济制度之一⑤。Finegold 和 Soskice 区分了德国

---

① 王星：《技能形成、技能形成体制及其经济社会学的研究展望》，《学术月刊》2021 年第 7 期，第 132—143 页；王星、徐佳虹：《国企技能形成体系与国家工业能力积累的微观基础——基于计划经济时期国企厂办技校的历史社会学分析》，《社会科学战线》2021 年第 2 期，第 233—240 页；王星：《技能形成的多元议题及其跨学科研究》，《职业教育研究》2018 年第 5 期，第 1 页。

② 蒙克：《资本主义多样性与公共政策研究》，《公共管理评论》2017 年第 2 期，第 3—15 页；Soskice D. Varieties of Capitalism: the Institutional Foundations of Comparative Advantage [J], Sociologický časopis/Czech Sociological Review, 2004, 40 (06); Porter Philip K. Hall Peter, and Soskice David. Varieties of Capitalism: The Institutional Foundations of Comparative Advantage [J], The Academy of Management Review, 2003, 28 (03): 515 – 515; David C. Varieties of Capitalism: The Institutional Foundations of Comparative Advantage [J], American Political Science Review, 2002, 96 (03): 661 – 662。

③ 特定的制度安排具体为：金融制度指企业如何融资；劳资关系制度指如何设定薪酬、工资待遇与福利制度等；职业教育与培训制度指如何培养员工使其具备员工所需要的技能；企业间关系制度指如何与产业链上中下游企业进行分工与合作；公司内部治理结构制度指企业管理层如何作出决策并确保员工执行。

④ Eric I. Hanushek. The Role of Cognitive Skills in Economic Development [J], Journal of Economic Literature, 2008: 66 – 69; Po, Y., Cai, Y., Lyytinen, A. Promoting University and Industry Links at the Regional Level: Comparing China's Reform and International Experience [J], Chinese Education and Society, 2016 (03): 121 – 138.

⑤ Hall P., Soskice D. Introduction to Varieties of Capitalism Varieties of Capitalism: The Institutional Foundations of Comparative Advantage [J], Wiley Online Library, 2001 (08): 121 – 146.

的高技能体系和英国的低技能体系，强调企业决策嵌入程度对企业参与职业教育技能投资动机的影响①。Lynch 认为，职业教育发生的主导场所是将系统彼此区分开来的最重要的维度②。Crouch 以企业之间集体行动悖论为出发点，将职业教育技能形成划分为国家主导模式、网络主导模式和市场主导模式③。Hall 和 Soskice 区分了与不同技能形成系统相关的两种市场经济，分别为自由市场经济、协调性市场经济，并强调不同领域内的制度之间的相互匹配有利于职业教育校企合作育人的稳定性④。Thelen 通过对德国、英国、美国和日本的技能形成运行轨迹探讨，得出三个关键群体（雇主、工匠、工会）之间所达成联盟的不同是各国技能形成轨迹差异的根源；国家层面集体谈判制度、新兴工会以及雇主协会之间的互动及其互动方式形塑了德国、英国、美国和日本四个国家不同的技能形成路径。Busemeyer 和 Tranpusch 从企业参与职业教育程度和国家对职业教育的公共承诺两个维度对国家职业教育技能形成体系进行划分，并指出企业间合作的范围，以及国家一系列制度安排是影响职业教育技能形成体系多样性的重要影响因素⑤。Emmenegger，Graf 和 Trampusch 通过回顾集体技能形成中的政治经济学文献，提出了一个多学科的分析框架，以便未来研究能够更系统地研究区域层次、部门层次，以及企业和学校组成的地方层次的合作⑥。具体如表 2 - 5 所示。

---

① Finegold D., and Soskice D. The Failure of Training in Britain: Analysis and Prescription [J], Oxford Review of Economic Policy, 1988 (03): 21 - 53.

② Lynch L. M. Training, and the Private Sector: International Comparisons [M], Chicago: University of Chicago Press, 1994: 56 - 70.

③ Crouch C., Finegold D. and Sako M. Are Skills the Answer? The Political Economy of Skill Creation in Advanced Industrial Countries [M], Oxford: Oxford University Press, 1999: 105 - 116.

④ Crouch C., Finegold D. and Sako M. Are Skills the Answer? The Political Economy of Skill Creation in Advanced Industrial Countries [M], Oxford: Oxford University Press, 1999: 105 - 116.

⑤ Busemeyer M. R. and Trampusch C. The Political Economy of Collective Skill Formation [M], Oxford: Oxford University Press, 2012: 03 - 38.

⑥ Emmenegger Patrick, Graf Luka, Trampusch Christine. The Governance of Decentralised Cooperation in Collective Training Systems: a Review and Conceptualisation [J], Journal of Vocational Education and Training, 2019, Vol. 71 (01): 21 - 45.

表2-5　　　　　　　　　集体主义技能形成中的合作治理

维度	观点
六大核心领域	a. 制度供给：职业教育制度的战略性发展，包括重大（宏观）要素的改革，通过立法决策实现 b. 内容定义：具体制定职业教育的学习目标和内容（如职业概况、专业课程设置等） c. 组织与实施：谁负责职业教育的实施和管理，以及实施和管理过程中所运用具体方法 d. 供求匹配：职业教育所培养的人才与企业需求、行业发展相结合 e. 融资：谁应该支付多少，支付哪个部分，以及学徒工资的监管 f. 监控、检查和认证：质量控制、维护VET资格的透明度和可移植性
合作类型	根据行动者互动或合作在正式规则和实践之间的松散或紧密耦合的程度，区分三种主要合作类型： a. 信息共享与交流：通过创建和共享信息，以达到相互理解，其是最基本的合作形式 b. 协调：行动者根据交换的信息相互调整其行为的情况，其与信息共享与交流相比，强调相互调整行为，这种行为不同于行动者单方面做出决定时所采取的行为 c. 协作：旨在通过行动者一起工作而不是单独工作来创造某种互惠利益的联合活动，其是合作强度最强的类型
合作层次	a. 国家层次 b. 部门层次 c. 区域层次，区域级别是指高于地方级别的次国家级单位，地区层面指的是法定行政区域 d. 企业和学校组成的地方层次 e. 职业层次
行动者	a. 联邦和区域公共治理机构 b. 职业教育组织（如学校和各种协会）可以凭借自己的权利成为职业教育治理的重要参与者 c. 中介组织或混合型组织 d. 企业

资料来源：根据Emmenegger，Graf和Trampusch[①]论文内容翻译整理。

[①] Emmenegger Patrick, Graf Luka, Trampusch Christine. The Governance of Decentralised Cooperation in Collective Training Systems: a Review and Conceptualisation [J], Journal of Vocational Education and Training, 2019, Vol. 71 (01): 21-45.

与之类似的研究还有，王星基于国家技能形成理论，从技能形成主体、技能培训成本分担、校企协同培养技能型人才类型和体制开放程度四个方面概括了四种典型的国家技能形成体系特征①，并从企业治理机制与职业教育技能供给、社会保护制度与职业教育技能供给和职业教育与培训体系建设三个方面，建构了中国技能形成领域的配套性制度安排模型。王星通过系列分析表明，一国职业教育的发展不仅是经济发展的产物，更是相互耦合的社会制度互动的结果，是社会建构的产物。② 托马斯·雷明顿基于国家技能形成理论，探讨了中国、美国、俄罗斯职业教育校企合作模式之间的差异，指出了影响校企合作特征的因素为合作伙伴技能投资的成本和合作伙伴之间合作的范围③，吸引企业和职业院校参与技能合作的因素为政府主要领导的积极参与（尤其是地方政府主要领导参与）和精英网络结构④。

杨钋综合了 Busemeyer 和 Tranpusch、王星，以及托马斯·雷明顿的观点，对我国计划经济时期和市场经济转型时期的技能形成体制进行分析。指出计划经济体制下我国配套性制度安排是计划生产体制、单位福利制度和厂内师徒制的统一，职业教育培养的是企业或者行业的专用性技能，具有类集体主义技能形成的特征。市场经济体制下我国配套性制度安排是以市场为基础的生产体制、职业院校和劳动力市场流动性的统一，职业教育培养的是行业专用性技能与通用性技能，具有类国家主义技能形成的特征。并讨论了职业教育校企合作与区域技能生态系统的关系，研究表明：与国家层面相比，区域层面的校企合作更能促成职业院校和企业的技能联合投资，区域层面的制度替代物为地方政府、企业和职业教育机构之间的公私

---

① 王星：《师徒关系合同化与劳动政治东北某国有制造企业的个案研究》，《社会》2009年第4期，第26—58页；王星：《现代中国早期职业培训中的学徒制及其工业化转型》，《北京大学教育评论》2016年第3期，第21页。

② 王星：《国家技能形成体制与"技工荒"：基于理念性的比较分析》，工作论文，南开大学，2016年；王星：《技能形成的多元议题及其跨学科研究》，《职业教育研究》2018年第5期，第21—36页。

③ ［俄］托马斯·雷明顿、杨钋：《中、美、俄职业教育中的校企合作》，《北京大学教育评论》2019年第2期，第2—25、187页。

④ 杨钋：《技能形成与区域创新：职业教育校企合作的功能分析》，社会科学文献出版社2020年版，第61—78页。

合作伙伴关系（Public-Private-Partnership，PPP）的建立①。且在以上研究的基础上，杨钋继续对全国四省份、七个城市开展多案例研究，建立了中国职业教育PPP项目协调模式的类型学划分，阐释了地方化产权保护的差异决定了政校企技能合作伙伴关系协调模式的差异。

与交易成本理论的解释路径不同，国家技能形成理论关注的是："如果技能型人力资本是令人向往的好东西，为什么各个国家在技能形成和企业内培训上有如此大的差异？"换言之，资本主义多样性理论强调的是各国的技能形成不是无条件的、理性选择的结果，而是取决于一国政治、经济与社会制度匹配的程度。② 该理论阐释了企业参与职业教育的程度（人力资产专用性）和国家对职业教育的公共承诺对不同类型制度安排分类的影响，明确了不同制度的互补性③（或制度匹配、国家一系列制度安排）是决定各国技能形成多样化的核心因素，为本书研究提供了重要的理论基础。但是，国家技能形成理论的一个关键假设是国家层面的制度在全国范围内完全一致性④，这一同质性假设忽略了地方政府在技能形成中的关键作用⑤。企业和职业院校虽然关注国家层面的政策发展趋势，但

---

① 杨钋：《技能形成与区域创新：职业教育校企合作的功能分析》，社会科学文献出版社2020年版，第61—78页。

② Finegold D., and Soskice D. The Failure of Training in Britain: Analysis and Prescription [J], Oxford Review of Economic Policy, 1988 (03): 21 - 53; Wolfgang S. Social Institutions and Economic Performance [J], Studies of Industrial Relations in Advanced Capitalist Economies, 1992: 76; Ashton D. and Green F. Education, Training, and the Global Economy [J], Cheltenham: Edward Elgar, 1996; M Stevens. Human Capital Theory and UK Vocational Training Policy [J], Oxford Review of Economic Policy, Volume 15, Issue 1, March 1999, 16 - 32; Hall P, Soskice D. Introduction to Varieties of Capitalism Varieties of Capitalism: The Institutional Foundations of Comparative Advantage [J], Wiley Online Library, 2001 (08): 128.

③ 制度互补性是指不同领域制度之间的得当搭配可以提高整个经济体的效率。在技能形成制度演化过程中，具体指企业是如何与其他旁系的组织和制度（尤其是工会组织、雇主联合会以及劳资关系制度等）进行互动的。

④ Thelen K. How Institutions Evolve [J], Cambridge Books, 2004; Thelen K., Busemeyer M. R. Institutional Change in German Vocational Training: from Collectivism Toward Segmentalize [J], The Political Economy of Collective Skill Formation, 2012: 68 - 100.

⑤ Marques I. Political Connections and Non-Traditional Investment: Evidence from Public-Private Partnerships in Vocational Education [J], Higher School of Economics Research Paper No. WP BRP, 2017: 56; Marques II I., Remington T., Bazavliuk V. Encouraging Skill Development: Evidence from Public-private Partnerships in Education in Russia's Regions [J], European Journal of Political Economy, 2020: 63.

是他们的行动规范合法性和认知合法性源于地方政府①。

从类型划分来看，国家技能形成理论视角下的高职校企合作育人模式的分类方法主要有以下四种。

第一，国家技能形成体系多样性的类型。相关研究者基于国家技能形成理论，从企业参与职业教育的程度和国家参与职业教育的程度两个维度对国家技能形成体系进行类型划分。第一个维度为企业对职业教育的参与程度（Degree of Firm Involvement），其关注企业投资技能形成的意愿，包括对行业技能或职业技能、企业专用技能的投资②。第二个维度为国家对职业教育的公共承诺（Degree of State Involvement in Vocational Training），其涵盖很多方面，包括教育系统的机构设置在多大程度上认可并支持职业教育，摆正职业教育和普通教育的关系，以及是否建构标准化的资历框架等。具体如表2-6所示。

表2-6　　　　　　　　国家技能形成体系多样性的类型

		企业参与职业教育的程度	
		高	低
国家参与职业教育的程度	高	集体主义技能形成体系 （德国、奥地利） （Collective Skill Formation System）	国家主义技能形成体系 （瑞典、法国） （Statist Skill Formation System）
	低	分割主义技能形成体系 （日本） （Segentalist Skill Formation System）	自由主义技能形成体系 （美国、英国） （Liberal Skill Formation Systems）

资料来源：根据Busemeyer M. R.和Trampusch C.③表1.1翻译整理。

---

① 杨钋：《技能形成与区域创新：职业教育校企合作的功能分析》，社会科学文献出版社2020年版，第179—182页。
② Busemeyer M. R. and Trampusch C. The Political Economy of Collective Skill Formation [M], Oxford: Oxford University Press, 2012: 3-38; Emmenegger P., Graf L., Trampusch C. The Governance of Decentralised Cooperation in Collective Training Systems: a Review and Conceptualisation [J], Journal of Vocational Education & Training. 2019, 71 (01): 21-45.
③ Busemeyer M. R. and Trampusch C. The Political Economy of Collective Skill Formation [M], Oxford: Oxford University Press, 2012: 3-38; Emmenegger P., Graf L., Trampusch C. The Governance of Decentralised Cooperation in Collective Training Systems: a Review and Conceptualisation [J], Journal of Vocational Education & Training. 2019, 71 (01): 21-45.

根据表2-6，国家技能形成体系分为四种类型：第一种类型是以德国和奥地利为代表的集体主义技能形成体系（Collective Skill Formation System）。该模式特点为国家干预和企业参与程度均很高。第二种类型是以美国和英国为代表的自由主义技能形成体系（Liberal Skill Formation Systems）。该模式特点为国家干预程度低，企业技能投资比较低，技能形成主要通过市场机制调节和通识教育系统提供，或者说个人通过职业院校教育体系获得通识教育和少量技能培训。[1] 第三种类型是以日本为代表的分割主义技能形成体系（Segentalist Skill Formation System）。该模式特点是国家干预程度低，企业参与程度高，企业投资培养员工的意愿很高，个人通过职业院校获得较高水平的通用型技能，进入企业后接受企业专用技能的在职培训。雇主对技能投资的高度承诺与国家强烈不愿干预企业的培训政策相伴而生[2]。第四种类型是以瑞典或法国为代表的国家主义技能形成体系（Statist Skill Formation System）。该模式特点是国家干预程度高，企业参与程度低，企业角色被边缘化。该类型的职业教育和普通教育融合在一起，允许并鼓励具有职业资格的人接受高等教育。对此，研究者进一步探讨了四种类型的差异，并对集体主义技能形成体系给予较高的评价。

第二，政校企技能合作伙伴关系的类型。相关研究者基于国家技能形成理论，以技能合作深度和广度为基础，发展出对技能形成领域企业、学校和政府之间技能合作伙伴关系的分类方法。[3] 第一个维度为技能合作深度，是指参与协同育人的各方承诺进行技能投资的成本，各方技能投资的成本越高，技能合作的深度越高；[4] 第二个维度是技能合作广度，是

---

[1] Busemeyer M. R. and Trampusch C. The Political Economy of Collective Skill Formation [M], Oxford: Oxford University Press, 2012: 3–38.

[2] Busemeyer M. R. and Trampusch C. The Political Economy of Collective Skill Formation [M], Oxford: Oxford University Press, 2012: 3–38.

[3] [俄]托马斯·雷明顿、杨钋：《中、美、俄职业教育中的校企合作》，《北京大学教育评论》2019年第2期，第2—25、187页；杨钋：《技能形成与区域创新：职业教育校企合作的功能分析》，社会科学文献出版社2020年版，第61—78页。

[4] [俄]托马斯·雷明顿、杨钋：《中、美、俄职业教育中的校企合作》，《北京大学教育评论》2019年第2期，第2—25、187页；杨钋：《技能形成与区域创新：职业教育校企合作的功能分析》，社会科学文献出版社2020年版，第61—78页。

指同一劳动力市场中企业之间合作的范围，合作范围越大，越可以显著节约技能投资的成本；小范围的合作将会导致更强的控制权争夺和更高的技能投资的成本。① 具体如表 2-7 所示。

表 2-7　　　　　　　　政校企技能合作伙伴关系的类型

		深度：合作伙伴技能投资的成本	
		高	低
广度：合作伙伴之间合作的范围	高	团结模式：国家层面提供资助，并建立公私合作伙伴关系	共同体模式：多方参与合作，但是各方资产专用性投资有限
	低	家长制模式：主导企业投资于企业专用技能	自由主义模式：自由的市场竞争

资料来源：参考托马斯·雷明顿和杨钋②图 1 并进行修改。

根据表 2-7，政校企技能合作伙伴关系分为四种类型：第一种类型是团结模式。该模式的特点为企业之间高度协调和合作伙伴各方高水平的投资，其主要出现在协调性资本主义经济体中。第二种类型是自由主义模式。该模式的特点为企业之间的合作水平和合作伙伴之间的投资水平都很低，具体体现在劳动力流动性高，职业院校重视通用型知识培养，个人和企业分担技能发展大部分的风险和收益，存在多个双边校企合作安排。第三种类型是共同体模式。该模式的特点为多方参与协作，但是合作伙伴各方投资有限，具体体现在政府扮演"会议召集人"的角色，引导和推进校企之间进行协作，行业协会制定岗位标准，企业不愿意承担高成本的技能投资，依靠中介组织协调合作伙伴之间的关系。第四种类型是家长制模式。该模式特点参与者较少，但是参与各方投入

---

① ［俄］托马斯·雷明顿、杨钋：《中、美、俄职业教育中的校企合作》，《北京大学教育评论》2019 年第 2 期，第 2—25、187 页；杨钋：《技能形成与区域创新：职业教育校企合作的功能分析》，社会科学文献出版社 2020 年版，第 61—78 页。

② ［俄］托马斯·雷明顿、杨钋：《中、美、俄职业教育中的校企合作》，《北京大学教育评论》2019 年第 2 期，第 2—25、187 页；杨钋：《技能形成与区域创新：职业教育校企合作的功能分析》，社会科学文献出版社 2020 年版，第 61—78 页。

水平高，具体体现在主导企业投资于企业的专用型技能，职业院校高度依赖扮演家长角色的企业所提供的物质支持，如实习实训指导、"双师型"教师培养、学生就业，以及场地设备等。在以上基础上，研究者发现，中国区域技能形成是以家长制模式和共同体模式为主，与家长制模式相比，团结模式和共同体模式在区域性劳动力市场中更能有效地促成技能匹配。①

第三，职业教育PPP项目协调模式的类型。相关研究者基于国家技能形成理论，以企业间协调水平和政府协调水平为基础，发展出对校企合作PPP项目协调模式的分类方法。第一个维度为企业间协调水平，衡量标准为企业人力资产专用性投资的程度，以及同一行业内企业联盟的范围；第二个维度为地方政府协调水平，将地方政府视为职业教育校企合作育人中的关键行动者，而不是外部规范力量。高水平的地方政府协调意味着地方政策制定者能够提供直接政策支持，而低水平的地方政府协调意味着地方政府偏向于引入市场机制来满足本地技能需求，缺乏直接政策支持。具体如表2-8所示。

表2-8　　　　　　　　职业教育PPP项目协调模式的类型

		地方政府协调水平	
		高	低
企业间协调水平（人力资产专用性投资程度和企业间合作范围）	高	联合协调模式	企业主导协调模式
	低	政府主导协调模式	松散耦合模式

资料来源：参照杨钋②图5-1。

根据表2-8，职业教育PPP项目协调模式分为四种类型：第一种类型是联合协调模式。该模式特点为地方政府和企业间的协调水平都很

---

① ［俄］托马斯·雷明顿、杨钋：《中、美、俄职业教育中的校企合作》，《北京大学教育评论》2019年第2期，第2—25、187页；杨钋：《技能形成与区域创新：职业教育校企合作的功能分析》，社会科学文献出版社2020年版，第61—78页。

② 杨钋：《技能形成与区域创新：职业教育校企合作的功能分析》，社会科学文献出版社2020年版，第61—78页。

高，具体体现在大型国有企业或者私营企业与地方政府合作来促进特定行业的培训，培训一般以双元制学徒培训为主。第二种类型是松散耦合模式。该模式地方政府和企业间的协调水平都很低，技能型人才形成交给了竞争性的劳动力市场。中国多数地区存在这种模式。第三种类型是企业主导模式。该模式特点为企业间协调水平高，地方政府协调水平低，具体体现在企业之间通过有组织的竞争实现技能合作，行业协会或者商会是重要的协调者角色，企业和职业院校是关键参与者角色。第四种类型是政府主导协调模式。该模式特点为地方政府负责提供准公共产品，具体体现在地方政府通过公办职业院校为企业提供行业和企业专用技能。对此，研究者发现，中国多数地区存在松散耦合模式，而职业教育领域的校企合作PPP项目有可能缓解中国的技能短缺和技能结构性失衡情况。

第四，高职校企合作模式的类型。相关研究者基于国家技能形成理论，将企业和学校之间在提供职业教育和培训方面建立的合作伙伴关系划分为高成本校企合作和低成本校企合作两种[1]。对此，研究者根据2016年和2017年《企业参与高等职业教育人才培养年报》，确定了18种高职校企合作模式，并分析了每一种高职校企合作模式的成本。[2] 研究表明，高成本校企合作模式促进校企合作创新的制度化。

综上可知，很多研究者基于国家技能形成理论，主要从企业参与职业教育的程度和政府参与职业教育的程度两个维度建构高职校企合作育人模式的类型。

第三节 三螺旋创新模式理论视角的研究

在讨论区域发展的过程中，Etzkowitz和Leydesdorff提出了政府、高校和企业合作的三螺旋理论，用来解释政府、高校和企业在技术研发、

---

[1] Remington, Thomas F. Business-government Cooperation in VET: a Russian Experiment with Dual Education [J], Post-Soviet Affairs, 2017, Vol. 33 (04): 313–333.

[2] 杨钋、孙冰玉：《创新的制度化与中国高水平职业院校建设》，《高等工程教育研究》2019年第6期，第118—124页。

人才培养方面的合作以及高校在地方创新体系中的重要作用①。之后，学者们逐步开始运用三螺旋理论解释政府、高职院校与企业在技术研发和人才培养方面的合作、校企合作制度创新等问题。三螺旋创新模式不仅意味着组织间的互动，而且意味着在互动基础上形成新的混合性组织（具体见图2-1）。②其包含三个基本要素：（1）高校在创新中的角色更突出，并且与政府及产业（企业）不相上下；（2）强调政府、高校与产业（企业）三方相互作用，而非源于政府一方；（3）每一方既能保持自己的独立身份又能承担其余两方的角色。③包括水平方向循环和竖直方向循环两种循环路径。近期研究还区分了中央政府和地方政府在三螺旋创新模式中的不同角色，地方政府对高校和企业的影响尤为重要。

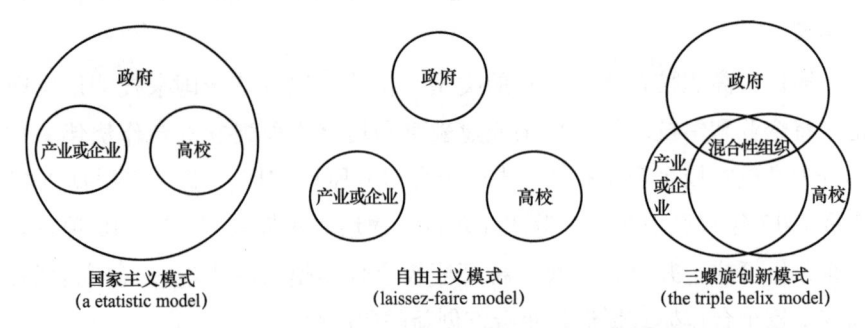

国家主义模式　　　　　自由主义模式　　　　　三螺旋创新模式
(a etatistic model)　　(laissez-faire model)　　(the triple helix model)

图2-1　国家主义模式、自由主义模式与三螺旋创新模式

资料来源：根据 Etzkowitz 和 Leydesdorff④ 图1、图2、图3 翻译和整理。

---

① Henry Etzkowitz：《国家创新模式：大学、产业、政府"三螺旋"创新战略》，周春彦译，东方出版社2014年版，第40—96页；Brostrom A. The Triple Helix: University-industry-government Innovation in Action [J], Papers in Regional Science, 2011 (02): 441-442.

② Etzkowitz H. and Leydesdorff L. The Dynamics of Innovation From National Systems and "mode 2" to a Triple Helix of University-industry-government Relations [J], Research Policy, 2000 (02): 109-123; Brostrom A. The Triple Helix: University-industry-government Innovation in Action [J], Papers in Regional Science, 2011 (02): 441-442.

③ Cai Y., Liu C. The Roles of Universities in Fostering Knowledge-intensive Clusters in Chinese Regional Innovation Systems [J], Science and Public Policy, 2015, 42 (01): 15-29.

④ Etzkowitz H. and Leydesdorff L. The Dynamics of Innovation From National Systems and "mode 2" to a Triple Helix of University-industry-government Relations [J], Research Policy, 2000 (02): 109-123; Brostrom A. The Triple Helix: University-industry-government Innovation in Action [J], Papers in Regional Science, 2011 (02): 441-442.

借助三螺旋创新模式理论，学者们对高职校企合作关系进行探讨。有研究者指出，非研究性大学对地方创新体系的贡献主要是通过校企合作提供技能型人才①，企业可以和高职院校进行多种形式的人才合作。又有研究者把高等职业教育的校企合作分为"大螺旋"和"小螺旋"。其中"大螺旋"服务于区域经济发展和创新目标，其使命是完成区域经济科技积累、溢出和参与产业标准制定等。"小螺旋"聚焦于政府、高职院校、企业三者之间的关系②，强调在政府介入下，高职院校和企业之间的一种"非零和博弈"，具体表现在：政府作为契约关系的来源，确保稳定的相互作用与交换；③ 企业主动向高职院校进行技能投资，建立利益共享关系；学校根据企业或产业发展的需求进行人才培养和科学研发。即在完成自身角色的同时，承担另外两方的角色④。除此之外，还有研究者基于三螺旋创新模式理论，采用 Cai, Zhang 和 Pinheiro⑤、Cai⑥，以及 Remington⑦ 的分析框架，探讨影响高职校企合作创新制度化的因素。具体如表 2-9 所示。

---

① Yang P. Coordinating Public-Private Partnership in VET Sector: Evidence from China [J], Journal of the New Economic Association, 2017, 36；杨钋、孙冰玉：《创新的制度化与中国高水平职业院校建设》，《高等工程教育研究》2019 年第 6 期，第 118—124 页。

② 刘燕鸣、余志科：《基于"三螺旋"理论的企业参与职业教育保障机制构建》，《职业技术教育》2016 年第 31 期，第 45—49 页；吴玉光：《三螺旋视角下湖南高职教育与区域经济发展的关系研究》，《湖南社会科学》2012 年第 1 期，第 141—143 页。

③ 匡维：《"三螺旋"理论下的高等职业技术教育校企合作》，《高教探索》2010 年第 1 期，第 115—119 页；胡坚、商玮：《三螺旋策略下职业教育与产业协调发展机制创新研究》，《教育评论》2017 年第 3 期，第 79—82、93 页。

④ 亨利·埃茨科威兹、王平聚、李平：《创业型大学与创新的三螺旋模型》，《科学学研究》2009 年第 4 期，第 481—488 页。

⑤ Yuzhuo Cai, Han Zhang and Rómulo Pinheiro. Institutionalization of Technology Transfer Organizations in Chinese Universities [J], European Journal of Higher Education, 2015 (03): 297-315.

⑥ Cai Y. From an Analytical Framework for Understanding the Innovation Process in Higher Education to an Emerging Research Field of Innovations in Higher Education [J], Review of Higher Education, 2017: 40.

⑦ Remington, Thomas F. Business-government Cooperation in VET: a Russian Experiment with Dual Education [J], Post-Soviet Affairs, 2017, Vol. 33 (04): 313-333.

表 2-9　　高职校企合作创新制度化的影响因素

因素		定义	技术环境中的核心要素	制度环境中的核心要素
盈利能力	自利性收益（Self-interest profitability）	高职院校或企业中的个体能够从校企合作中获得有形或无形利益程度	参与校企合作人员	荣誉感（honor）
	一般性收益（General profitability）	高职院校或企业能够从校企合作中获得有形或无形利益的程度	组织声望、收入或其他资源	声望（prestige）
兼容性	外部兼容性（External compatibility）	高职院校或企业参与校企合作的目标符合国家政策和行业期望程度	国家政策激励程度、法律规范	产业或行业需求
	内容兼容性（Internal compatibility）	高职院校或企业参与校企合作的实践与组织间规则的一致性	管理结构或组织结构、组织规范	/
代理人		指合作机构中的决策者、高层管理者，甚至是一些学者	改变和创新制度的规则	/
校企合作成本		高职院校或企业在校企合作中具有的有形或无形成本	人力、物力资源、经费、信息资源等	成本

资料来源：根据 Cai, Zhang 和 Pinheiro①表 1, Cai 图 2, 以及杨钋②表 6-1 整理。

与交易成本理论、国家技能形成理论的解释路径不同，三螺旋创新模式理论强调政府、高职院校和企业在技术研发、人才培养方面的互动以及校企合作制度的创新③。它能清晰地刻画企业参与技能合作的方

---

① Yuzhuo Cai, Han Zhang and Rómulo Pinheiro. Institutionalization of Technology Transfer Organizations in Chinese Universities [J]. European Journal of Higher Education, 2015 (03): 297-315.

② 杨钋：《技能形成与区域创新：职业教育校企合作的功能分析》，社会科学文献出版社 2020 年版，第 10 页。

③ Loet Leydesdorff; Henry Etzkowitz; Inga Ivanova; Martin Meyer. The Measurement of Synergy in Innovation Systems: Redundancy Generation in a Triple Helix of University-Industry-Government Relations [J], SSRN Electronic Journal, 2017: 197-228；[美] 亨利·埃茨科威兹：《三螺旋创新模式》，清华大学出版社 2016 年版，第 1—20 页。

式，以及与高职院校、政府互动的模式，并能够推进高职校企合作创新制度化的发展。但是该理论却难以解释哪些因素会促进企业和高职院校进行技能投资，以及政府的哪些政策可以驱动校企深度参与技能合作等问题。

从类型划分来看，Etzkowitz 和 Leydesdorff 提出了产学研合作的三种模式，分别为国家主义模式，政府同时控制高校和企业，国家主导资源配置；自由主义模式，产业或企业螺旋线是主驱动力，政府、高校、企业之间进行跨组织的合作；三螺旋创新模式，政府、高校和企业融合在一起，在互动基础上，形成了新的混合性组织。[①] 三螺旋创新模式本身属于类型学分析。

第四节 文献述评与扩展方向

不同高职校企合作育人模式、育人成效与技能人才短缺治理的关系密切。从高职校企合作育人模式与育人成效的关系看，高职校企合作育人模式不仅以实践需求推动了国家层面的职业教育校企合作制度的变迁，而且直接决定了职业教育校企合作育人的成效[②]。例如有的研究者通过对2012 年全国高职院校毕业生就业调查数据的量化分析发现[③]，有的校企合作培养模式对提升高职院校毕业生就业概率效果显著，有的却不然。该研究者进一步指出，在"就业难"问题普遍存在的情况下，高职教育的重点应转向通过培养模式的变革来提升毕业生的就业质量。还有的研究者通过对 2016—2017 年《企业参与高等职业教育人才培养年报》和高职院校数据的量化分析发现，有的校企合作模式有助于促进高职校企合作创新的制度化[④]，尤其在提升校企合作育人的广度方面有较大的贡献，而

[①] Brostrom A. The Triple Helix: University-industry-government Innovation in Action [J], Papers in Regional Science, 2011 (02): 441-442.

[②] 周晶：《中国职业教育校企合作制度建设研究》，博士学位论文，东北师范大学，2015年，第79—90页。

[③] 郭建如、邓峰：《高职教育培养模式变革就业市场变化与毕业生就业概率分析》，《高等教育研究》2013 年第 10 期，第 57—63 页。

[④] 校企合作创新制度化从广度和深度两个维度来评价，广度是指合作双方在信息、经费、人员、组织等方面进行合作，深度是指校企双方参与合作的时间。

有的校企合作模式却不然。①

　　从不同校企合作育人模式与技能人才短缺治理的关系看，职业教育校企合作育人模式展现了中央和地方政府解决技能人才短缺问题的调适能力。例如：有的研究者将政府、高职院校和企业间的关系划分为团结模式、共同体模式、家长制模式和自由主义模式四种类型，并明确提出，团结模式和共同体模式在区域性劳动力市场中更能够有效地解决中国技能人才短缺问题②。有的研究者将职业教育校企合作 PPP 项目协调模式划分为联合协调模式、企业主导协调模式、政府主导协调模式和松散耦合模式四种类型，③并明确指出，中国多数地区存在松散耦合模式，联合协调模式有可能缓解中国的技能人才短缺和技能结构性失衡情况。还有的研究者认为，解决中国技能短缺问题，必须通过政府、企业和职业院校三者的制度匹配来重构技能投资的激励机制，④ 实现技能的可持续供给。总而言之，职业教育校企合作育人模式作为政校企互动关系的经验表述，不仅表征为政校企各自的行动逻辑及其不同联结方式，而且直接决定了职业教育校企合作育人的成效，展现了政府解决技能人才短缺问题的调适能力，对高职校企合作育人的研究具有重要的价值和意义。

　　上述研究运用交易成本理论、国家技能形成理论和三螺旋创新模式理论，在探析高职校企合作育人模式的类型、影响因素与成效机制时各有侧重，具有很高的理论价值和现实意义，但仍存在一些不足。

　　首先，从类型学划分上来看（参见表 2-10）。有的研究者基于交易成本理论，主要从资产专用性程度（专用、非专用、混合专用），人力资产专用性程度与交易频率、交易不确定的关系中建构高职校企合作育人

---

① 杨钋、孙冰玉：《创新的制度化与中国高水平职业院校建设》，《高等工程教育研究》2019 年第 6 期，第 119—124 页；杨钋：《技能形成与区域创新：职业教育校企合作的功能分析》，社会科学文献出版社 2020 年版，第 151—178 页。

② ［俄］托马斯·雷明顿、杨钋：《中、美、俄职业教育中的校企合作》，《北京大学教育评论》2019 年第 2 期，第 2—25、187 页。

③ 杨钋：《技能形成与区域创新：职业教育校企合作的功能分析》，社会科学文献出版社 2020 年版，第 80—92 页。

④ 杨钋、王星、刘云波：《中国制造业 2025 与技能短缺治理》，《中国教育财政政策咨询报告补充版（2015—2019）》，2021 年。

模式的类型学；有的研究者基于国家技能形成理论，主要从企业参与职业教育的程度和政府参与职业教育的程度两个维度建构高职校企合作育人模式的类型学；还有的研究者基于三螺旋创新模式理论，建构政校企育人主体间"互动自反"破解边界壁垒协同育人的类型学①。以上研究虽然充分论述了人力资产专用性程度对高职校企合作育人类型学建构的重要影响，但忽略网络规模维度的作用。

表2-10　　　　　　　　高职校企合作育人模式类型的比较

高职校企合作育人的类型学划分	维度	类型
高职校企合作育人模式的类型 （理论基础：交易成本理论）	1. 人力资产专用性程度，可分为市场通用技能、企业和市场混合的专用性技能、企业完全专用性技能三类 2. 交易频率，其可分偶尔交易（市场需求小）与重复交易（市场需求大）两类	1. 校企实质性合作育人 2. 校企非实质性合作育人 3. 企业内部招聘为主 4. 企业市场招聘为主 5. 企业内部培训 6. 企业自主办学
高职校企合作行为与水平的类型 （理论基础：交易成本理论）	1. 人力资本专用性，其可分为通用技能人力资本与专用技能人力资本两类 2. 市场需求的大小，其可分为市场需求大与市场需求小两类	1. 校企实质性合作育人 2. 校企非实质性合作育人 3. 企业内部招聘，无须与院校合作 4. 企业市场招聘，无须与院校合作
高职校企合作形式的类型 （理论基础：交易成本理论）	交易费用的高低	1. 产品合作 2. 组织合作 3. 产权合作
高职校企合作治理结构的选择 （理论基础：交易成本理论）	1. 资产专用性程度，其可分为非专用、混合专用、高度专用三类 2. 固定交易频率与不确定性适中	1. 市场化治理结构 2. 双方治理或多方治理结构 3. 内部一体化治理结构

---

① 陈延良、李德丽：《三螺旋理论视角下的政产学协同育人实践与模式构建》，《黑龙江高教研究》2018年第8期，第87—90页。

续表

高职校企合作育人的类型学划分	维度	类型
技能形成中校企合作模式的选择 职业教育校企合作治理模式的选择 （理论基础：交易成本理论）	1. 技术复杂性，是由人力资产专用性程度、培养技能人才的难易程度和环境不确定性构成的表征函数 2. 校企合作绩效评价难度	1. 市场交易模式 2. 多元主体模式 3. 股权混合模式 4. 纵向一体化模式
国家技能形成体系多样性的类型 （理论基础：国家技能形成理论）	1. 企业参与职业教育的程度，指企业人力资本投资的程度，其可分为企业专用技能投资、行业专用技能投资、通用性技能投资三类 2. 国家参与职业教育的程度，指国家对职业教育的公共承诺	1. 集体主义技能形成体系 2. 国家主义技能形成体系 3. 分割主义技能形成体系 4. 自由主义技能形成体系
政校企技能合作伙伴关系的类型 （理论基础：国家技能形成理论）	1. 合作关系的深度，指合作伙伴人力资本投资的程度 2. 合作关系的广度，指合作伙伴之间的合作范围（同一劳动力市场企业间合作的范围）	1. 团结模式 2. 共同体模式 3. 家长制模式 4. 自由主义模式
职业教育PPP项目协调模式的类型 （理论基础：国家技能形成理论）	1. 企业间协调水平，包括企业人力资本投资的程度和同一行业内企业联盟的范围 2. 地方政府协调水平，指地方政府对职业教育直接政策支持的程度	1. 联合协调模式 2. 企业主导协调模式 3. 政府主导协调模式 4. 松散耦合模式
高职校企合作形式的类型 （理论基础：国家技能形成理论）	校企合作双方投资的成本	1. 高成本校企合作 2. 低成本校企合作

续表

高职校企合作育人的 类型学划分	维度	类型
产学研合作的类型 （理论基础：三螺旋理论）	政府、高校与企业的互动	1. 国家主义模式 2. 自由主义模式 3. 三螺旋模式

资料来源：根据文献整理。

就高职校企合作育人而言，其本质在于通过规范的教育过程，实现先进生产技术的传承和劳动力资源的大规模开发。[1] 换言之，影响高职校企合作育人成效的内核，一方面，在于是否实现先进生产技术的传承；另一方面，在于是否对劳动力资源进行大规模开发。网络规模是影响高职校企合作育人类型建构的重要维度，从横向对比来看，我国高等职业教育校企合作育人逐步从"标准化"人才培养和"定制化"人才培养向"校企网络化"优质人才培养模式转变，校企合作育人网络化是高等职业教育发展的必然趋势。李勤以不完全信息静态博弈为分析工具，探讨了职业院校和企业"一对一""一对多""多对多"的合作对职业教育校企合作水平的影响[2]；吴冰基于新制度经济学理论，探讨了"合作范围"对职业教育校企合作育人关系类型建构的影响[3]；杨钋基于案例分析，探讨了组织间合作网络对技能形成的影响[4]。除此之外，还有部分研究者探讨了"企业间的合作范围"对高职校企合作育人模式类型建构的影响[5]。从纵向对比来看，目前世界上已有 145 个国家建立了职业教育的资格框架，

---

[1] 刘方龙、吴能全：《"就业难"背景下的企业人力资本影响机制——基于人力资本红利的多案例研究》，《管理世界》2013 年第 12 期，第 145—159 页；俞启定、和震：《中国职业教育发展史》，高等教育出版社 2012 年版，序言第 1—4 页。

[2] 李勤：《从校企合作到校企联盟：以不完全信息静态博弈为分析工具》，《教育发展研究》2014 年第 7 期，第 76—80 页。

[3] 吴冰、刘志民：《技能形成制度对高职产学关系的影响——基于新制度经济学的分析》，《教育发展研究》2014 年第 Z1 期，第 59—66 页。

[4] 杨钋：《技能形成与区域创新：职业教育校企合作的功能分析》，社会科学文献出版社 2020 年版，第 112—133 页。

[5] 申家龙：《论职业教育校企合作的效率边界》，《教育发展研究》2012 年第 11 期，第 19—24 页。

形成了一种立体式社会网络结构。所有这些均为引入网络规模维度奠定了基础。综上可知，人力资产专用性和网络规模的相互作用，可以有效阐释现代高等职业教育发展的本质。

其次，从影响机制研究来看（参见表2-11）。交易成本理论强调校企究竟选择何种关系（模式）主要取决于技能人力资本专用性与效率成本的比较。但就高职校企合作育人而言，企业和高职院校参与技能合作不是无条件的、理性选择的结果，而是受到中国政治、经济和社会制度环境的制约。简言之，高职校企合作育人本质上是制度化的过程，中央政府通过职业教育领域财政事权的调整、财政投入和项目制改革等政策工具，激励地方政府推进企业与职业院校的技能合作[①]。仅仅考虑效率机制，是无法产生令人满意解释力的[②]。因此，我们不能离开制度环境来探析高职校企合作育人问题，这映射出了交易成本理论在解释高职校企合作育人模式形成或选择机制方面的局限性。

表2-11　　　　　　三种解释路径的比较

理论视角	启发之处	不足之处
交易成本理论视角	校企究竟选择何种关系（模式）主要取决于交易成本： a. 人性假定：有限理性与机会主义 b. 决定交易成本存在的核心因素：有限理性、投机行为与资产专用性 c. 交易维度：资产专用性、不确定性与交易频率 d. 影响交易成本外因：劳动力市场的不完备性等 e. 交易成本涉及的基础概念：有限理性、小数现象、不确定性与复杂性等	强调效率机制，忽略了社会、经济与政治制度安排在塑造高职校企合作育人模式方面的关键作用

---

① 魏建国：《教育事权与财政支出责任划分的法治化——基于一个理解框架的分析》，《北京大学教育评论》2019年第1期，第79—95、194页；渠敬东：《项目制：一种新的国家治理体制》，《中国社会科学》2012年第5期，第113—130页；国务院办公厅：《教育领域中央与地方财政事权和支出责任划分改革方案》，http://www.moe.gov.cn，2019年5月24日。

② 周雪光、艾云：《多重逻辑下的制度变迁：一个分析框架》，《中国社会科学》2010年第4期，第132—150、223页。

续表

理论视角	启发之处	不足之处
国家技能形成理论视角	国家技能形成的多样化主要取决于制度的互补性（国家不同的制度安排、制度匹配程度）： a. 采用企业参与程度和国家参与程度两个维度对国家技能形成体制进行类型学划分 b. 企业参与技能投资受制度网络（环境）的约束 c. 关键群体之间的互动及其互动方式形塑了各个国家不同的技能形成路径 d. 职业教育与培训制度被视为衡量国家经济绩效的核心社会经济制度之一，一国职业教育的发展是相互耦合的社会制度互动的结果	侧重于分析国家层面技能形成体系的类型及其作用机制。该理论的一个关键解释是国家层面的制度在全国范围内完全一致，忽略了地方政府和地方政治对技能形成的主导作用
三螺旋创新模式理论视角	清晰地刻画了企业参与技能合作的方式以及与高职院校、政府互动的模式： a. 明确了政府、学校和企业是互动的轴心 b. 不仅仅强调组织间的互动，也蕴含着"政校企"三方开始采用他人的实践方式 c. 提出了两种具体的三螺旋循环方式模型	侧重于分析区域创新、技术转移、制度创新、区域经济发展等，其难以解释哪些因素会促进企业和高职院校进行技能投资，政府的哪些政策可以驱动校企深度参与技能合作

资料来源：根据文献整理。

国家技能形成理论强调国家之间技能发展模式的差异主要取决于国家层面特定的制度安排。但就高职校企合作育人而言，高职院校（机构层级）主要由地方政府举办和管理，其中省（自治区、直辖市）所属高等职业院校由省级有关部门与职业学校所在市（地）联合共建、共管[①]。地方政府的行动是理解高职校企合作育人的关键，也就是说，

---

① 中华人民共和国中央人民政府：《关于大力推进职业教育改革与发展的决定》，http://www.gov.cn/fuwu/，2002年8月24日。

企业和高职院校的有限理性使他们更加关注地方政策环境，地方政府而非中央政府的行为决定了校企合作育人的成本收益结构①。因此，我们需要下沉到地方政府层面来探析高职校企合作育人问题，这映射出了国家技能形成体系在解释高职校企合作育人模式形成或选择机制方面的局限性。

三螺旋创新模式理论更多强调政府、学校和企业在技术研发、人才培养方面的互动以及校企合作制度的创新。但它难以解释哪些因素会促进企业和高职院校进行技能投资，以及政府的哪些政策可以驱动校企深度参与技能合作。因此，本书需要对政府、高职院校与企业互动的深层机制进行挖掘，这映射出了三螺旋创新模式在解释高职校企合作育人模式形成或选择机制方面的局限性。

除此之外，已有研究更多强调企业和政府在推进高职校企合作育人方面的角色与作用，而对同样作为育人主体的高职院校讨论不足。高职院校作为基层执行机构，其行为选择受到组织特性、组织内在利益诉求等因素的影响和制约。② 高职院校不同的行为选择，则会导致不同的校企合作育人结果。因此，本书需要从政府、企业和高职院校各自的角色以及互动中探析高职校企合作育人问题，这就为本书研究留下进一步探讨的空间。

综上可知，其一，高职校企合作育人需要在制度主义的视角下去分析和探讨；其二，高职教育育人与高职院校、行业企业等不同类型组织结构和行为方式的变化密不可分；其三，高职校企合作育人过程中很少只有某一种机制在起作用，常常涉及多重制度逻辑和过程。③而且在某一具体机制与其他机制的相互作用中，其影响的程度和方向都可能会发生很大的变化。④ 正因为此，仅仅考虑单一机制，是无法

---

① 杨钋：《技能形成与区域创新：职业教育校企合作的功能分析》，社会科学文献出版社2020年版，第176—182页。
② 张斌：《多重制度逻辑下的校企合作治理问题研究》，《教育发展研究》2014年第19期，第44—50页。
③ 蓝汉林：《地方高校转型发展的多重制度逻辑分析——基于浙江G大学的分析》，《高教探索》2017年第1期，第5—10页。
④ 周雪光、艾云：《多重逻辑下的制度变迁：一个分析框架》，《中国社会科学》2010年第4期，第132—150、223页。

产生令人满意解释力的①。对此,我们不宜人为割裂制度、组织和行为三者之间的关系,②忽视各因素之间的相互关联和在不同时空背景下的具体作用③,应从多重制度逻辑视角来审视高职校企合作育人模式的形塑路径。

综上研讨,本书在借鉴人力资产专用性和网络规模相关研究的基础上,从人力资产专用性程度和网络规模大小两个维度,建立高职校企合作育人模式的类型学划分;并在多重制度逻辑的背景下,结合正负面的典型案例剖析各种模式形成的深层机制,解析其对高职校企合作育人成效带来的影响,从而为中国解决技能人才短缺问题提供有益的启示。

---

① 周雪光、艾云:《多重逻辑下的制度变迁:一个分析框架》,《中国社会科学》2010年第4期,第132—150、223页。

② 钟宗炬、张海波:《重大决策社会稳定风险评估制度发展的三重逻辑——基于江苏省的个案分析》,《公共管理学报》2022年第1期,第13—26、165页。

③ 谭海波、赵雪娇:《"回应式创新":多重制度逻辑下的政府组织变迁——以广东省J市行政服务中心的创建过程为例》,《公共管理学报》2016年第4期,第16—29、152页。

第 三 章

理论框架

本书的理论框架呈现多重制度逻辑、多种模式与多元效果之间的关系，也就是说，多重制度逻辑通过影响人力资产专用性和网络规模，导致了不同的校企合作育人模式，从而产生了不同的校企合作育人①成效。

第一节 多重制度逻辑分析框架的引入

面对三种解释逻辑各自的局限，本书试图通过构建一个多重制度逻辑分析框架，对高职校企合作育人模式的特征及其影响机制进行理论解释。制度逻辑指某一领域中稳定存在的制度安排和相应的行动机制②。这些制度逻辑诱发和塑造了组织场域内行动者的认知及其行为方式③。组织场域中的行动通常被两种以上的核心制度逻辑所共同驱动④。Dunn 和

---

① 通常而言，技能被理解为人力资本的一个组成部分，促进技能形成是职业教育校企合作育人的主要功能。因此本书中技能合作和育人合作所指的内核是一致的。

② 周雪光、艾云：《多重逻辑下的制度变迁：一个分析框架》，《中国社会科学》2010 年第 4 期，第 132—150、223 页；陈琤、陈永海、陈斌：《行动逻辑、权力结构与城市公用事业供给模式——基于广州环卫改革的案例研究》，《公共管理学报》2022 年第 2 期，第 93—105、171 页。

③ 杨书燕、吴小节、汪秀琼：《制度逻辑研究的文献计量分析》，《管理评论》2017 年第 3 期，第 90—109 页。

④ Jakobsen M. W. Richard Scott, Institutions and Organizations: Ideas, Interests, and Identities [J], Lecture Notes in Computer Science, 2014, 3368 (02): 148-158. Dunn 和

Jones 发现不同利益主体之间的竞争和冲突支持了多元制度逻辑的存在;①Battilana 和 Dorado 指出,不同制度逻辑的次序组合塑造了不同的组织形态;② Binder 认为,同一组织内的不同组织单元可以采用不同的合作方式来应对多重制度逻辑所施加的压力。③ 也就是说,这些制度逻辑在不同的时空情形和次序排列组合中的相互作用,因而产生了相差甚远但又循迹可查的多样性的组织形态。④

多重制度逻辑分析框架的前提假设是社会现象的产生与发展涉及多重过程和机制,⑤ 而只有在多重过程机制的互动中才能认识它们各自的角色、作用和影响,才具有解释力。三个基本命题为:(1) 制度变迁涉及多重制度逻辑,必须从制度逻辑的相互关系中认识其作用和影响;⑥ (2) 制度逻辑诱发了具体的可观察的微观行为,对一个特定领域中制度逻辑的认识可以帮助我们把握和预测这些行为;⑦ (3) 关注制度变迁的内生性过程,不同制度逻辑的排列组合会影响和制约随后的发展轨迹和演化路径。⑧ 目前多重制度逻辑分析框架已广泛应用于解释多元行动者背后的逻辑及其所引发的复杂社会行为过程,比

---

① Dunn MB, Jones C. Institutional Logics, and Institutional Pluralism: The Contestation of Care and Science Logics in Medical Education, 1967-2005 [J], Administrative Science Quarterly, 2010, 55 (01): 114-149.

② Battilana J, Dorado S. Building Sustainable Hybrid Organizations: The Case of Commercial Microfinance Organizations [J], Academy of Management Journal, 2010, 53 (06): 1419-1440.

③ Amy Binder. For Love and Money: Organizations' Creative Responses to Multiple Environmental Logics [Book Review] [J], Theory and Society, 2007, Vol. 36 (06): 547-571.

④ Tilly C. To Explain Political Processes [J], American Journal of Sociology, 1995, 100 (06): 1594-1610;周雪光、艾云:《多重逻辑下的制度变迁:一个分析框架》,《中国社会科学》2010 年第 4 期,第 132—150、223 页。

⑤ Tilly C. To Explain Political Processes [J], American Journal of Sociology, 1995, 100 (06): 1594-1610;周雪光、艾云:《多重逻辑下的制度变迁:一个分析框架》,《中国社会科学》2010 年第 4 期,第 132—150、223 页。

⑥ William Diebold Ju. Rival Views of Market Society and Other Recent Essays by Albert O. Hirschman [J], Foreign Affairs, 1987, Vol. 65 (04): 899.

⑦ William Diebold Ju. Rival Views of Market Society and Other Recent Essays by Albert O. Hirschman [J], Foreign Affairs, 1987, Vol. 65 (04): 899.

⑧ 周雪光、艾云:《多重逻辑下的制度变迁:一个分析框架》,《中国社会科学》2010 年第 4 期,第 132—150、223 页。

如职业教育校企合作治理研究，社区治理模式形成研究①，政府组织变迁、组织扩张与组织行动策略研究，②"网约车"治理困境与公车改革研究，③慈善信托实践研究，④以及制度变迁过程的解释研究，⑤等等。

　　高等职业教育开展校企合作育人是由其本质属性决定的，高等职业教育的职业性、技术性和社会性决定了其需要行业企业的广泛参与，⑥这已成为人们的普遍共识。以往针对高职校企合作育人等相关问题的研究主要集中在三个方面：一是企业参与校企合作育人的积极性问题，部分研究者认为，企业的根本任务是生产与销售，而不是办学，需通过建立健全激励机制、补偿机制、制度保障机制等提升企业参与动力；二是政府职能的缺失问题，部分研究者认为，校企合作制度缺乏刚性指标和约束监督机制；⑦三是职业院校自主发展能力的缺失问题。由此可知，已有研究者习惯将问题归因于制度的不完善，却对制度运行过程中行为主体的行动逻辑及其互

---

① 曹志刚：《多重逻辑下的社区变迁——武汉市千里马社区治理模式研究》，《中国行政管理》2013 年第 12 期，第 84—88 页。

② 王印红、朱玉洁：《基层政府"逆扁平化"组织扩张的多重逻辑——基于"管区制度"的案例研究》，《公共管理学报》2020 年第 4 期，第 21—31、165 页；王辉：《韧性生存：多重逻辑下农村社会组织的行动策略——基于农村老年协会个案》，《南京社会科学》2021 年第 9 期，第 53—63 页。

③ 倪星、陈兆仓：《管理·民主与再分配：多重逻辑冲突下的公车改革》，《公共行政评论》2012 年第 5 期，第 7—25 页。

④ 徐家良、张圣：《关联·冲突与调节：慈善信托实践中的多重制度逻辑》，《中国行政管理》2021 年第 1 期，第 59—65 页。

⑤ 王富伟：《独立学院的制度化困境：多重逻辑下的政策变迁》，《北京大学教育评论》2012 年第 2 期，第 79—96 页；钟宗炬、张海波：《重大决策社会稳定风险评估制度发展的三重逻辑》，《公共管理学报》2022 年第 1 期，第 13—26 页；杨书燕、吴小节、汪秀琼：《制度逻辑研究的文献计量分析》，《管理评论》2017 年第 3 期，第 90—109 页。

⑥ 刘登晖：《多重制度逻辑下的校外教育协同治理研究》，《中国教育学刊》2018 年第 2 期，第 19—23 页；张斌：《多重制度逻辑下的校企合作治理问题研究》，《教育发展研究》2014 年第 19 期，第 44—50 页。

⑦ 刘登晖：《多重制度逻辑下的校外教育协同治理研究》，《中国教育学刊》2018 年第 2 期，第 19—23 页；张斌：《多重制度逻辑下的校企合作治理问题研究》，《教育发展研究》2014 年第 19 期，第 44—50 页。

动缺少关注。① 就高职校企合作育人模式形成而言，其涉及多元行动主体，行动主体因受到各自所处位置的制度制约以及利益驱动等因素的影响，② 形成各自的行动逻辑，这些行动逻辑又会诱发和塑造行为主体的具体行为，从而对高职校企合作育人模式的形成及其成效产生深刻的影响。因此，运用多重制度逻辑分析框架来探析高职校企合作育人模式形成中不同主体的行动逻辑及其行为表征，③ 对于提升高职校企合作育人的成效，理解政府如何应对技能人才短缺问题大有裨益。

将多重制度逻辑引入高职校企合作育人模式形成的实践层面，主要会涉及以下几类行动主体：第一类是政府。政府承担顶层设计、制度供给、财政支持、优化环境的责任，是推动高职校企合作育人的核心管理主体。④ 第二类是企业。企业具有承担参与协同育人，与学校一起规划专业、开发教材、教学设计、课程设置等方面的责任，是推动高职校企合作育人的核心实施主体。⑤ 第三类是高职院校。高职院校是受政府委托举办高等职业教育的代理方，承担为社会输送合格的高素质技能型人才的责任，是推动高职校企合作育人的核心实施主体。除此之外，还涉及行业组织、教师和学生三类行动主体，但因行业组织受政府机构改革等多

---

① 毛丹：《多重制度逻辑冲突下的教育政策制定过程研究——以美国伊利诺伊州高等教育绩效拨款政策制定过程为例》，《教育发展研究》2017年第7期，第31—37页；白逸仙：《高水平行业特色高校"产教融合"组织发展困境——基于多重制度逻辑的分析》，《中国高教研究》2019年第4期，第86—91页。

② 陶军明、庞学光：《多重制度逻辑下现代学徒制的实践困境与路径选择》，《西南民族大学学报》（人文社会科学版）2021年第9期，第206—212页。

③ 陶军明、庞学光：《多重制度逻辑下现代学徒制的实践困境与路径选择》，《西南民族大学学报》（人文社会科学版）2021年第9期，第206—212页。

④ 杨进：《职业教育校企合作"双主体"办学：治理创新与实现途径》，高等教育出版社2019年版；黄崴、曾阳：《政府干预职业教育校企合作的限度及其改进——基于公共选择理论的分析》，《现代教育管理》2016年第15期，第73—78页。

⑤ Patrick Emmenegger, Lukas Graf, and Christine Trampusch. The Governance of Decentralised Cooperation in Collective Training Systems: a Review and Conceptualization [J], Journal of Vocational Education and Training, 2019, 70 (01): 21-45；祁占勇、王佳昕、安莹莹：《我国职业教育政策的变迁逻辑与未来走向》，《华东师范大学学报》（教育科学版）2018年第1期，第8页；杨进：《职业教育校企合作"双主体"办学：治理创新与实现途径》，高等教育出版社2019年版，第1—10页。

种因素的影响，行业在发展职业教育中的指导作用明显弱化。本书主要聚焦于高职院校与企业之间合作育人组织关系的建立，暂不涉及教师和学生。因此，本书涉及的核心行动主体主要指政府、企业和高职院校。这些行动主体受到各自所处制度环境的制约和利益驱使，[①] 形成某一特定且主要的制度逻辑，即行政科层逻辑、政治监管逻辑、企业市场逻辑和院校发展逻辑。也就是说，多重制度逻辑通过影响人力资产专用性和网络规模，导致了不同的校企合作育人模式，从而产生了不同的校企合作育人成效。本书的理论框架如图 3-1 所示。

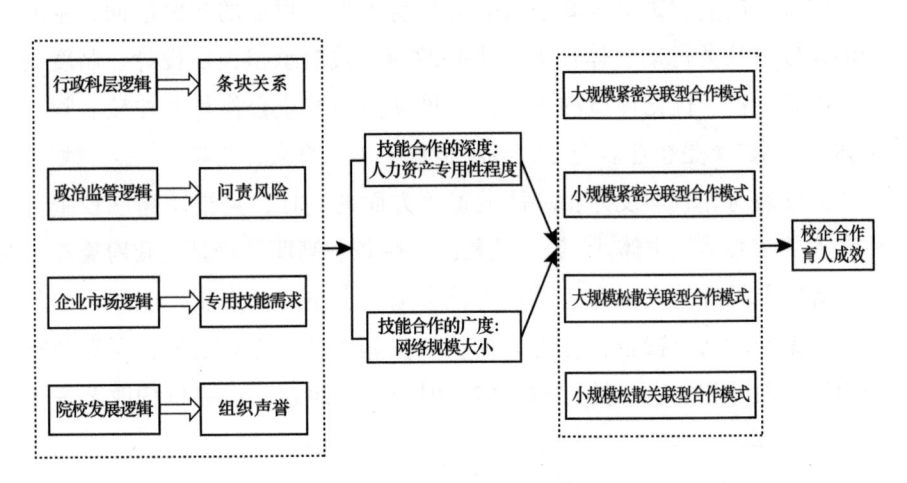

图 3-1　本书的理论框架

第二节　框架构成维度

基于前文分析，本书以技能合作深度（人力资产专用性程度）和广度（网络规模大小）为基础，建立了高职校企合作育人模式的分类模型。

[①] 张斌：《多重制度逻辑下的校企合作治理问题研究》，《教育发展研究》2014 年第 19 期，第 44—50 页；钟宗炬、张海波：《重大决策社会稳定风险评估制度发展的三重逻辑》，《公共管理学报》2022 年第 1 期，第 13—26 页。

一 技能合作的深度：人力资产专用性程度

所有资本中最有价值的就是投资在人身上的资本。人力资本投资是指通过增加人的资源来影响未来货币和心理收入的一切投资。人力资产专用性作为一个概念，已经广泛地被用来研究职业教育领域的技能及其形成问题，回应了"先进生产力的传承和技术的复杂性对校企合作培养专用性技能人才的需求"。大量的研究表明，人力资产专用性是衡量高职校企合作育人模式形成或选择的重要维度。[1] 企业实质上就是一个人力资本团队，可以被看成一个人力资本和非人力资本的合约，企业的生存取决于人力资本的可得性。[2] 一般而言，企业参与职业教育校企合作育人是企业积累人力资本的主要方式之一。[3] 企业参与高职校企合作育人的行为实质上是一种专用性人力资本投资，只有当企业人力资本专用化程度较高时，企业才倾向与高职院校开展实质性的校企合作；反之则不然。同样的逻辑也适用于高职院校，高职院校以人才培养和服务社会为归依。

关于人力资产专用性的衡量标准，人力资本理论的代表人物之一加里·贝克尔（Gary Becker）较早地区分了两种技能形式，即一般技能（通用性技能）和特殊技能（专用性技能）：（1）一般技能指完全通用且适用于大多数企业生产的技能。对于一般技能，贝克尔指出，在一个完全竞争的劳动力市场中，企业员工的工资增加值等于边际产量增加值，

---

[1] Finegold D. and Soskice D. The Failure of Training in Britain: Analysis and Prescription [J], Oxford Review of Economic Policy, 1988 (03): 21 – 53; Streeck W. Social Institutions and Economic Performance: Studies of Industrial Relations in Advanced Capitalist Economies [M], Sage Publications, 1992; M. Stevens. Human Capital Theory and UK Vocational Training Policy [J], Oxford Review of Economic Policy, 1999, Vol. 15 (01): 16 – 32.

[2] 周其仁：《市场里的企业：一个人力资本与非人力资本的特别合约》，《经济研究》1996年第6期，第71—80页；刘方龙、吴能全：《"就业难"背景下的企业人力资本影响机制：基于人力资本红利的多案例研究》，《管理世界》2013年第12期，第145—159页；Armen A. Alchian and Harold Demsetz. Production, Information Costs, and Economic Organization [J], The American Economic Review, 1972, Vol. 62 (05): 777 – 795.

[3] Barro R. J. and Lee J. W. International Comparisons of Educational Attainment [J], Journal of Monetary Economics, 1993 (03): 363 – 394; Margarita Estevez-Abe, Torben Iversen, David Soskice. Social Protection and the Formation of Skills: A Reinterpretation of the Welfare State [J], Varieties of Capitalism: The Institutional Foundations of Comparative Advantage, 2001: 145 – 183.

这个时候若企业参与一般技能的产出，是无法获得任何收益的。一句话企业没有动机投资一般技能。不过，贝克尔又指出，虽然企业不会投资，但是接受培训的学员会自行承担一般技能投资的成本，以期待未来获得更高的薪酬。（2）特殊技能，指完全无法通用，只对雇用此类工人的特定企业有价值的技能。① 企业的特殊技能只对这个企业自身有价值，其目的是提升投资企业的生产率，员工一旦离开企业就会失去价值。② 一般技能（通用性技能）和特殊技能（专用性技能）的边界在于"是否能够提高企业的生产率"。

在此基础上，威廉姆森（Williamson）提出了资产专用性的概念。资产专用性是一种程度，指一种资产被重新配置却不牺牲其所具备生产价值的程度，③ 其核心在于资产专用性投入、特定性交易间的匹配唯一性，以及投入的不可逆性，④ 呈现的是一种"锁定"效应。只有在支撑交换的双方各自投入干系重大的专用资产的条件下，交换双方才能有效地进行互利的实质性合作。⑤ 资产专用性的类型有六种：人力资产专用性（Human-asset Specificity）、实物资产的专用性（Physical Asset Specificity）、场地专用性（Site Specificity）、特定用途资产的专用性（Dedicated Asset）、时间专用性（Temporal Specificity）、品牌资本专用性（Brand Name Asset），人们最终选取何种组织形式取决于其投入了何种资产。⑥ 其中人力资产专用性程度可以划分为"非专用""混合专用""高度专用"三类，

---

① ［美］凯瑟琳·西伦：《制度是如何演化的：德国、英国、美国和日本的技能政治经济学》，上海人民出版社2010年版，第1—30页；［美］加里·贝克尔：《人力资本》（第3版），陈耿宣译，机械工业出版社2016年版，第28—50页。

② ［美］凯瑟琳·西伦：《制度是如何演化的：德国、英国、美国和日本的技能政治经济学》，上海人民出版社2010年版，第1—30页；［美］加里·贝克尔：《人力资本》（第3版），陈耿宣译，机械工业出版社2016年版，第28—50页。

③ 池国华、徐晨阳：《资产专用性提升了企业风险承担水平吗？——基于边界调节和中介传导的双重检验》，《中国软科学》2019年第11期，第109—118、175页。

④ 徐晨阳：《资产专用性对营运资本平滑作用的影响研究——基于供应商集中度的视角》，《中国软科学》2018年第1期，第183—192页。

⑤ ［美］奥利弗·E.威廉姆森：《资本主义经济制度》，段毅才、王伟译，商务印书馆2004年版，第113—136页。

⑥ 孟大虎：《专用性人力资本研究：理论及中国的经验》，北京师范大学出版社2009年版，第10—19页。

衡量标准为资产流动性和可转换能力，一项资产的专用性程度越高，其转换能力越差，转换成本就越高；而对于流动性高的通用性资产，改变其特定用途，基本可以忽略其价值损失。①

除此之外，Finegold 和 Soskice 在一般技能和特殊技能的基础上，提出"混合技能"的概念。② Streeck 在一般技能和特殊技能的基础上，提出"可转换性技能"概念，他通过对德国案例的研究指出，在市场竞争中，严格遵守经济理性的企业将会系统的投资类型多样且可转换的技能。③ Stevens 在一般技能和特殊技能的基础上，提出"可转移性技能"的概念。她认为，贝克尔将企业参与技能投资简单地分解为"通用的"（对所有公司都有用）和"专用的"（仅对一个特定公司有用）是错误的，相反，大多数企业参与所培养的技能型人才介于两个极端之间，她称之为"可转移性技能"（transferable skills），这种技能"不仅仅对单一企业有价值，企业之间在雇佣此类技能型人才上存在着竞争，但这种竞争不会导致工资趋同于边际产品价值"。④ 该观点被大量的学者所认可，如 Soskice、Estévez-Abe 和 Iversen 提出"工业技能"的概念。⑤ Estevez-Abe、Iversen 和 Soskice 从工作岗位安全程度（高、低）和薪酬安全程度（高、低）两个维度划分社会保护制度和技能供给类型之间的关系，分别形成四种关系类型：（1）培养行业专用和企业专用的混合技能，如德国；（2）培养企业专用性技能，如日本；（3）培养行业专

---

① 杨丽芳：《资产专用性、股利政策与公司价值研究》，清华大学出版社 2015 年版，第 19—30 页；[美] 奥利弗·E. 威廉姆森：《资本主义经济制度》，段毅才、王伟译，商务印书馆 2004 年版，第 113—136 页。

② Finegold D. and Soskice D. The Failure of Training in Britain: Analysis and Prescription [J], Oxford Review of Economic Policy, 1988 (03): 21 - 53; Busemeyer M. R. and Trampusch C. The Political Economy of Collective Skill Formation [M], Oxford: Oxford University Press, 2012.

③ Streeck W. Social Institutions and Economic Performance: Studies of Industrial Relations in Advanced Capitalist Economies [M], Sage Publications, 1992: 16.

④ M. Stevens. Human Capital Theory and UK Vocational Training Policy [J], Oxford Review of Economic Policy, 1999, Vol. 15 (01): 16 - 32, https: //doi. org/10. 1093/oxrep/15. 1. 16.

⑤ Margarita Estevez-Abe, Torben Iversen, David Soskice. Social Protection and the Formation of Skills: A Reinterpretation of the Welfare State [J], Varieties of Capitalism: The Institutional Foundations of Comparative Advantage, 2001: 145 - 183.

用性技能，如丹麦；（4）培养通用性技能，如美国。① 朱明伟提出"准专用性技能"的概念。吴冰提出"中间技能"（intermediate skill）的概念等。

综上所述，虽然学者们从不同的视角对人力资产专用性进行讨论，但所指的内核是一致的。即人力资产专用性是一种程度，指参与合作的各方承诺进行技能投资的成本。人力资产专用性程度②可以划分为通用性技能（general skills）和专用性技能（specific skills）两类，且专用性技能包括企业专用性技能（enterprise specific skills）和面向行业的可转移性技能（transferable skills）。衡量标准为资产流动性和可转换能力，如表3-1所示。

表3-1　　　　　　　　　人力资产专用性程度的衡量标准

人力资产专用性程度	投资主体	培养技能类型	资产流动性	可转换能力
高	行业内多家企业和高职院校共同投资	行业专用技能为主和部分企业专用技能（混合专用）	不限制毕业生在行业内企业间的流动	具有可转移性，可在行业内企业间自由转换
	单一企业和高职院校共同投资	企业专用技能为主（高度专用）	限制毕业生在企业间流动，一旦离开企业就会失去价值	可转换能力较差，转换成本较高

---

① Margarita Estevez-Abe, Torben Iversen, David Soskice. Social Protection and the Formation of Skills: A Reinterpretation of the Welfare State [J], Varieties of Capitalism: The Institutional Foundations of Comparative Advantage, 2001: 145-183.

② 通用性技能，与一般技能、通用性人力资本等同义，是一种可以在大量职业中通用的就业技能，特点是学校教育在技能形成中发挥主要作用，企业参与技能投资动机不强，接受培训的学生自行承担一般技能投资的成本。企业专用性技能（enterprise specific skills），与高度专用、特殊技能、企业专用性人力资本等同义，是一种企业完全专用性技能，特点是在生产实践中通过"干中学"形成面向企业的专用性技能，企业参与技能投资动机较强，且受训的学生一旦离开企业就会失去价值。可转移性技能（transferable skills），与混合技能、可转换技能、中间技能、工业技能、准专用性技能、混合专用等同义，指不仅对单一企业有价值，而且对整个行业或者整个产业链有价值的技能。特点是立足于产业链，在生产实践中通过"干中学"形成面向行业的准专用性技能，是高质量技能人才培养与人才服务的融合。

续表

人力资产 专用性程度	投资主体	培养技能类型	资产流动性	可转换能力
低	以高职院校投资为主	通用性技能为主（非专用）	不限制毕业生在企业间的流动；不限制毕业生升学，或者流动到普通教育体系	可以自由转换，基本可以忽略其价值损失

资料来源：根据文献整理。

二 技能合作的广度：网络规模大小

社会网络理论（social network theory）发端于20世纪30年代，成熟于20世纪70年代，20世纪90年代进入快速发展时期。突出的代表成果是马克·格兰诺维特的关系研究、罗纳德·伯特的结构洞理论、林南与边燕杰的社会资本研究等。① 社会网络分析关注的是行动者之间的关系及其结构，而不是行动者的属性。② 目的是通过具体的社会关系结构来认识人或组织的社会行为。衡量社会网络结构特征的主要指标有：①网络规模（size）；②网络密度（density）；③中心度（centrality）；④团聚度（cohesion）；⑤多重度（multiplexity）。其中网络规模是衡量整体社会网络最直接的维度。③

网络规模是指社会网络中包含的行动者的数量。④ 网络规模大意味着构成群体的数量多，网络规模大小会影响行动者之间的关系。⑤ Wellman 和 Wortley 指出，网络规模越大，提供情感支持、服务支持等的网络成员

---

① 林聚任：《社会网络分析：理论、方法与应用》，北京师范大学出版社2009年版，第47—51页。
② [美] 林顿·C. 弗里曼：《社会网络分析发展史：一项科学社会学的研究》，张文宏等译，中国人民大学出版社2008年版，第1—36页。
③ 刘军：《社会网络分析手册》（下），重庆大学出版社2018年版，第14—37页。
④ 黄荣贵、桂勇：《社会网络规模的影响因素：不同估计方法的比较》，《社会学研究》2010年第4期，第106—125页。
⑤ McCarty Christopher, Killworth Peter D., Bernard H. Russell, Johnsen Eugene C., Shelley, Gene A. Comparing Two Methods for Estimating Network Size [J], Human Organization, 2001, Vol. 60 (01): 28–39.

数量越多，提供支持的网络成员的比例也越高；① 边燕杰用"拜年人数"测量网络规模的大小，并指出，规模大的网络比规模小的网络拥有更多的关系、信息和人情等；② 张文宏用"社会网络中彼此之间认识的和不认识的成员的总人数"测量网络规模的大小，网络规模大意味着构成群体的成员数量多。③ 即网络规模越大，网络节点越多，反之则不然。

研究和讨论网络规模的价值在于：（1）网络规模反映了外部可能获取的知识资源或拥有网络资源的丰裕程度。④ Wellman 和 Wortley 认为，网络规模越大，提供支持的网络成员的比例也越高，资源就更加容易获取；边燕杰认为，随着网络规模的扩大，资源获取更加容易；网络规模与资源获取之间存在正向相关关系。（2）网络规模影响合作绩效。网络规模增大，嵌入网络中的行动者越多，使伙伴之间获取信息的渠道增多，有助于投资前实施全方位的调查，提高项目甄选能力；⑤ 有助于合作组织突破地理和行业边界，扩大选择的范围；⑥ 还有利于通过网络伙伴所提供的帮助实现资源共享，进而获取增值服务。（3）网络规模对合作关系具有重要的调节作用。李纲指出，网络规模对关系管理能力和知识获取能力之间的关系具有正向调节作用。⑦ 俞明传和顾琴轩论证了网络规模正向调节技术能力和研发强度对创新绩效的作用。但是，网络规模是有限度

---

① Wellman Barry, Wortley Scot. Different Strokes from Different Folks: Community Ties and Social Support [J], American Journal of Sociology, 1990, Vol. 96 (03): 558 – 569.

② 边燕杰：《城市居民社会资本的来源及作用：网络观点与调查发现》，《中国社会科学》2004 年第 3 期，第 136—146、208 页；边燕杰、张文宏、程诚：《求职过程的社会网络模型：检验关系效应假设》，《社会》2012 年第 3 期，第 24—37 页。

③ 张文宏：《城市居民社会网络资本的阶层差异》，《社会学研究》2005 年第 4 期，第 64—81 页；张文宏：《中国社会网络与社会资本研究 30 年（上）》，《江海学刊》2011 年第 2 期，第 104—112 页。

④ Wellman Barry, Wortley Scot. Different Strokes from Different Folks: Community Ties and Social Support. [J], American Journal of Sociology, 1990, Vol. 96 (03): 558 – 569.

⑤ 杨敏利、丁文虎、郭立宏：《双重网络嵌入对联合投资形成的影响——基于网络信号视角》，《管理评论》2018 年第 2 期，第 61—70、135 页；杨艳萍、邰钰格：《网络规模与 2 步可达性对风险投资绩效的影响——知识属性的调节作用》，《管理评论》2020 年第 6 期，第 114—126 页。

⑥ 石琳、党兴华、韩瑾等：《风险投资网络结构嵌入对投资绩效只有促进作用吗？——来自我国风险投资业的经验证据》，《科技管理研究》2016 年第 17 期，第 216—223 页。

⑦ 李纲、陈静静、杨雪：《网络能力、知识获取与企业服务创新绩效的关系研究——网络规模的调节作用》，《管理评论》2017 年第 2 期，第 59—68、86 页。

的，超过一定的规模，将导致合作组织之间合作质量的降低和信任度的减弱，从而降低合作绩效和资源获取效力。①

网络规模是影响高职校企合作育人类型建构的重要维度。已有研究表明，校企合作育人网络化是高等职业教育发展的必然趋势，应通过建构行业内企业与高职院校之间的合作网络来实现技能的有效供给。网络规模对高职校企合作育人模式形成或选择的影响主要体现在：（1）企业间合作范围对高职校企合作育人模式形成或选择的影响。研究者指出，企业间合作的范围越广，预示着同一劳动力市场内部"挖人"的概率越低，与此同时，还可以显著节约企业技能投资成本；② 相反，小范围的合作会导致更强的控制权和更高的成本。③ 而且如果企业间缺乏合作的广度，企业就会利用内部培训来满足自己的技能需求，或者与职业院校建立单对单的合作关系。④（2）企业和高职院校"一对一""一对多""多对多"合作对高等职业教育校企合作水平的影响。⑤（3）组织间合作网络对技能形成的影响。具体如表3-2所示。

以上研究为网络规模维度的引入奠定了基础。为此，本书将网络规模⑥界定为校企双方参与交易的组织数量。具体表现为：（1）一对一合

---

① Poppo L (Poppo, Laura), Zhou KZ (Zhou, Kevin Zheng), Li JJ (Li, Julie J.). When Can You Trust 'Trust'? Calculative Trust, Relational Trust, and Supplier Performance [J], Strategic Management Journal, 2016, Vol. 37 (04): 724-741；杨特、赵文红、周密：《网络规模对创业资源获取的影响：创业者先前经验的调节作用》，《科技进步与对策》2018年第2期，第1—9页。

② Hall P., Soskice D. Introduction to Varieties of Capitalism Varieties of Capitalism: The Institutional Foundations of Comparative Advantage [J], Wiley Online Library, 2001 (08): 456.

③ 申家龙：《论职业教育校企合作的效率边界》，《教育发展研究》2012年第11期，第20—24页；[俄] 托马斯·雷明顿、杨钋：《中、美、俄职业教育中的校企合作》，《北京大学教育评论》2019年第2期，第2—25、187页。

④ Remington T. F. Closing the Skills-Jobs Gap: Russia and China Compared [J], Hse Working Papers, 2017: 128.

⑤ 李勤：《从校企合作到校企联盟：以不完全信息静态博弈为分析工具》，《教育发展研究》2014年第7期，第76—80页。

⑥ 根据社会网络理论，高职校企合作育人可以视为由高职院校、行业企业和政府所构成的网络体系，其中网络主体可以视为节点，主体间的关系视为节点与节点之间连接的边。在社会网络分析中，网络规模表明了社会网络中节点的数量，网络密度表明了网络节点之间相互连接的程度。本书网络规模是指技能合作广度，网络密度是指技能合作深度，两者共同影响着高职校企合作育人模式的形成。

作：由一所高职院校针对一个企业建立合作机制；（2）一对多合作：由一所高职院校针对多个企业建立合作机制；（3）多对多的合作：由多所院校对各自优势专业进行互补后和多个企业合作建立的合作机制。衡量标准为网络节点的数量。网络节点越多，网络规模越大；反之则不然。通俗讲，一对一合作时，网络节点数量较少，网络规模小；一对多或多对多合作时，网络节点数量较多，网络规模大。网络规模是基于一种范围效应，规模大的网络比规模小的网络拥有更多的关系、信息和资源等。

表3-2　　网络规模与高职校企合作育人关系研究

作者	观点	具体描述
李勤[①]	通过构建企业（行业）—高职院校联盟系统破解高技能人才缺口问题	1. 一对一：由一所高职院校针对一个企业建立联盟机制 2. 一对多：由一所高职院校针对多个企业建立联盟机制 3. 多对多：由多所院校对各自优势专业进行互补后和多个企业合作建立的联盟机制
吴冰[②]	参与交易的组织数量对高职产学关系具有积极的影响	参与交易的组织数量，包括校企双边合作、多边合作等
刘晖[③]	政校企行联合，共建专业特色学院的三种典型模式	1. 1+1模式：由一所高职院校某个专业（群）与单一的合作主体（企业等）合作共建 2. 1+N模式：由一所高职院校某个专业（群）与多个主体（企业等）合作共建 3. N+1模式：由一所高职院校的多个专业与单一企业合作共建

[①] 李勤：《从校企合作到校企联盟：以不完全信息静态博弈为分析工具》，《教育发展研究》2014年第7期，第76—80页。

[②] 吴冰、刘志民：《技能形成制度对高职产学关系的影响》，《教育发展研究》2014年第13期，第59—66页。

[③] 刘晖、王贵军：《广州市职业教育发展蓝皮书（2014）》，中山大学出版社2015年版，第72—75页。

续表

作者	观点	具体描述
左崇良① 吴建新② 易雪玲③	校企"双主体"育人三种典型模式	1. 单对单：单一高职院校与单一企业的合作关系 2. 单对多：单一高职院校与多家企业的合作关系 3. 多对多：多家高职院校与多家企业的网络化的合作关系
Remington④	企业间若缺乏合作广度，企业就会利用内部培训或者与职业院校建立单对单的合作关系来满足技能需求	1. 单对单的合作关系 2. 单对多与多对多的合作关系
张辉⑤	产教融合本质上是一种跨界融合，校企合作是资源的互用互利	1. 企业选专业：企业与高职院校某一专业合作，扩展到与高职院校所有专业合作 2. 专业选企业：实现一对多的网络合作 3. 企业选企业，实现多对多的网络合作
杨钋⑥	通过构建以企业为核心的组织间合作网络实现资产专用技能的有效供给，破解技能短缺问题	1. 跨企业培训中心 2. 单一企业单一技能模式 3. 单一企业复合技能模式

资料来源：根据文献整理。

---

① 左崇良、胡劲松：《基于校企双主体办学的高等教育治理体系构建》，《职业技术教育》2016年第28期，第14—21页。

② 吴建新、欧阳河：《校企双主体办学的治理理论与模式初探》，《中国职业技术教育》2016年第6期，第5—11页。

③ 易雪玲、邓志高、欧阳育良：《关于职业教育双主体办学治理理论问题的思考》，《中国职业技术教育》2017年第18期，第20—27页。

④ Remington T. F. Regional Variation in Business-government Relations in Russia and China [J], Problems of Post-Communism, 2016, 63 (02): 63 – 74; Remington T. F. Closing the Skills-Jobs Gap: Russia and China Compared [J], Higher School of Economics Research Paper No. WP BRP, 2017, 53.

⑤ 张辉：《什么是产教融合》，中国教育干部网络学院，2019年4月27日。

⑥ 杨钋：《技能形成与区域创新：职业教育校企合作的功能分析》，社会科学文献出版社2020年版，第112—126页。

三 分类模型

综合上述影响高职校企合作育人模式形成的两个关键维度和相关假设，借鉴 Weick[①]、练宏[②]、周雪光[③]和郝天聪[④]等学者对松散关联型[⑤]（Patterns of Loose Coupling）和紧密关联型（Patterns of Tight Coupling）组织形态的描述，边燕杰[⑥]、张文宏[⑦]等学者对网络规模大小的描述，笔者将所有的高职校企合作育人形式划分为四种类型。表 3-3 中的两个维度分别代表人力资产专用性程度的高低和网络规模的大小，笔者将它们垂直交叉所形成的四个象限分别代表四种类型的高职校企合作育人模式。该分类模型有助于对多样性的高职校企合作育人实践形式进行分类。

1. 大规模紧密关联型合作育人模式

大规模紧密关联型合作模式意味着多元主体之间高度的协调和各方的高水平的专用性技能投资，强调通过构建行业内企业与高职院校之间的合作网络来实现技能的有效供给。其特点为"政校行企"四方联动，

---

① K. E. Weick. Educational Organizations as Loosely Coupled Systems [J], Administrative Science Quarterly, 1976 (01): 1-19.

② 练宏:《弱排名激励的社会学分析——以环保部门为例》,《中国社会科学》2016 年第 1 期,第 82—99 页。

③ 周雪光:《中国国家治理的制度逻辑：一个组织社会学研究》,生活·读书·新知三联书店 2017 年版,第 216 页；周雪光:《黄仁宇悖论与帝国逻辑以科举制为线索》,《社会》2019 年第 2 期,第 1—30 页。

④ 郝天聪、石伟平:《从松散联结到实体嵌入：职业教育产教融合的困境及其突破》,《教育研究》2019 年第 7 期,第 102—110 页；吴结兵、徐梦周:《网络密度与集群竞争优势：集聚经济与集体学习的中介作用——2001—2004 年浙江纺织业集群的实证分析》,《管理世界》2008 年第 8 期,第 69—76 页。

⑤ Weick 的基本观点:（1）松散关联允许组织的某些部分持久存在,其降低了组织必须或能够响应环境中发生的每一个微小变化的可能性；（2）松散关联具有较好的局部适应系统。如果一个大型系统中的所有元素彼此松散关联,那么任何一个松散关联系统都可以在不影响整个系统的情况下调整和修改局部独特的偶然性。周雪光的基本观点是：在控制权理论视角下,委托方仍然保留目标设置权,将验收权和激励权放至管理方手中,这种情况下,委托方的权威更具有象征性意义。

⑥ 边燕杰、张文宏:《经济体制、社会网络与职业流动》,《中国社会科学》2001 年第 2 期,第 77—89、206 页；边燕杰:《城市居民社会资本的来源及作用：网络观点与调查发现》,《中国社会科学》2004 年第 3 期,第 136—146、208 页。

⑦ 张文宏:《城市居民社会网络资本的阶层差异》,《社会学研究》2005 年第 4 期,第 64—81 页；张文宏、栾博:《社会结构取向下的社会资本研究：概念、测量与功能》,《社会》2007 年第 2 期,第 52—71 页。

即政府承担顶层设计、制度供给、财政支持、监督与制约等责任；行业承担人才需求预测、行业标准制定、参与合作指导等责任；企业承担深度参与合作，与高职院校一起规划专业、课程设置、教学设计等方面的责任；高职院校承担人才培养和服务社会责任。典型代表为产业学院、现代产业学院联盟等。具体如图3-2所示。

表3-3 高职校企合作育人模式的分类模型

		合作的深度：人力资产专用性程度	
		高	低
合作的广度：校企合作网络规模	大	大规模紧密关联型合作育人模式	大规模松散关联型合作育人模式
	小	小规模紧密关联型合作育人模式	小规模松散关联型合作育人模式

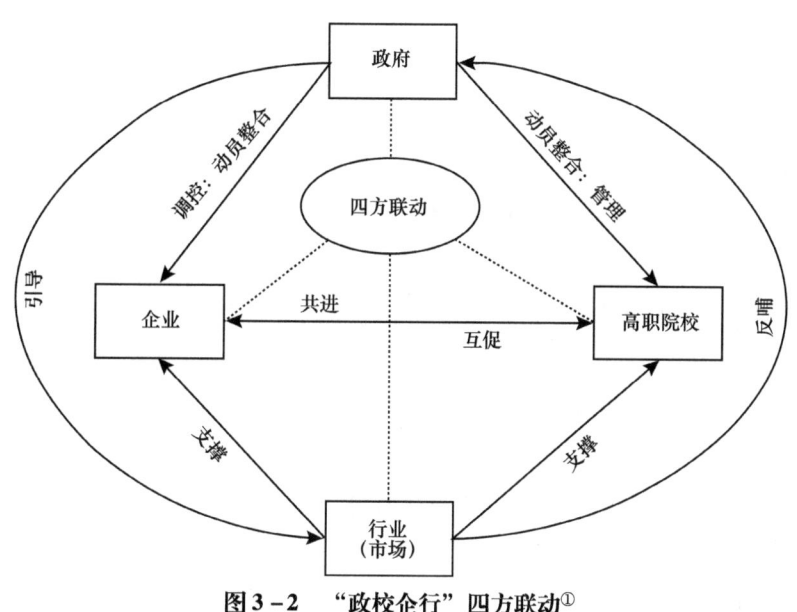

图3-2 "政校企行"四方联动①

---

① 事实上，从中华人民共和国成立初期—一直到20世纪90年代，行业主管部门和企业在推进职业教育校企合作育人中发挥了非常重要的作用。然而，受政府机构改革和国企改革等多种因素的影响，行业组织的指导作用明显弱化。但是，从理论上看，大规模紧密关联型合作模式所倡导的"政校企行"四方联动仍是我国职业教育改革与发展的政策方向。资料来源：杨进：《职业教育校企合作"双主体"办学：治理创新与实现途径》，高等教育出版社2019年版，前言第1—6页。

该模式培养的人才为"大量的可转移性技能人才"（transferable skills）。这类技能人才不仅对单一企业有价值，而且对整个行业或者整个产业链均有价值。且企业之间在雇用此类技能人才上虽存在竞争，但这种竞争不会导致工资趋同于边际产品价值。①

2. 小规模紧密关联型合作模式

小规模紧密关联型合作模式意味着参与各方高水平的专用性技能投资和小范围的合作，②强调通过构建以企业为核心的"一对一"合作来实现企业完全专用性技能的有效供给。其特点为企业深度参与校企合作育人，这种深度参与不仅是对外部行政压力被动反应的结果，更是源于市场驱动下企业自身生存和发展的需要。③典型代表为现代学徒制、股份制与混合所有制、企业新型学徒制、企业冠名二级学院等。

该模式培养的人才为"少量的企业完全专用性技能人才"（Enterprise Specific Skills）。这类技能人才无法通用，仅仅只对雇用此类员工的特定企业有价值，④且受训的学生一旦离开企业，就会失去其价值。

3. 大规模松散关联型合作模式

大规模松散关联型合作模式意味着参与各方的专用性技能投资水平有限和大范围的合作，⑤强调通过校企之间规模化的合作（联盟）来实现技能的有效供给。其具有松散联盟的性质，换言之，高职院校和企业之间的合作育人是非强制性的，其并不强制性要求学生一定要到某个企业，或者某个企业一定要接收某所学校的学生，它还是以市场化运作为基础。典型代表为职教集团、示范性职教联盟等。

---

① M. Stevens. Human Capital Theory and UK Vocational Training Policy [J], Oxford Review of Economic Policy, 1999, Vol. 15 (01): 16 - 32, https：//doi.org/10.1093/oxrep/15.1.16.

② 小范围的合作指的是校企之间一对一的合作关系，小范围合作将带来更大的控制权和更高的成本。

③ Boiral O. Corporate Greening Through Iso 14001: a Rational Myth? [J], Organization Science, 2007 (01): 127 - 146.

④ [美] 加里·贝克尔：《人力资本》（第 3 版），陈耿宣等译，机械工业出版社 2016 年版，第 28—50 页。

⑤ 大范围合作指的是校企之间一对多或者多对多的合作关系。大范围合作在保障行业内企业对培训内容控制的基础上，可以显著节约企业投资成本，扩大专用性技能人才的产出规模。

该模式培养的人才为"大量的通用性技能人才"。这类技能人才具有较高的通用性且适用于大多数企业或产业。对于通用性技能，企业没有动机去投资和培养，① 主要由高职院校根据人才培养方案进行培养，学员自身承担学习的费用，以期未来在"干中学"中获得更好的薪酬。当然，也有部分企业参与到高职院校人才培养活动中，但是企业参与目的仅仅是让学生能够尽早适应企业的生产节奏，② 并未深入人才培养具体过程。

4. 小规模松散关联型合作模式

小规模松散关联型合作模式意味着参与各方的专用性技能投资水平有限和小范围的合作。在这种模式下，企业并未真正参与高职院校人才培养方案的制订、未协同开发专业、课程与教材等，③ 合作仅流于形式。比如学生仅需要按照高职院校自身的教学计划，在学习的最后一年（或半年）去企业的相关岗位上实习，④ 即可获取相应的岗位技能，但实际上学生能够获得的企业实践机会并未实质性增加。其特点为校企双方按照市场协议价格进行技能的"生产"与"购买"，⑤ 换言之，在政府与市场关系中，自由放任的竞争性市场发挥作用；在企业与高职院校的关系中，高职院校是发挥主导作用的，企业只是象征性的参与。该模式培养的人才为"少量的通用性技能人才"，中国多数地区存在这种模式。

---

① ［美］加里·贝克尔：《人力资本》（第 3 版），陈耿宣等译，机械工业出版社 2016 年版，第 51—82 页。

② 朱俊、田志磊：《论校企合作治理模式的选择机理》，《江苏教育》2018 年第 20 期，第 22—26 页；王春旭、朱俊：《技术复杂性与治理结构：技能形成中的校企合作》，《教育学术月刊》2018 年第 6 期，第 48—55 页。

③ 陶军明、庞学光：《多重制度逻辑下现代学徒制的实践困境与路径选择》，《西南民族大学学报》（人文社会科学版）2021 年第 9 期，第 206—212 页。

④ 王春旭、朱俊：《技术复杂性与治理结构：技能形成中的校企合作》，《教育学术月刊》2018 年第 6 期，第 48—55 页。

⑤ 王春旭、朱俊：《技术复杂性与治理结构：技能形成中的校企合作》，《教育学术月刊》2018 年第 6 期，第 48—55 页。

第三节　框架的理论蕴含

基于以上分析，高职校企合作育人模式形成过程中，不难辨认出有三个重要的行动主体：政府、企业和高职院校。这三个行动主体的行为和角色反映出四种制度逻辑——行政科层逻辑、政治监管逻辑、企业市场逻辑与院校发展逻辑。这些制度逻辑以及在该逻辑下基于制度开展的行动选择是以下理论分析的着眼点。

本书的中心命题是：在政策引导下，政府、企业和高职院校这三个行动主体的行为受他们所处领域的稳定制度安排的制约，形成了各自的行动逻辑，多重行动逻辑之间的张力形塑了不同的高职校企合作育人模式，从而产生了不同的校企合作育人成效。

一　行政科层逻辑：条块关系的影响

行政科层逻辑指政府职能部门在履行组织职责、完成组织任务的过程中需要遵循的规则和机制[①]，具体表现为条块关系的影响。理想的科层组织是建立在等级森严、分工明确与各司其职的组织结构之上的[②]。但是在实践运行中并非如此，因为组织行为是对组织内部激励和组织外部环境适应的结果，[③] 行为选择蕴含着自身的利益[④]。在我国，科层制组织模式又具有条块分割的特点[⑤]。"条块"代表了一种特殊的政府组织结构，"条"上的管理强调政令的上下一致和畅通，"块"上的管理强调各个层

---

① 谭海波、赵雪娇：《"回应式创新"：多重制度逻辑下的政府组织变迁》，《公共管理学报》2016年第4期，第16—29、152页。

② [德] 马克斯·韦伯：《经济与社会》，林荣远译，商务印书馆1997年版。

③ Kerr, Steven. On the Folly of Rewarding A, While Hoping for B [J], IEEE Engineering Management Review, 1978, Vol. 6 (01): 35–49; Milgrom P. Economics, Organization and Management [M], Prentice-Hall, 1992.

④ 周向红、刘宸：《多重逻辑下的城市专车治理困境研究》，《公共管理学报》2016年第4期，第139—150、160页。

⑤ 熊进、林陈原野：《高等教育项目运作的制度化：多重逻辑的诠释》，《江苏高教》2021年第12期，第32—39页。

级的地方政府内部各部门之间的协调与配合。① 这种组织结构契合了中央集中权力调配资源的客观需要，② 但同时引发了部门壁垒等诸多弊端，致使政府有方向、欠方法。

在高等职业教育领域，高等职业教育的管理体制③亦呈现"条块结合，以块为主"的特点。具体体现在纵横两个层面上。在纵向层面上，以行政隶属关系为主线，划分为中央、省、市（地）三个行政层级，高职院校的管理结构为"中央政府统一领导，省级政府为主，市（地）级政府为辅"；④ 目前高职院校的隶属关系主要在省、市（地）两级，举办主体包括省级教育部门、其他省级业务厅局、市地级政府，以及少数大型国有企业等（具体见附录Ⅵ）。在横向层面上，高职院校的管理结构为"一主多辅"，"一主"以教育部门管理为主，"多辅"指的是相关业务主管部门。

就高等职业教育的校企合作育人而言，从条条关系看，以教育部门为主导的管理显得疲软无力。在这种管理体制下，政府部门存在政出多门、职能重叠、统筹乏力等弊端，人才培养与用人需求之间的结构性矛盾难以消除。⑤ 从块块关系看，中央政府在转移支付领域采用项目制来配置竞争性的职业教育资源，⑥ 地方政府按照院校隶属关系来分配公共财政教育经费。这种按照隶属关系和办学体制进行财政资源配置的方式导致了职业院校间经费结构、经费水平等资源的差异，⑦ 进而影响高职校企合作育人的深

---

① 钟宗炬、张海波：《重大决策社会稳定风险评估制度发展的三重逻辑》，《公共管理学报》2022年第1期，第13—26页。
② 钟宗炬、张海波：《重大决策社会稳定风险评估制度发展的三重逻辑》，《公共管理学报》2022年第1期，第13—26页。
③ 高职院校与所隶属的上级行政主管部门、政府以及管理高职教育的职能部门之间的相互关系组成了高职教育管理体制。1999年，《试行按新的管理模式和运行机制举办高等职业技术教育的实施意见》提出："国家主要负责高职教育的统筹规划、综合协调、宏观管理，以及监督检查，与此同时，进一步扩大省级政府发展高等职业教育的决策权和统筹权。"2002年，国务院首次提出建立职业教育管理体制，即"在国务院领导下，分级管理、地方为主、政府统筹、社会参与"。此后，我国职业教育管理体制在此基础上不断进行改革完善。
④ 汤敏骞：《我国高职教育管理体制变革研究》，《教育与职业》2016年第9期，第11—14页。
⑤ 汤敏骞：《我国高职教育管理体制变革研究》，《教育与职业》2016年第9期，第11—14页。
⑥ 渠敬东：《项目制：一种新的国家治理体制》，《中国社会科学》2012年第5期，第113—130页。
⑦ 杨钋：《技能形成与区域创新：职业教育校企合作的功能分析》，社会科学文献出版社2020年版，第49—60页。

度和广度。有研究者指出，财政统筹能力强的省级政府倾向于向省属高职院校配置更多的资源，而地市级高职院校从省级政府得到的公共财政投入相对较少。还有的研究者指出，在高职校企合作育人的深度和广度，以及就业产出方面，获得更多公共财政投入的省属高职院校明显优于地市级高职院校，公办高职院校的整体表现明显优于民办高职院校。①

基于上述讨论，本书提出第一个命题。

命题1a：条块分割抑制了企业和高职院校对人力资产专用性的投资意愿，进而导致高职校企合作育人转向松散型合作育人模式，难以解决中国技能人才短缺问题，反之则不然。

命题1b：条块分割抑制了企业和高职院校合作的网络规模，进而导致高职校企合作育人转向小规模合作育人模式，难以解决中国技能人才短缺问题，反之则不然。

二 政治监管逻辑：问责风险的影响

政治监管逻辑指政府对高职院校公办职业教育的国有资产进行监管，② 一旦校企之间出现不规范的合作行为，政府对其实施惩罚而需要遵循的规则和机制，③ 具体表现为问责风险④的影响。根据《行政事业性国

---

① 杨钋、刘云波：《省级统筹与高等职业教育的均衡发展》，《北京大学教育评论》2016年第3期，第59—83、190页。

② 从职业教育视角来看，2000年，教育部印发的《关于中等专业学校管理体制调整工作中防止中等职业教育资源流失问题的意见》中明确提出，"要防止职业教育资源流失"；2004年，教育部等七部门颁发的《关于进一步加强职业教育工作的若干意见》再次明确提出，"鼓励公办职业院校大胆引进竞争机制，但要防止公办职业教育资源的流失"。之后防止公办职业教育资源流失成为职业教育发展的基本遵循。从公办高职院校视角来看，事业单位国有资产实行国家统一所有，政府分级监管，单位占有、使用的管理体制，原则上其资产不得用于对外投资、抵押、担保等可能影响资产权属关系的活动。

③ Schedler, A., Diamond, L. J., & Plattner, M. F. (eds.). The Self-restraining State: Power and Accountability in New Democracies [M], Lynne Rienner Publishers, 1999: 17; 中华人民共和国中央人民政府：《行政事业性国有资产管理条例》，http://www.gov.cn/，2021年2月1日。

④ 谢尔德（Schedler）对于问责给出如下定义："A有义务告知B关于A的行动和决定，并为行动和决定提供信息且给出合理的解释，一旦出现不当行为就要受到相应的惩罚。"根据谢尔德的定义，问责风险产生的三个条件：（1）出现了不当行为；（2）"问责方"能够获得"被问责方"不当行为的信息；（3）"问责方"能够对其实施惩罚。Schedler, A., Diamond, L. J., & Plattner, M. F. (eds.). The Self-restraining State: Power and Accountability in New Democracies [M], Lynne Rienner Publishers, 1999: 17.

有资产管理条例》（2021）和《事业单位国有资产管理暂行办法》（2006）规定，高职院校国有资产指学校占有、使用的，依法确认为国家所有，能以货币计量的各种经济资源的总称。① 包括学校接受调拨或者划转、置换形成的资产，学校运用国有资产组织收入形成的资产，以及接受捐赠和其他经法律确认为国家所有的资产，其表现形式为流动资产、固定资产、无形资产和对外投资等。② 高职院校国有资产实行政府监管、各部门及其所属单位直接支配的管理体制，其中政府监管重点为"国有资产的保值与增值问题"，政府监管工具为政府审计、纪检、巡视等。

就高等职业教育的校企合作育人而言，国家鼓励和允许企业利用资本、技术、知识、设施、设备和管理等要素深度参与校企合作育人，③ 就涉及合作产权④问题。高职院校虽然是资产管理者，在产权安排上有一定权力，但是，最终的产权安排还是取决于国家政策，高职院校自身很难决定校企合作产权的归属问题。且我国现有的产权制度，一方面，消灭了高职院校从劳动力市场那里获得的经济剩余权，政治晋升成为高等职业教育唯一的激励机制；⑤ 另一方面，消解了企业参与职业教育校企合作的产出，增大了企业技能投资的成本。在这种情况下，绝大多数高职院校因担心在政府审计中被质疑（问责）存在国有资产流失等问题，而对

---

① 来源于《事业单位国有资产管理暂行办法（财政部令第36号）》，2006年5月30日财政部令第36号公布，根据2017年12月4日财政部令第90号《财政部关于修改〈注册会计师注册办法〉等6部规章的决定》第一次修改，根据2019年3月29日《财政部关于修改〈事业单位国有资产管理暂行办法〉的决定》第二次修改。
② 中华人民共和国中央人民政府：《行政事业性国有资产管理条例》，http：//www.gov.cn/，2021年2月1日。
③ 范琳、邓忠波：《新时代高职产业学院建设模式实践探索》，《职教论坛》2021年第9期，第6—13页；黄宏伟、张帆：《高职院校人才培养方案修订理念与路径探索》，《绥化学院学报》2022年第1期，第111—116页。
④ 合作产权最早由巴泽尔提出，指高职院校与企业在共同育人的过程中，双方对自身产权的分解、让渡和重组。
⑤ 王为民：《合作产权保护与重组：职业教育校企合作机制创新》，《教育研究》2020年第8期，第114—120页；王为民：《产权理论视角下职业教育现代学徒制建设之关键：明晰"培养产权"》，《国家教育行政学院学报》2016年第9期。

开展校企合作育人"难求神似，但求形似"。① 与此同时，问责风险增加了合作企业技能投资环境的不确定性②。为了规避"问责风险"带来的负面影响，合作企业通常采用的策略为：（1）减少资源承诺，采取低投入的方式减少"问责风险"对企业的负面影响；③（2）通过组织内部一体化策略，减轻外部依赖，减少"问责风险"对企业的负面影响；（3）企业凭借其政治资源和能力，通过主动控制问责风险来赢得竞争优势。问责风险对于高职院校的影响来源于压力型体制下的制度安排，而对企业的行为产生影响则是这种问责风险的扩张效应。④ 简言之，问责风险是指因公办职业教育国有资产运营管理（资产归属问题）、评估（国有资产的保值与增值问题）和退出机制等关键性问题不明晰而引发的被政府监管的风险，其降低了校企合作双方对专用性技能投资的意愿，成为制约校企合作与产教融合实质性推进的最大政策障碍。

表3-4　　　问责风险对高职校企合作关系的影响研究

作者	理论基础	观点
朱俊⑤	理论基础：交易成本理论、产权理论 立论点：交易费用、产权秩序	当校企合作双方因产权界定不清晰，在审计中被质疑存在国有资产流失时，高职校企合作育人遇到瓶颈就在情理之中

---

① 朱俊：《产权秩序与治理效率：职业教育校企合作制度变迁史的回顾》，《中国职业技术教育》2016年第34期，第12页；陆俊杰：《职业教育发端与发展的逻辑辨析》，《职业技术教育》2015年第6期，第36—41页；陶军明、庞学光：《多重制度逻辑下现代学徒制的实践困境与路径选择》，《西南民族大学学报》（人文社会科学版）2021年第9期，第206—212页。
② 马骏：《实现政治问责的三条道路》，《中国社会科学》2010年第5期，第103—120页；赖诗攀：《问责、惯性与公开：基于97个公共危机事件的地方政府行为研究》，《公共管理学报》2013年第2期，第18—27页；张雨、戴翔：《问责风险影响了我国企业"走出去"吗》，《国际经贸探索》2013年第5期，第84—93页。
③ 冯飞、杜晓君、石茹鑫：《对外直接投资中的政治风险研究综述与未来展望》，《现代经济探讨》2018年第9期，第56—64页。
④ Schedler, Andreas, Larry Jay Diamond, and Marc F. Plattner (eds.). The Self-restraining State: Power and Accountability in New Democracies [M], Lynne Rienner Publishers, 1999.
⑤ 朱俊：《产权秩序与治理效率：职业教育校企合作制度变迁史的回顾》，《中国职业技术教育》2016年第34期，第12页。

续表

作者	理论基础	观点
肖凤翔①	理论基础：产权理论 立论点：人力资本产权	产权交易的不完全性是影响企业参与现代职业教育行为的关键因素
郝天聪②	理论基础：交易成本理论 立论点：有限理性、不确定性和复杂性、行为的投机性倾向、小数概念	校企合作关系面临诸多体制机制障碍： 1. 组织内部绩效工资制度 2. 校企合作产权界定不清晰 3. 担心国有资产流失，导致学校很难有足够的魄力推进改革 4. 审计制度和我国教育市场准入规则、竞争规则、交易规则以及退出机制不完善，企业很难获得收益
杨进③	理论基础：利益相关者理论等 立论点：校企合作双主体办学	校企合作面临最大政策障碍： 由于缺乏国有资产管理等实施细则，高职院校开展的"引企入校"探索和构建"校中厂"模式在审计中被质疑存在国有资产流失等问题，因此高职院校对开展校企合作"提心吊胆"，校企合作面临"两难境地"
王为民④	理论基础：产权理论 立论点：理性选择、合作产权保护、合作产权重组	校企合作培养产权保护缺失引发的被审计风险是导致"校企合作、合而不作""职教集团，集而不团"，以及现代学徒制发展困境的关键，也是制约学校推进校企合作的"紧箍咒"

---

① 肖凤翔、李亚昕：《论企业参与现代职业教育的人力资本产权》，《中国职业技术教育》2017年第21期，第6页。

② 郝天聪、石伟平：《从松散联结到实体嵌入：职业教育产教融合的困境及其突破》，《教育研究》2019年第7期，第102—110页。

③ 杨进：《职业教育校企合作双主体办学：治理创新与实现途径》，高等教育出版社2019年版，第1—10页。

④ 王为民：《合作产权保护与重组：职业教育校企合作机制创新》，《教育研究》2020年第8期，第9页；王为民：《产权理论视角下职业教育现代学徒制建设之关键：明晰"培养产权"》，《国家教育行政学院学报》2016年第9期，第9—13页。

续表

作者	理论基础	观点
贺陆军①	理论基础：产权理论 立论点：技能产权制度	建构技能产权制度以及国有资产流失的负面清单是破解职业教育校企合作难题的钥匙
王新波②	2021 职业教育改革与发展报告	国有资产运营管理、评估和退出机制等关键性问题不明晰是制约校企合作、产教融合和混合所有制实质性推进的最大政策障碍

资料来源：根据文献整理。

基于上述讨论，本书提出第二个命题。

命题2：问责风险高抑制了企业和高职院校对人力资产专用性的投资意愿，进而导致了高职校企合作育人转向松散型合作育人模式，难以解决中国技能人才短缺问题，反之则不然。

三　企业市场逻辑：专用技能需求程度的影响

企业市场逻辑是指市场主体基于利益最大化目标开展协商、交易时需要遵循的规则和机制，③ 具体表现为专用性技能需求程度的影响。微观经济学认为，当企业获取所需技能时，会面临一个选择：是与高职院校合作培养技能还是在劳动力市场上购买技能的问题④。在高流

---

① 贺陆军：《"双向六道"：破解职业教育校企合作难题的钥匙——基于技能产权制度的研究》，《职业教育》（评论版）2020 年第 18 期，第 3—12 页。

② 王新波等：《2021 职业教育改革与发展报告》，《中国教育报》2022 年 1 月 4 日。

③ 谭海波、赵雪娇：《"回应式创新"：多重制度逻辑下的政府组织变迁》，《公共管理学报》2016 年第 4 期，第 16—29、152 页；钟宗炬、张海波：《重大决策社会稳定风险评估制度发展的三重逻辑》，《公共管理学报》2022 年第 1 期，第 13—26 页。

④ Finegold D. and Soskice D. The Failure of Training in Britain: Analysis and Prescription [J], Oxford Review of Economic Policy, 1988（03）：21-53. Retrieved June 7, 2021, from http://www.jstor.org/.

动的劳动力市场上，如果企业参与高等职业教育技能人才的培养，一旦培养的技能人才流失，企业就无法获得技能投资的回报，因此，理性的企业则会选择不参与策略，而试图通过"挖人"来节约技能投资的成本。① 选择这种策略的企业越多，企业参与高职校企合作育人的积极性就越小，技能错配和技能短缺问题越突出，由此呈现恶性循环。②

加里·贝克尔（Gary Becker）对以上观点提出质疑。贝克尔以在职培训为载体，将企业对技能的需求分为通用性技能和专用性技能，并提出无论哪一种技能形式，"挖人"的界外效应都不会成为问题。从通用性技能的角度来看，贝克尔指出，在一个完全竞争的劳动力市场中，企业员工的工资增加值等于边际产量增加值，这个时候若企业参与通用性技能的培养，是无法获得任何收益的。不过贝克尔又指出，虽然企业不会投资，但是，接受培训的学员自行承担通用性技能投资的成本，以期待未来获得更高的薪酬。③ 从专用性技能的角度来看，贝克尔认为"挖人"是不存在的，因为企业投资之后，主要提升投资企业的生产率，员工一旦离开企业就会失去价值。④

现有的研究也积累了大量的证据验证了贝克尔的观点，如 Streek 指出，企业只会投资建设他们所需要的技能，即使这些技能最终或许会失去用途。⑤ 吴冰和刘志民指出，不同企业对专用性技能的需求不同，他们会选择不同的合作策略，进而影响对具体校企合作形式的选择。只有兼具专用技能投资需求和专用技能投资策略的企业才倾向于和高职院校开

---

① ［美］凯瑟琳·西伦：《制度是如何演化的：德国、英国、美国和日本的技能政治经济学》，上海人民出版社 2010 年版，第 1—70 页。

② Remington, Thomas F. Business-government Cooperation in VET: a Russian Experiment with Dual Education [J], Post-Soviet Affairs, 2017, Vol. 33（04）: 313 – 333.

③ ［美］加里·贝克尔：《人力资本》（第 3 版），陈耿宣等译，机械工业出版社 2016 年版，第 28—50 页。

④ ［美］加里·贝克尔：《人力资本》（第 3 版），陈耿宣等译，机械工业出版社 2016 年版，第 28—50 页。

⑤ Streeck W. Social Institutions and Economic Performance: Studies of Industrial Relations in Advanced Capitalist Economies [M], Sage Publications, 1992.

展实质性校企合作,① 而"非投资策略企业"的校企合作动力在于获取通用性技能人才降低企业生产成本。② 王星指出,能否促进深层次校企合作育人的关键在于所形成的专用性技能在就业市场上是否具有旺盛的需求。③

基于上述讨论,本书提出第三个命题。

命题3:专用技能需求程度决定了企业对人力资产专用性的投资意愿,进而导致高职校企合作育人转向紧密型合作模式,在解决中国技能人才短缺问题上,为之提供了专用性技能人才。

四 院校发展逻辑:组织声誉的影响

虽然高职院校选择各异,但他们背后遵循着稳定存在的院校发展逻辑。院校发展逻辑指高职院校吸引企业参与技能合作时需要遵循的规则和机制,具体表现为组织声誉④的影响。本书组织声誉指的是院校专业匹配度与社会认可度的统一。就高职校企合作育人理论与实践而言,高职

---

① 刘志民、吴冰:《企业参与产学合作培养人才的机理研究》,《高教探索》2013年第5期,第27—32页;吴冰、刘志民:《技能形成制度对高职产学关系的影响:基于新制度经济学的分析》,《教育发展研究》2014年第13期,第59—66页;吴冰、刘志民:《人力资本专用性对高职校企合作的影响》,《高教发展与评估》2015年第6期,第27—34页;刘志民、吴冰:《企业参与高职校企合作人才培养影响因素的研究》,《高等工程教育研究》2016年第2期,第143—147页。

② 刘志民、吴冰:《企业参与产学合作培养人才的机理研究》,《高教探索》2013年第5期,第27—32页;吴冰、刘志民:《技能形成制度对高职产学关系的影响:基于新制度经济学的分析》,《教育发展研究》2014年第13期,第59—66页;吴冰、刘志民:《人力资本专用性对高职校企合作的影响》,《高教发展与评估》2015年第6期,第27—34页;刘志民、吴冰:《企业参与高职校企合作人才培养影响因素的研究》,《高等工程教育研究》2016年第2期,第143—147页。

③ 王星:《技能形成的多元议题及其跨学科研究》,《职业教育研究》2018年第5期,第1页。

④ 声誉与马克斯·韦伯提出的地位(status)、社会名誉(social honor)的概念十分接近。关于声誉,有三种不同的解释:(1)经济学认为,声誉是解决信息不对称问题的重要手段,声誉取决于组织内部的自我努力;(2)社会网络理论认为,声誉是由位置结构来决定的,生产者在市场和社会中的位置影响着其自身以及自身的竞争对手所能获得的相对机会;(3)新制度主义认为,声誉是建立在合法性机制的基础上,因此,组织的行为必须为更为广泛的社会群体所认可。

校企合作育人，首先要建立在院校的专业设置与企业所需工作岗位匹配度的基础上；其次要考虑院校本身以及其相应专业的社会认可度（市场声誉），如高职院校是否为双高院校、示范性高职、骨干高职和国家级试点培育单位，以及高职院校相应专业培养学生的质量、就业率等；只有当院校专业匹配度高同时社会认可度高时，院校的组织声誉水平才高；反之则不然。

高职院校系统具有自己的声誉等级结构，处于较高声誉等级的高职院校预示着具有更强的竞争力，来自这些较高声誉等级的高职院校更容易获取政府资源、社会资源和优质学生资源等，反过来这些资源又巩固和增强了高职院校的地位；与此同时，企业借助高职院校的声誉，一方面，能在较短时间内获得社会的信任；另一方面，更容易得到政府的关注与支持，与政府的沟通渠道得到拓展，政府青睐、社会信任以及与高职院校有效合作是大多数企业所渴望的[①]。也就是说，对声誉资源的依赖是激励企业深度参与高职校企合作育人的重要因素，声誉较强的高职院校往往会吸引更多的合作伙伴。[②] 已有研究普遍证明了以上观点，具体如表3-5所示。

表3-5　　　　　　　　组织声誉对高职校企合作关系的影响研究

作者	观点
Wen 和 Kobayashi[③] D'ippolito 和 Rüling[④]	企业参与的程度依赖于对职业院校质量更主观的评估，影响力强的职业院校往往会吸引更多的合作伙伴

[①] 郭建如：《声望、产权与管理：中国大学的校企之谜》，社会科学文献出版社2010年版，第10—19页。

[②] Agrawal A. Engaging the Inventor: Exploring Licensing Strategies for University Inventions and the Role of Latent Knowledge [J], Strategic Management Journal, 2006 (01): 63 - 79; Bergebal-Mirabent J., Lafuente E. and Sole F. The Pursuit of Knowledge Transfer Activities: an Efficiency Analysis of Spanish Universities [J], Journal of Business Research, 2013 (10): 2051 - 2059.

[③] Wen J., Kobayashi S. Exploring Collaborative R&D Network: Some New Evidence in Japan [J], Research Policy, 2001, 30 (08): 1309 - 1319.

[④] D'ippolito B., Rüling C. C. Research Collaboration in Large Scale Research Infrastructures: Collaboration Types and Policy Implications [J], Research Policy, 2019, 48 (05): 1282 - 1296.

续表

作者	观点
Giuliani, Morrison 和 Pietrobelli①	声誉因与产教融合、校企合作密切相关而备受关注，合作伙伴的声誉是影响校企合作关系成败的关键因素
郭建如②	组织声誉问题是影响校企关系的一个主要方面
宋果③	在外部环境无法改变的情况下，企业参与职业院校校企合作的积极性主要取决于职业院校自身的吸引力
唐国华、曾艳英和罗捷凌④	对声誉资源的依赖是激励企业参与校企合作的重要因素
王雪艳和薛美芳⑤	当高职院校声誉较低时，企业更倾向与采取订单式培养和技术转化的合作形式；当高职院校声誉较高时，企业可能采取实质性合作以及其他更加长效的合作形式
杨钋和孙冰玉⑥	示范校和骨干校在推进高职校企合作制度化广度方面与普通高职院校相比有一定优势，但是在深度方面无显著差异
杨钋、刘云波和周森⑦	示范性、骨干校和国家级试点培育单位在校企合作广度和就业产出方面具有明显优势
沈绮云和万伟平⑧	声誉等级是决定是否进行校企合作的决定性条件

---

① Giuliani E., Morrison A., Pietrobelli C., et al. Who are the Researchers that are Collaborating with Industry? An Analysis of the Wine Sectors in Chile [J], South Africa and Italy, Research Policy, 2010 (06): 748 – 761.

② 郭建如：《声望、产权与管理：中国大学的校企之谜》，社会科学文献出版社2010年版，第36—72页。

③ 宋果：《企业参与职业教育校企合作积极性研究》，博士学位论文，天津大学，2013年，第22—35页。

④ 唐国华、曾艳英：《基于资源依赖理论的高职教育校企合作研究》，《高等工程教育研究》2014年第4期，第174—179页。

⑤ 王雪艳、薛美芳：《产学研合作模式的选择分析》，《中国经贸》2014年第17期，第2—12页。

⑥ 杨钋、孙冰玉：《创新的制度化与中国高水平职业院校建设》，《高等工程教育研究》2019年第6期，第118—124页。

⑦ 杨钋、刘云波：《省级统筹与高等职业教育的均衡发展》，《北京大学教育评论》2016年第3期，第59—83、190页；周森、刘云波、魏易：《示范校建设对高职院校生源质量的影响》，《教育与职业》2019年第7期，第57—62页。

⑧ 沈绮云、万伟平：《职业教育校企合作长效机制影响因素实证研究——基于结构维度与回归方程的分析》，《高教探索》2015年第6期，第101—107页。

续表

作者	观点
多淑杰和易雪玲①	若将高职院校的自身属性看成其组织特征,则层次(声誉)越高的高职院校越有可能采用深层次的校企合作形式

资料来源：根据文献整理。

基于上述讨论，本书提出第四个命题。

命题4：高职院校的组织声誉影响了企业和高职院校合作的网络规模，进而导致高职校企合作育人转向大规模合作育人模式，在解决中国技能人才短缺问题上，为之提供了更多的技能人才。

五 多重制度逻辑之间的相互作用

多重制度逻辑特别强调关注社会现象产生与发展的内生性过程，即不同群体和个人具有各自的利益诉求，在制度运行中会呈现不同行动逻辑，而他们之间相互作用的状况和时间性制约了随后的发展轨迹和途径②。就高职校企合作育人模式形成而言，三类行动者发挥了非常重要的作用，但他们却拥有各自不同的利益、动机和目标③。其一，政府。政府以就业、人才、经济发展为目标，希望实现多重利益，即在解决技能人才短缺问题的同时，促进区域经济发展和获得政治晋升。其二，企业。企业的本质是逐利性，以追求利润最大化为目标，企业希望通过校企合作育人，获取短期、中期和长期人力资源，并在此基础上，降低企业的交易费用，获得更为友好的发展环境。其三，高职院校。高职院校以实现学生更充分更高质量就业为目标，并在此基础上，提高高职院校自身的地位竞争优势。

---

① 多淑杰、易雪玲：《我国职业教育校企合作现状比较及影响因素分析——基于全国20所职业院校的调查》，《职业技术教育》2015年第25期，第5页。

② 周雪光、艾云：《多重逻辑下的制度变迁：一个分析框架》，《中国社会科学》2010年第4期，第132—150、223页。

③ 谭海波、赵雪娇：《"回应式创新"：多重制度逻辑下的政府组织变迁》，《公共管理学报》2016年第4期，第16—29、152页；钟宗炬、张海波：《重大决策社会稳定风险评估制度发展的三重逻辑》，《公共管理学报》2022年第1期，第13—26页。

表3-6 分析框架的操作化

框架维度	影响因素	作用机制	操作和测量
人力资产专用性	行政科层逻辑：条块关系的影响	条块分割抑制了企业和高职院校对人力资产专用性的投资意愿，进而导致了高职校企合作育人转向松散型合作模式，难以解决中国技能人才短缺问题；反之亦然	条条关系： 1. 任务属性弱：校企合作未纳入政府硬性考核 2. 条条之间：教育业务主管部门的弱势地位 3. 政府："有方向，无落地政策" 块块关系： 1. 省区市之间：省属与市属高职财政拨款的差异 2. 市市之间：珠九市与粤西、粤北、粤东市属高职财政拨款的差异 3. 政府：高职院校主管部门财政支持力度不同
	政治监管逻辑：问责风险的影响	问责风险抑制了企业和高职院校对人力资产专用性的投资意愿，进而导致了高职校企合作育人转向松散型合作模式，难以解决中国技能人才短缺问题；反之亦然	1. 问责风险高：教育办学单纯算经济账 2. 政企：降低企业专用性技能投资意愿 3. 政校：增加了高职院校的政治和经济风险 4. 校企：校企合作双方"有态度、没高度"
	企业市场逻辑：专用技能需求的影响	企业专用技能需求越大，越倾向采用人力资产专用性技能投资策略，越倾向与高职院校开展实质性校企合作	企业专用技能需求的测量标准： 1. 企业是否具有专用技能需求 2. 企业专用技能投资的成本（人、财、物）

续表

框架维度	影响因素	作用机制	操作和测量
网络规模	行政科层逻辑：条块关系的影响	条块分割抑制了企业和高职院校合作的网络规模，进而导致了高职校企合作育人转向小规模合作模式，难以解决中国技能人才短缺问题；反之亦然	条条关系： 1. 任务属性弱：校企合作未纳入政府硬性考核 2. 条条之间：教育业务主管部门的弱势地位 3. 政府："有方向，无落地政策" 块块关系： 1. 省区市之间：省属与市属高职财政拨款的差异 2. 市市之间：珠九市与粤西、粤北、粤东市属高职财政拨款的差异 3. 政府：高职院校主管部门财政支持力度不同
	院校发展逻辑：组织声誉的影响	高职院校组织声誉越高，越能吸引合作伙伴参与，产生相应规模效应	对高职院校组织声誉的测量标准： 1. 院校是否为双高院校、示范性高职或骨干高职院校 2. 重点项目参与情况，比如院校是否为现代学徒制试点、示范性职教集团（联盟）试点等

三类行动者受各自所处位置的制度约束和利益影响，形成了各自的行动逻辑。高职校企合作育人的诸多模式反映了不同制度逻辑以及相应的微观行为方式（行动逻辑）在相互作用的过程中形成的特有轨迹。借用社会学家蒂利的话来说，这些制度逻辑是一些重复再现的动因，他们在不同的情形和次序排列组合中相互作用，从而导致相去甚远但又循迹可查的结果①。也就是说，高职校企合作育人模式的形成及其成效取决于行政科层逻辑、政治监管逻辑、企业市场逻辑和院校发展逻辑在不同次序组合中的相互作用。

---

① Tilly, Charles. To Explain Political Processes [J], The American Journal of Sociology, 1995, Vol. 100 (06): 1594-1611.

基于上述讨论，本书提出第五个命题。

命题5：多重制度逻辑影响下的高职校企合作育人模式复杂多变，合作育人模式的形成及其产出成效是政府、学校与企业三方不同行为逻辑相互叠加与互动的结果。

第四章

研究设计

围绕连接经验事件与理论要点进行研究设计，包括分析框架、案例选择、研究方法以及具体操作过程等。

第一节 研究方法

本书采用了类型学（typology）研究方法。该方法按照一定的原则对研究对象进行分类，然后对类别展开逐个研究或对比研究，使复杂的研究对象趋于简单化。职业教育校企合作育人的实践形式（组织形态）主要有现代学徒制、企业新型学徒制、职教集团、产业学院、股份或混合所有制、共建实训基地（包括校办工厂、校中厂和厂中校、产教融合基地建设等）、订单式培养等。以上校企合作育人的实践形式（组织形态）存在诸多交叉，诸多因素在实践中的变形与置换，从校企合作基本形式或组织形态中又可衍生出其他多种形态。[1] 如果不通过类型学研究方法进行类型划分，就无法对其进行系统与深入的研究[2]。本书以技能合作的深度（人力资产专用性程度）和广度（网络规模大小）为基础，建立高职校企合作育人模式的类型学，这为典型性案例的选择和不同类型的案例

---

[1] 周晶：《中国职业教育校企合作制度建设研究》，博士学位论文，东北师范大学，2015年，第80—81页。

[2] 杜专家：《如何防止转型期公共政策公共性的流失？——基于四种类型划分的案例比较研究》，《公共行政评论》2021年第3期，第120—139、199页。

比较提供了基础。①

本书还采用了案例比较研究方法（comparative method）。案例比较研究法通过对两个或两个以上研究对象进行比照，以发现异同、探求规律。② 阿伦·利普哈特（Lijphart）认为，案例比较研究方法是社会科学领域中的基本分析方法，其主要适用于研究对象规模较小的研究。③ 已有研究者在论述案例比较研究的技艺时，指出案例比较研究可以划分为跨案例和案例内两类，其中跨案例比较包括小样本的质性比较（正负面案例比较）、中等样本的定性比较等；④ 案例内比较包括过程追踪、案例内时序性分析（within-case chronologies）等。根据理论框架，本书主要采用正负面案例的跨案例比较和正负面案例转换的案例内比较相结合的研究设计。

正负面案例比较法最早可追溯到约翰·斯图尔特·密尔（John Stuart Mill）提出的因果推断五法中的求异法，⑤ 之后詹姆斯·马奥尼（James Mahoney）和加里·葛尔兹（Gary Goertz）对正负面案例比较法，尤其负面案例的选择标准进行了详细阐述。在当前的社会科学研究中，正负面案例比较法是一种常见的和有效的讨论因果机制的案例比较研究方法。⑥

---

① 周晶：《中国职业教育校企合作制度建设研究》，博士学位论文，东北师范大学，2015年，第80—81页。

② Arend Lijphart. Comparative Politics and the Comparative Method [J], The American Political Science Review, 1971, Vol. 65 (03): 682 – 693; Beck CJ. The Comparative Method in Practice: Case Selection and the Social Science of Revolution [J], Social Science History, 2017 (03): 533 – 554.

③ Arend Lijphart. Comparative Politics and the Comparative Method [J], The American Political Science Review, 1971, Vol. 65 (03): 682 – 693; Beck CJ. The Comparative Method in Practice: Case Selection and the Social Science of Revolution [J], Social Science History, 2017 (03): 533 – 554.

④ 游宇、陈超：《比较的"技艺"：多元方法研究中的案例选择》，《经济社会体制比较》2020年第2期，第67—78页。

⑤ John Mill, System of Logic: Ratiocinative and Inductive, Being a Connected View of the Principles of Evidence and the Methods of Scientific Investigation [M], New York: Harper and Brothers Publishers, 1898: 488 – 489; John Stuart Mill. A System of Logic: Ratiocinative and Inductive, Being a Connected View of the Principles of Evidence, and the Methods of Scientific Investigation [J], The North American Review, 1845, Vol. 61 (129): 349 – 383; 周亦奇、唐世平：《"半负面案例比较法"与机制辨别——北约与华约的命运为何不同》，《世界经济与政治》2018年第12期，第32—59、157页。

⑥ Mahoney J., Goertz G. The Possibility Principle: Choosing Negative Cases in Comparative Research [J], American Political Science Review, 2004, 98 (04): 653 – 669.

例如：丹尼尔·齐勃拉特（Daniel Ziblatt）在《构建国家》一书中，根据地区性制度和联邦主义意识形态两个维度进行正负面案例的案例选择；① 乔瓦尼·卡波奇（Giovanni Capoccia）在《捍卫民主》一书中，根据民主制度中政治进程主要特征和民主是否被极端主义取代两个维度进行正负面案例的案例选择。② 除此之外，何文凯 Paths toward the modern fiscal state、③ 包刚升《民主崩溃的政治学》④ 等均采用正负面案例比较法进行案例比较分析。正面案例是指实现了相应理论所指向结果的典型案例，由于它的前因条件组合完整地呈现出来，从而结果发生的案例，换言之，就是完整呈现整个因果机制的案例。负面案例⑤则是指并未实现相应结果的典型案例，由于它的前因条件组合部分出现，但是没有完整出现，从而结果没有发生的案例，换言之，就是部分呈现整个因果机制，而且有可能成为正面案例的案例。目前研究人员对负面案例提出了明确的标准：首先，负面案例是没有发生理论预测结果的案例。⑥ 其次，负面案例必须要与正面案例存在相似性。相似性是指负面案例除主要的解释变量之外，必须要具备与正面案例相似的必要条件，使其具备出现正面案例结果的可能性。⑦

---

① Ertman T. Birth of the Leviathan: Building States and Regimes in Medieval and Early Modern Europe [M], Cambridge University Press, 1997.

② Capoccia G. Defending Democracy: Reactions to Extremism in Interwar Europe [M], JHU Press, 2005.

③ He, Wenkai. Paths Toward the Modern Fiscal State [M], Harvard University Press, 2013.

④ 包刚升：《民主崩溃的政治学——选民分裂，政治制度与民主崩溃》，《公共行政评论》2013 年第 5 期，第 169—177 页。

⑤ 负面案例比较构造了类似准自然实验的研究设计，其中的正面案例可被认为实验中的受影响组（treatment group），而其中的负面案例则是实验中的控制组（control group）。在此类方法中，通过案例之间在结果上的差异来确定相关因素的影响。类似的逻辑可参见 Holland P. W. Statistics and Causal Inference [J], Journal of the American Statistical Association, 1986, 81 (396): 945 – 960; Rubin D. B. Estimating Causal Effects of Treatments in Randomized and Nonrandomized Studies [J], Journal of Educational Psychology, 1974, 66 (05): 688。

⑥ 周亦奇、唐世平：《"半负面案例比较法"与机制辨别——北约与华约的命运为何不同》，《世界经济与政治》2018 年第 12 期，第 32—59、157 页；叶成城：《社会科学中的因果解释：逻辑、样本与方法的权衡》，《国外社会科学前沿》2021 年第 6 期，第 18—30 页。

⑦ Emigh R. J. The Power of Negative Thinking: The use of Negative Case Methodology in the Development of Sociological Theory [J], Theory and Society, 1997, 26 (05): 649 – 684.

案例内比较遵循的是案例内时序性分析的研究方法。案例内时序性分析指对不同时间点上的同一案例进行研究，这些时间间隔可能是预精准（pre-specified）时间，如可以按照"之前"或"之后"的逻辑，提前或延后某一关键变化。案例内时序性分析有助于反映出研究案例在各个阶段的变化情况，其优势在于通过动态比较增强理论的内部有效性、外部有效性以及因果机制的推广性。[1]

第二节　案例选择

案例选择是开展实证研究的核心环节。詹姆斯·马奥尼（James Mahoney）和加里·葛尔兹（Gary Goertz）提出了案例选择的条件范围（Scope Condition）和可能性原则（Possibility Principle），[2] 其中条件范围强调选择具有相似背景的案例，即时空范围的一致性；可能性原则强调选择有可能成为正面案例的案例作为负面案例。Dopson 提出案例选择不仅要求所选案例具有相似性和差异性，而且需要与已有理论或命题具有较强的关联；[3] 罗伯特·K.殷和王宁提出了案例选择遵循典型性而不是代表性逻辑，典型性不是案例再现总体的性质，而是案例集中体现了某一类别现象的重要特征。[4] 除此之外，也需要考虑到现实的可行性，诸如难度、案例资料的可获得性、经费支持等方面。综合以上观点，本书案例选择的具体步骤参见图 4-1。

---

[1] 叶成城、黄振乾、唐世平：《社会科学中的时空与案例选择》，《经济社会体制比较》2018 年第 3 期，第 145—155 页。

[2] James Mahoney and Gary Goertz, The Possibility Principle: Choosing Negative Cases in Comparative Research [J], American Political Science Review, 2004, Vol. 98 (04): 653 - 669.

[3] Dopson S., Ferlie E., Fitzgerald L., et al. Team-based Aggregation of Qualitative Case Study Data in Health Care Contexts: Challenges and Learning [J], The SAGE Handbook of Case-Based Methods, 2009: 454.

[4] [美] 罗伯特·K.殷：《案例研究：设计与方法》（第 5 版），周海涛等译，重庆大学出版社 2017 年版，第 20—30 页；王宁：《代表性还是典型性——个案的属性与个案研究方法的逻辑基础》，《社会学研究》2002 年第 5 期，第 124 页。

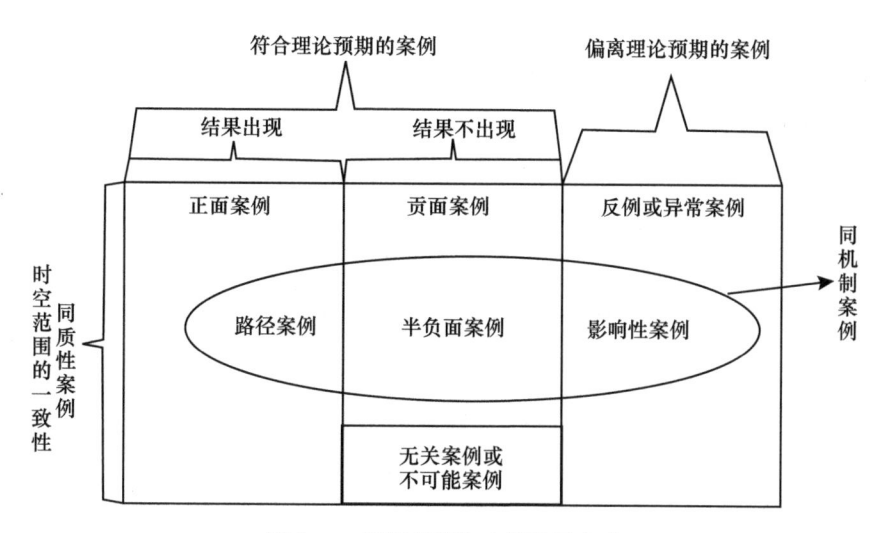

```
                    符合理论预期的案例    偏离理论预期的案例
                         ↑                  ↑
                    ┌────┴────┐        ┌────┴────┐
                   结果出现  结果不出现
                  ┌─────────┬─────────┬─────────┐
                  │  正面案例 │ 负面案例 │反例或异常案例│ ← 同
时                 ├─────────┼─────────┼─────────┤    机
空 同               │   ╱────────────────────╲    │    制
范 质               │  │路径案例 │半负面案例│影响性案例│   │    案
围 性               │   ╲────────────────────╱    │    例
的 案               ├─────────┼─────────┼─────────┤
一 例               │         │无关案例或│         │
致                  │         │不可能案例│         │
性                  └─────────┴─────────┴─────────┘
```

图 4-1 因果机制与案例选择方法

资料来源：参照 Mahoney 和 Goertz[①]图 2，叶成城[②]图 2，周亦奇和唐世平[③]表 1 和表 2。

首先，案例选择符合"时空规制下的最大相似性"。时空规制性缩小了案例选择的范围，如在一个时间段的特定地区内选取案例进行比较。[④]高职院校的行政管理体制为省级统筹或省市共建，以"省级统筹"为主。为此，本书将案例限定在广东省，一定程度上控制了时空因素，降低了外部环境变异对研究结果的影响。其一，空间上的控制。具体体现在六个案例地理区位相近、省级层面的政策环境一致、面临的市场竞争环境一致、劳动力市场对技能人才的需求一致等。其二，时间上的控制。2002 年之后，我国进入了完善社会主义市场经济体制的新阶段，真正意

[①] James Mahoney and Gary Goertz, The Possibility Principle: Choosing Negative Cases in Comparative Research [J], American Political Science Review, 2004, Vol. 98 (04): 653-669.

[②] 叶成城：《社会科学中的因果解释：逻辑、样本与方法的权衡》，《国外社会科学前沿》2021 年第 6 期，第 18—30 页；叶成城、黄振乾、唐世平：《社会科学中的时空与案例选择》，《经济社会体制比较》2018 年第 3 期，第 145—155 页。

[③] 周亦奇、唐世平：《"半负面案例比较法"与机制辨别——北约与华约的命运为何不同》，《世界经济与政治》2018 年第 12 期，第 32—59、157 页。

[④] 叶成城、黄振乾、唐世平：《社会科学中的时空与案例选择》，《经济社会体制比较》2018 年第 3 期，第 145—155 页。

义上的职业教育校企合作开始发展起来;① 2004年教育部等七部门颁发的《关于进一步加强职业教育工作的若干意见》,首次正式出现"校企合作"这一概念;2005年国务院颁布的《关于大力发展职业教育的决定》,首次对校企合作的培养模式作出系统阐述。② 本书主要聚焦于2005年以来广东省高职校企合作育人模式的形成与发展。它们不仅有着相似的校企合作发展脉络,也有着相似的集体行动困境。即如何推进企业深度参与校企合作育人,弥合技能形成体系与劳动力市场需求之间的鸿沟。

罗伯特·K. 殷和王宁指出,典型性是指案例集中体现了某一类别现象的重要特征,强调的是个别对一般的反映。③ 之所以选择GD省,原因在于GD省高等职业教育发展状况与已有理论或命题具有较强的关联。具体体现在:其一,GD省是全国规模最大的高等职业教育基地。截至2020年12月,GD职业院校635所,在校生265.34万人,其中高职院校87所,在校生117.80万人。全省76%的高职院校参与现代学徒制试点工作,规模亦为全国最大;校企合作共建80多个省级教学标准和1000多门省级课程工程,全省24%的高职院校实施集团化办学,全省13.52万人参与1+X证书制度试点,规模位于全国前列。④ 其二,GD省高等职业教育办学水平走在全国前列。近年来,GD省稳居中国高职院校竞争力排行榜前三强。GD省有14所国家"双高计划"⑤建设单位,数量位列全国第三;11所国家示范(骨干)高职院校,数量位列全国第三;14所国家优质高职院校,

---

① 2002年,《国务院关于大力推进职业教育改革与发展的决定》(国发〔2002〕16号)提出:"推进管理体制和办学体制改革,促进职业教育与经济社会发展紧密结合。"2004年,《2003—2007年教育振兴行动计划》首次正式出现校企合作这一概念。2005年《国务院关于大力发展职业教育的决定》(国发〔2005〕35号)首次对校企合作作出系统阐述,其核心观点为:坚持以就业为导向;推动公办职业院校与企业合作办学,形成校企合一的办学实体;推动职业教育与企业密切结合。

② 袁振国、徐国庆:《从分等到分类——职业教育改革发展之路》,华东师范大学出版社2018年版,第129—145页。

③ 罗伯特·K. 殷:《案例研究:设计与方法》(第5版),周海涛等译,重庆大学出版社2017年版,第20—30页;王宁:《代表性还是典型性——个案的属性与个案研究方法的逻辑基础》,《社会学研究》2002年第5期,第124页。

④ 广东省教育厅:《广东省高等职业教育质量年度报告(2021)》,广东高等教育出版社2021年版,第2—5页。

⑤ "双高计划"指集中力量建设50所左右高水平高职学校和150个左右高水平专业群。

数量位列全国第二。全省64.71%的新增专业对接广东省战略性支柱产业和战略性新兴产业，为企业提供了约75%的新增技能型人才。① 其三，GD省技能人才短缺问题依旧突出。近年来，GD省技能人才的求人倍率约为1.4，高技能人才求人倍率更是高达2.0，技能人才短缺现象逐步从珠三角扩散至粤东粤西粤北，从季节性演变为经常性。② 技能人才总量不足与结构不合理，已成为制约GD省制造业高质量发展和企业竞争力提升的重要瓶颈，迫切需要建设一支数量充足、结构合理、充满活力的技能型人才队伍，具体如表4-1所示。

表4-1　GD省代表性产业的技能人才需求与缺口情况（2020年）

序号	代表性产业	人才需求总量（万人）	人才培养数量（万人）	人才缺口量（万人）	专科技能人才缺口量（万人）	专科技能人才占比（%）
1	跨境电商产业	22.5	3	19.5	15.99	82
2	大数据产业	49	0.5	48.5	20.86	43
3	工业机器人产业	37.21	0.25	36.96	25.87	70
4	汽车产业	114	45	68	28.29	41.6
5	旅游产业	6	1.08	5	2.78	55.6
6	高分子材料产业	5.23	0.31	4.92	1.15	23.4
7	生态园林产业	1.6	0.98	0.62	0.21	34.6
8	工业设计产业	1.58	1.18	0.4	0.19	47.8
9	智慧物流产业	6	0.66	5.4	2.32	43

资料来源：参照GD省高等职业教育人才需求与专业（群）建设研究报告③整理。

其次，在符合预期的案例中，选择正面和负面案例进行跨案例比较。研究者提出了大量的区分正面案例和负面案例的具体方法。基本逻辑为，

---

① "双高计划"指集中力量建设50所左右高水平高职学校和150个左右高水平专业群。
② 游霭琼：《广东：激发动力活力加大技能人才培养力度》，《南方日报》2020年9月28日。
③ 卢坤建：《高等职业教育蓝皮书——对接产业发放的广东省高等职业教育人才需求与专业（群）建设研究报告》，中国财经出版传媒集团经济科学出版社2020年版，第257—259页。

假设"某个理论"要用 A 和 B 来解释结果 Y，A 和 B 都出现就是 Y 出现的充分必要条件。① 在现实情况下，作为观测值的样本共存在 8 种情况，具体如表 4 - 2 所示。

表 4 - 2　　　　　　　　　案例类型的选择说明

	Y = 0		Y = 1	
	B = 0	B = 1	B = 0	B = 1
A = 0	无关案例②	负面案例	反例	反例
A = 1	负面案例	反例	反例	正面案例

资料来源：参照叶成城③论文中表 1。

如表 4 - 2 所示，观测值根据对理论的支持情况分为四种类型，不同类型的案例对理论的促进或削弱作用是不同的④。就案例在因果解释中的作用而言，正面案例和负面案例对理论的促进作用较强；无关案例只能微弱地增强理论的可信度，但其并非与因果结果无关；反例会形成对理论的重要威胁。⑤ 本书以技能合作的深度（人力资产专用性程度）和广度（网络规模大小）为基础，建立了高职校企合作育人模式的类型学划分，

---

① 叶成城、唐世平：《基于因果机制的案例选择方法》，《世界经济与政治》2019 年第 10 期，第 22—47、157 页；叶成城：《社会科学中的因果解释：逻辑、样本与方法的权衡》，《国外社会科学前沿》2021 年第 6 期，第 18—30 页。

② 马奥尼等人将这类出现正面结果概率极低的案例称为无关案例（irrelevant cases）是不够准确的，因为部分案例仍然可以对结果起到微弱的支持作用，并非与因果解释无关。参见 Mahoney J., Goertz G. The Possibility Principle: Choosing Negative Cases in Comparative Research [J], American Political Science Review, 2004, 98 (04): 653 - 669. 为此，本书将无关案例作为特殊的负面案例，对理论进行支持。

③ 叶成城、唐世平：《基于因果机制的案例选择方法》，《世界经济与政治》2019 年第 10 期，第 22—47、157 页；叶成城：《社会科学中的因果解释：逻辑、样本与方法的权衡》，《国外社会科学前沿》2021 年第 6 期，第 18—30 页。

④ 叶成城、唐世平：《基于因果机制的案例选择方法》，《世界经济与政治》2019 年第 10 期，第 22—47、157 页；叶成城：《社会科学中的因果解释：逻辑、样本与方法的权衡》，《国外社会科学前沿》2021 年第 6 期，第 18—30 页。

⑤ 叶成城、唐世平：《基于因果机制的案例选择方法》，《世界经济与政治》2019 年第 10 期，第 22—47、157 页；叶成城：《社会科学中的因果解释：逻辑、样本与方法的权衡》，《国外社会科学前沿》2021 年第 6 期，第 18—30 页。

这为正负面案例的选择提供了基础。本书正负面案例的选择①如表4-3所示。

表4-3　　　　　　　　　正负面案例的选择说明

		人力资产专用性程度	
		B=1	B=0
网络规模大小	A=1	正面案例：大规模紧密关联型合作育人模式 案例A：A高职院校现代产业学院及其联盟	负面案例：大规模松散关联型合作育人模式 案例C：C高职院校示范性职业教育集团
	A=0	负面案例：小规模紧密关联型合作育人模式 案例B：B高职院校医学美容技术专业现代学徒制	负面案例：小规模松散关联型合作育人模式 案例D：D高职院校与企业T的订单式培养

如表4-3所示，本书选取了A高职院校现代产业学院及其联盟、B高职院校医学美容技术专业现代学徒制、C高职院校示范性职业教育集团、D高职院校与企业T的订单式培养分别作为大规模紧密关联型合作模式、小规模紧密关联型合作模式、大规模松散关联型合作模式、小规模松散关联型合作模式的典型性案例。这四个案例资料丰富、边界清晰，且能较好地对应类型特点，以及正负面案例的基本要求。四个案例的基本情况如表4-4所示。

---

① 正负面案例选择逻辑为：根据理论框架可知，多重制度逻辑通过影响人力资产专用性和网络规模，导致了不同的校企合作育人模式，从而产生了不同的校企合作育人成效。其中人力资产专用性和网络规模是影响高职校企合作育人模式形成的两大核心因素。由于两大因素不同的前因条件组合，形成了不同的高职校企合作育人模式。在四种类型的合作育人模式中，有一种是符合理论预期的，这种合作模式能产生较好的育人成效，也能够在一定程度上解决中国技能型人才短缺问题，而其他的三种合作育人模式要么是因为人力资产专用性程度低，要么是因为校企合作网络规模小，要么是两者都不具备，从而产生了不完善的或者较差的育人成效，这样就形成了正面案例，即完整呈现整个因果机制的案例，也形成了负面案例，即因果机制部分呈现的案例。基于此，本书选择以上正面案例和负面案例。

表 4-4 四个案例的基本情况

正负面案例	起始时间	案例的价值	类型及其特点
正面案例：A 高职院校现代产业学院及其联盟	2017 年至今	1. 入选全国产教融合校企合作典型案例，获得 2021 年省级高等职业教育教学成果奖二等奖 2. 增建和孵化了 11 个产业学院，辐射省内 13 所高职院校 21 个产业学院 3. 合作企业中有 12 家成为了省级产教融合型企业培育单位，开展企业培训 2320 人次 4. 被《人民日报》（2021）、《光明日报》（2021）、《中国教育报》（2020）等主流媒体多次报道 5. 中国教科院、河北省政府、28 个省市区和港澳台等 216 家单位前来交流，获得广泛肯定	类型：大规模紧密关联型合作人模式： 1. 人力资产专用性程度高：吸引企业投入 5000 万元资金投资建设产业学院 2. 网络规模大：有职业院校及行业企业 126 家单位加盟，是"一对多"与"多对多"的合作
负面案例：B 高职院校医学美容技术专业现代学徒制	2012 年至今	1. 国家首批现代学徒制试点单位，获得 2018 年职业教育国家级教学成果奖一等奖 2. 全国影响力强，是全国现代学徒制的发源地，时任校长是全国现代学徒制委员会主任，省级现代学徒制委员会主任 3. 该案例作为全国现代学徒制试点共 5 期培训班的主要培训内容，向全国培训推广 1500 次 4. 被《光明日报》《中国教育报》、国务院门户网站、新华网等主流媒体多次报道 5. 推动省和国家一系列政策出台，辐射面广	类型：小规模紧密关联型合作育人模式： 1. 人力资产专用性程度高：以"双主体、双身份、双导师、双基地、双合同"为依托，校企一体化育人 2. 网络规模小：一对一合作，未形成规模效应①

---

① 该观点来自《B 高职院校现代学徒制试点总结报告》（2019）。该报告指出现代学徒制运行中存在的最大问题是："与单一企业合作的试点专业招生持续性不好。由于单一企业的规模限制，满足现代学徒制入学条件的员工人数有限，在学校现代学徒制试点专业中，真正实现单一企业持续招生的试点专业仅 2 个。"

续表

正负面案例	起始时间	案例的价值	类型及其特点
负面案例：C高职院校示范性职业教育集团	2011年至今	1. 首批纳入国家示范性职教集团（联盟），并推广至7个国家示范职教集团 2. 集团成员有71家企业成为省级产教融合型企业，有1家企业成为国家级产教融合型企业 3. 吸引125所国内高职院校领导学习 4. 被南方网等主流媒体报道85次	类型：大规模松散关联型合作育人模式： 1. 人力资产专用性程度低：松散联盟性质，非实体化运作 2. 网络规模大：集团成员数量235，其中合作企业200家，行业协会11家
负面案例：D高职院校与企业T的订单式培养	2006年至今	该案例入选2021年教育部校企合作的优秀案例	类型：小规模松散关联型合作育人模式： 1. 人力资产专用性程度低：基于市场交易 2. 网络规模小：一对一

最后，在符合预期的案例中，选择正负面转换案例进行案例内比较。在正负面案例转换研究方面，已有研究者将正面向负面转换的案例被称之为半负面案例。半负面案例可以根据时间节点分为两部分：在前半部分机制展开的阶段，其因果过程观察值与路径案例是一致的；后半部分因果机制在特定阶段"中止"，从而在结果上造成同路径案例之间的差异。① 选择半负面案例的目的是察看因果机制中特定因素缺失对结果的影响，从而更好地理解因果机制在正—负面案例中的作用。② 与此同时，本书加入了负面向正面转换的案例进行佐证，其与半负面案例分析具有

---

① Mikkelsen K. S. Negative Case Selection: Justifications and Consequences for Set-theoretic MMR [J], Sociological Methods and Research, 2017, 46 (04): 739-771；周亦奇、唐世平：《"半负面案例比较法"与机制辨别——北约与华约的命运为何不同》，《世界经济与政治》2018年第12期，第32—59、157页。

② Mikkelsen K. S. Negative Case Selection: Justifications and Consequences for Set-theoretic MMR [J], Sociological Methods and Research, 2017, 46 (04): 739-771；周亦奇、唐世平：《"半负面案例比较法"与机制辨别——北约与华约的命运为何不同》，《世界经济与政治》2018年第12期，第32—59、157页。

相同的逻辑。本书正负面转换案例的选择①如表4-5所示。

表4-5　　　　　　　　正负面转换案例的选择说明

类型	类型特点	对应案例
正面转负面案例	1. 前半部分机制展开阶段，其因果过程观察值与路径案例是一致的，理论预期结果出现 2. 后半部分因果机制在特定阶段"中止"	E高职院校"一镇一品一专业"产业学院： 1. 2011开始，被称为产业学院发源地 2. 2019年，校长被问责，产业学院被审计
负面转正面案例	1. 前半部分机制开展阶段，理论预期结果不出现 2. 后半部分因果机制在特定阶段"提升"，理论预期结果出现	F高职院校与京东集团合作： 1. 2019开始，从"京东校园馆"到"职能供应链体系化实训基地" 2. 2021年，着手建立"JDL智能供应链产业学院"

综上，本书认为，人力资产专用性程度和网络规模大小是两个不可忽视的测量变量，这两个测量变量的不同组合塑造了四种不同的类型，分别为大规模紧密关联型合作育人模式、小规模紧密关联型合作育人模式、大规模松散关联型合作育人模式和小规模松散关联型合作育人模式。在此基础上，本书以A高职院校现代产业学院及其联盟、B高职院校医学美容技术专业现代学徒制、C高职院校示范性职业教育集团、D高职院校与企业T的订单式培养、E高职院校专业镇产业学院等为案例，通过正负面案例比较的跨案例分析和正负面案例转换的案例内分析，对本书的观点进行验证。在此需要说明的是，每所高职院校都存在多样化的校企合作育人模式，只是受限于调研的介入条件、时间与精力，笔者无法面面俱到，只能在高职院校众多校企合作育人模式中，找出能够"个别反

---

① 正负面转换案例选择逻辑为：已有研究明确将正面向负面转换的案例被称为半负面案例，并进行大量的论证，由此可以得出，正面案例可以转化为负面案例。与此同时，已有研究明确指出，负面案例具备出现正面案例结果的可能性，换言之，负面案例有可能转换为正面案例。基于此，本书选择以上正负面转换的案例。

映一般"的案例进行深入剖析。

第三节 数据收集与分析

一 数据收集

本书通过访谈、观察和二手资料来收集数据。主要的数据来源是历时 8 个多月的 "78 个半结构化" 访谈。在每个访谈地点,笔者访谈了三类对象:政府人员,主要包括省教育厅、市教育局、审计厅、人力资源与社会保障厅、人力资源与社会保障局等;高职院校决策者,主要包括公办高职院校的校长与副校长、二级学院的院长与副院长、校企合作处处长等;与高职院校合作企业的决策者,主要包括董事长、总经理与副总经理、人力资源部总监等。

对被调查人的访谈时间为 45 分钟到 3 个小时不等。笔者对绝大部分访谈[①]进行录音,并整理成文字,总计约 794 页(1.5 倍行距)63 万多字(具体见表 4-6)。当有问题需要澄清时,笔者通过电子邮件、微信和电话进行跟踪访谈,笔者对一些访谈对象的采访次数达到了 3 次以上,有的甚至达到了 5 次。访谈提纲主要包括两个部分:第一个部分是开放式问题,让被调查人回顾高职校企合作育人模式产生的背景、发展的历程,以及对校企合作育人的总体看法;第二个部分是探索性问题,通过探索性问题逐步确定细节。在这个阶段,访谈问题主要集中于事实、事件和直接解释,[②] 而不是含糊其辞的评论。

笔者采用以下几种方式避免受访者潜在偏差问题。其一,笔者收集了多轮访谈数据,这样既可以收集到实时数据又能收集到回顾性的纵观式数据,这是一种理想的组合方式,其一定程度上可以减少数据的偏差[③]。其二,笔者面谈了不同的受访者,不仅对高职院校的决策者们进行访谈,而

[①] 有一部分访谈者不允许录音,只能采用笔录的方式。

[②] 李平、曹仰峰主编:《案例研究方法:理论与范例——凯瑟琳·艾森哈特论文集》,北京大学出版社 2012 年版,第 301 页。

[③] Leonard-Barton, Dorothy. Harvard U., Graduate School of Business Administration, Boston, MA, US. A Dual Methodology for Case Studies: Synergistic Use of a Longitudinal Single Site with Replicated Multiple Sites [J], Organization Science, 1990, Vol. 1 (03): 248-266.

且也对与高职院校合作企业的决策者们,以及高职院校的行政主管部门负责人进行访谈,以此来对同一现象进行多重证明。采用这些多样化的方式,提高了获得完整、准确信息的可能性。其三,笔者使用了开放式提问、探索性提问等能够从受访者那里获得准确信息的访谈技术,以避免被访谈者的推测。其四,笔者向所有的受访者承诺匿名,鼓励他们坦诚[①]。其五,笔者使用观察数据和广泛的二手资料对访谈数据进行补充。

表4-6　　　　　　　　访谈者一览表

案例	数据来源				
	文字页数	录音字数	访谈人数	访谈记录数	访谈对象
正面案例:科学城现代产业学院及其联盟	118页	93534字	11人（1次访谈）（3次访谈）	13份记录 高职院校:7份 合作企业:3份 政府部门:3份	高职院校校长、校长办公室主任、教务处处长、企业董事长、政府部门负责人等
负面案例:医学美容技术专业现代学徒制	154页	113634字	13人（2次访谈）	14份记录 高职院校:10份 合作企业:2份 政府部门:2份	高职院校校长、党委书记、二级学院院长、省现代学徒制秘书长、企业董事长、政府部门负责人等
负面案例:广东机电职业教育集团	147页	127479字	13人（2次访谈）（3次访谈）	16份记录 高职院校:9份 合作企业:4份 政府部门:3份	高职院校校长、校企合作处处长、项目管理科科长、企业副书记兼人力资源总监、政府部门负责人等
负面案例:院校Q与企业T的订单式培养	222页	170901字	18人（2次访谈）（5次访谈）	23份记录 高职院校:9份 合作企业:9份 政府部门:5份	高职院校副校长、二级学院副院长、企业人力资源总监、政府部门负责人等

---

① Leonard-Barton, Dorothy. Harvard U, Graduate School of Business Administration, Boston, MA, US. A Dual Methodology for Case Studies: Synergistic Use of a Longitudinal Single Site with Replicated Multiple Sites. [J], Organization Science, 1990, Vol.1 (03): 248-266.

续表

案例	数据来源				
	文字页数	录音字数	访谈人数	访谈记录数	访谈对象
正负面转换案例：E 高职院校专业镇产业学院	104 页	92015 字	7 人（2 次访谈）（3 次访谈）	10 份记录 高职院校：6 份 合作企业：1 份 政府部门：3 份	二级学院院长、校长办公室主任、研究所教授、企业人力资源总监、政府部门负责人等
正负面转换案例：F 高职院校与京东集团合作	134 页	106931 字	7 人（2 次访谈）（3 次访谈）	10 份记录 高职院校：6 份 合作企业：1 份 政府部门：3 份	高职院校副校长、二级学院院长、校企合作处处长、企业总经理和人力资源总监、政府部门负责人等
总计（剔除重复的数据）	794 页	630231 字	62 人	78 份	

在此需要说明的是，出于对访谈对象的保护以及研究伦理的要求，本书中展示的所有访谈记录均作匿名化处理。案例材料的编码规则为：根据访谈对象（Q 代表企业，G 代表高职院校，Z 代表政府）和案例类别（案例 A、案例 B、案例 C、案例 D、案例 E、案例 F）两个维度进行大类划分，然后注明访谈日期、具体人物的姓氏首字母，以及文档序号和该序号文档内的具体页码；具体而言，即材料序号，统一编号（代号—访谈时间—姓氏首字母），文档序号—页码，如访谈 01，AQ20211226 - L，01 - PP: 9。其他访谈材料的编码规则为：根据访谈对象（Q 代表企业、G 代表高职院校、Z 代表政府）进行大类划分，然后注明访谈日期、具体人物的姓氏首字母，以及文档序号和该序号文档内的具体页码；具体而言，即材料序号，统一编号（代号—访谈时间—姓氏首字母），文档序号—页码，如访谈 26，G20190622 - Y，06 - PP: 7。

本书亦用了参与式观察方法来进行数据收集。2017 年 9—12 月，笔者在田野调查地××省××市教育局职业教育与成人教育科（以下简称职成教科）调研，积累了大量的一手素材。首先，笔者以管理者的身份参与职业教育管理，包括职业教育招生工作、职业教育红头文件起草、职业教育校企合作规划制定、局务会议、内部会议等,对职业教育发展和关注的重点工作等有了较好的把握;其次,笔者应教育局李副局长的要求,和职业教育与成人教育科的其他工作人员一起,对该市每所职业院校的校企合作发展情况进行深入调研。参与这次调研,使笔者能够更近距离地对企业和职业院校决策者的行为进行观察、话语进行记录、过程进行描述,形成了较为翔实的观察笔记。2018年2—5月,笔者跟随中华职业教育社,对全省重点的职业院校进行为期三个月的调研。2019年10—12月,笔者通过教育厅相关领导的推荐,以"工作人员"的身份参与××省教育厅职成教处日常管理工作。以上参与式观察不仅让笔者获取宝贵的田野资料,也增强了笔者在收集数据材料时候的敏感度和在分析经验材料时候的分寸感。这些都能对加深本书研究的分析深度提供支持。参与式观察资料的编码规则为:材料序号,统一编号(代号—时间—观察地点名称),如观察01,Obs20200716—省教育厅会议室。

  本书还用了二手数据法来进行数据收集。二手数据是案例研究三角证明的重要来源。① 数据收集从获得详尽的内外部二手数据开始。外部数据源主要包括:(1)"中国高职高专教育网"中高等职业教育质量年度报告专栏。该专栏可以查阅2012—2021年全国高职院校发布的《××学院高等职业教育质量年度报告》② 和2016—2019年企业发布的《企业参与高等职业教育人才培养质量年度报告》③,以上报告有助于笔者从时空维度上把握校企合作育人模式的演变历程。(2)网络上公开的校企合作平

---

① Eisenhardt, Kathleen M. Stanford Technology Ventures Program, Stanford University, Stanford, CA, US; Graebner, Melissa E. McCombs School of Business, University of Texas at Austin, Austin, TX, US. Theory Building from Cases: Opportunities and Challenges [J], Academy of Management Journal, 2007, Vol. 50 (01): 25-32.

② 高职院校发布的《高等职业教育质量年度报告》涉及的具体内容为:学生发展;教学改革;政策保障(政策、财政专项与质量保障的落实与成效);国际合作;服务贡献;面临困难与挑战;"计分卡""学生反馈表""资源表""服务贡献表""落实政策表""国际影响表"等六张数据表。

③ 企业发布的《企业参与高等职业教育人才培养质量年度报告》涉及的具体内容为:企业概况;企业参与办学情况;企业资源投入;企业参与教学管理;助推企业发展和服务地方;企业参与质量保障体系建设;企业参与高等职业教育改革(做法、成效和问题)。

台，如现代学徒制试点管理工作平台①、全国职业教育集团化办学平台、全国职业教育混合所有制办学联盟、职业教育 PPP 服务平台等，以上平台具有大量的支撑本书研究的二手资料。（3）公开出版或发表的涉及研究对象的相关专著或论文等，如《现代学徒制广东模式的研究和实践》《广东特色学徒制理论与实践探索》《中国特色现代学徒制试点探索与实践》《新时代高职产教融合路径研究》等，以上相关资料与案例相互佐证、相互补充。（4）公开的网站资料，如高职院校网站、教育部网站、国家统计局网站等。内部数据源主要指由高职院校或企业直接提供的与案例紧密相关的二手资料，主要包括学校提供的制度文件、教学成果评比材料、内刊资料等；企业提供的高层讲话稿、简报、管理分享等。具体如表 4-7 所示。

表 4-7　　　　　　　　　二手数据一览表

案例	二手数据编码	数据来源
正面案例：A 高职院校现代产业学院及其联盟	29 份	①外部数据源：高职院校发展报告 10 份、企业参与高职人才培养报告 3 份、公开出版或发表的专著 4 份、公开网站资料 3 份 ②内部数据源：高职院校和企业提供的内部资料 9 份
负面案例：B 高职院校医学美容技术专业现代学徒制	23 份	①外部数据源：高职院校发展报告 8 份、企业参与高职人才培养报告 3 份、校企合作平台资料 5 份、公开出版或发表的专著 4 份 ②内部数据源：高职院校和企业提供的内部资料 3 份
负面案例：C 高职院校示范性职业教育集团	59 份	①外部数据源：高职院校发展报告 12 份、企业参与高职人才培养报告 3 份、公开网站资料 1 份 ②内部数据源：高职院校和企业提供的内部资料 43 份
负面案例：D 高职院校与企业 T 的订单式培养	29 份	①外部数据源：高职院校发展报告 9 份、企业参与高职人才培养报告 3 份 ②内部数据源：高职院校和企业提供的内部资料 19 份

---

① 现代学徒制试点管理工作平台包括全国推行第一批、第二批和第三批现代学徒制试点单位的实施方案、任务书、验收报告和年检材料等。

续表

案例	二手数据编码	数据来源
正负面转换案例：E 高职院校专业镇产业学院	22 份	①外部数据源：高职院校发展报告 9 份、企业参与高职人才培养报告 3 份、公开网站资料 10 份 ②内部数据源：高职院校和企业提供的内部资料 3 份
正负面转换案例：F 高职院校与京东集团合作	21 份	①外部数据源：高职院校发展报告 9 份、企业参与人才培养报告 3 份、公开网站资料 3 份 ②内部数据源：高职院校和企业提供的内部资料 6 份
合计		183 份

二手数据的编码规则为：根据数据来源（R 代表报告资料、P 代表平台获取、Z_W 代表其他外部资料、Z_N 代表其他内部资料）和案例类别（案例 A、案例 B、案例 C、案例 D、案例 E、案例 F）两个维度进行大类划分，然后注明日期、具体材料名称，以及文档序号和该序号文档内的具体页码；具体而言，即材料序号，统一编号（代号—时间—具体材料名称），文档序号—页码，如收集 01，AZ_W2021 - 企业参与人才培养质量报告，01 - PP：9。

二 数据分析

严谨的实证研究需要遵循一定的程序步骤来进行因果解释，包括对自变量和因变量的选取、理论构建和假设检验等众多步骤。与典型的演绎式研究一样，数据分析第一步将所有访谈笔录、观察数据和二手数据输入质性分析软件 Nvivo12.0① 中，以案例、访谈编号、访谈类型、观察

---

① 本书借助 Nvivo12.0 中文版对数据资料进行整理与分析。NVivo 是目前国际上比较流行的计算机辅助质性分析软件，能够尽可能地将大量文本资料、图片、音频、视频等定性数据实现量化，并通过科学分析与处理量化后的数据得出结论。利用 NVivo 软件辅助质性分析的优势在于：可以反复调整编码和节点而不容易出错；方便统计出节点材料来源（有多少文本资料支持）、参考点（文本资料中节点共被提及的次数）；能够可视化地分析编码结果和探索节点或样本之间的逻辑联系等；大大降低编码的劳动强度。封丹珺、厉萍、曹枫林等：《基于 NVivo 软件的护士执业心理素质的质性研究》，《解放军护理杂志》2010 年第 15 期，第 1124—1127 页；张小强：《传统新闻机构对社会媒体的控制及其影响：基于对国外 30 家机构内部规范的分析》，《国际新闻界》2014 年第 12 期，第 149—164 页；［美］朱丽叶·M. 科宾、［美］安塞尔姆·L. 施特劳斯：《质性研究的基础：形成扎根理论的程序与方法》，朱光明译，重庆大学出版社 2015 年第 1 版，第 169 页。

数据编号和二手数据编号等作为索引,在质性分析软件中仔细阅读所有材料,并逐行逐句逐段编码;对所有材料编码结束后,利用分析软件分类提取节点内容,根据节点内容对节点名称进行调整和修改,且对一些节点进行必要的合并、重组或删除等。然后针对每一个案例,构建单独的资料库。

数据分析第二步进行正负面案例的跨案例比较分析。跨案例比较分析可使笔者将每个案例中产生的洞见与其他案例中产生的洞见进行比较,进而识别出一致的模式和主题。[①] 本书根据理论分析框架和理论命题,遵从复制逻辑,以所选取的 A 高职院校现代产业学院、B 高职院校医学美容技术专业现代学徒制、C 高职院校示范性职业教育集团和 D 高职院校与企业 T 订单式培养案例为载体,从静态比较的视角分析和讨论高职校企合作育人模式的特征,以及制度运行中政校企的行动逻辑及其互动与高职校企合作育人模式的形塑机理,这一分析过程是迭代展开的。

数据分析第三步进行正负面案例转换的案例内分析,对不同时间点上的同一案例进行研究。[②] 可以说,基于时空的案例内分析更加符合密尔方法的逻辑和案例研究的同质性假设,因为动态比较兼顾了案例研究内和跨案例间的变化,增强了理论的内部和外部有效性,同时也通过对理论适用范围更为精确的分析进一步增加了机制的推广性。[③] 本书根据理论分析框架和理论命题,遵从复制的逻辑,以所选取的 E 高职院校专业镇产业学院案例和 F 高职院校与京东集团合作的案例为载体,从动态转换的视角分析和讨论高职校企合作育人模式的特征,以及制度运行中政校企的行动逻辑及其互动与高职校企合作育人模式的形塑机理。

综上可知,本书按照背景分析、过程分析和机制分析的逻辑脉络,通过跨案例和案例内比较的研究设计对理论框架和命题进行检验。

[①] Eisenhardt, Kathleen M. Stanford Technology Ventures Program, Stanford University, Stanford, CA, US; Graebner, Melissa E. McCombs School of Business, University of Texas at Austin, Austin, TX, US. Theory Building from Cases: Opportunities and Challenges [J], Academy of Management Journal, 2007, Vol. 50 (01): 25-32.

[②] [美] 罗伯特·K. 殷:《案例研究:设计与方法》(第 5 版),周海涛等译,重庆大学出版社 2017 年版,第 20—30 页。

[③] 游宇、陈超:《比较的"技艺":多元方法研究中的案例选择》,《经济社会体制比较》2020 年第 2 期,第 67—78 页。

第四节　效度和信度的处理

研究设计必须表现为一整套符合逻辑的陈述，本书在研究设计时提升案例研究质量采取的主要措施如下。

首先，建构效度（construct vadility）是指所用测量工具或概念操作化过程能够反映概念特征的程度。本书使用多源数据的三角验证解决建构效度问题，[①] 具体的三种做法为：一是采用多种证据来源对同一现象进行多重证明，[②] 笔者在经验材料收集的过程中，不仅对高职院校的决策者们进行访谈，而且也对高职院校合作企业的决策者们，以及高职院校的行政主管部门负责人进行访谈，以此来相互佐证，提高获取准确信息的可能性；二是通过多渠道获取数据建立证据链条，多轮深度访谈、参与式观察和二手文献资料是本书的核心数据收集方式，研究初期以开放式访谈为主，正式研究过程中以半结构访谈和参与式观察为主，并辅以二手文献资料收集；三是将相关案例数据反馈给相关人员核查，并收集关键受访者评估报告或证明文件。

其次，内部效度（internal validity）关注解释性研究中因果机制真实性的程度。本书提高内部效度的两种做法为：一是基于相关理论文献和案例研究草案，构建理论框架，依据案例素材进行推导和归纳，并在理论、数据和文献资料的反复穿梭中不断地检验理论饱和度；[③] 二是通过在限定的时空条件范围内，同时兼顾跨案例间和案例研究内的变化进行案例选择，以增强理论的内部有效性。

再次，信度（reliability）指研究操作方式的可重复性。本书提高信度的两种做法为：一是充分运用案例研究草案，笔者在开展研究之前，进行了较为详细的研究设计，准备了半结构访谈提纲和调研的总体计划

[①] ［美］罗伯特·K. 殷：《案例研究：设计与方法》（第5版），周海涛等译，重庆大学出版社2017年版，第20—30页。

[②] 刘力龙、吴能全：《"就业难"背景下的企业人力资本影响机制：基于人力资本红利的多案例研究》，《管理世界》2013年第12期，第145—159页。

[③] 陈剑平、盛亚：《创新政策激励机理的多案例研究：以利益相关者权利需求为中介》，《科学学研究》2013年第7期，第1109—1120、1059页。

书，并在访谈和调研过程中不断调整；二是建立案例研究数据库，笔者主要借助质性分析软件 Nvivo12.0 对涉及的案例材料或数据进行了分类整理。利用 Nvivo12.0 软件的优势在于，可以反复调整编码和节点而不容易出错，[①] 方便统计出节点材料来源（有多少文本资料支持）和参考点（文本资料中节点共被提及的次数），[②] 使之能够不断调整和重复这一研究，并供其他研究者参考。

最后，外部效度（External Validity）关注的是个别反映一般的程度。本书采用跨案例分析和案例内时序分析相结合的研究设计解决外部效度问题，具体的两种做法为：一是遵循复制逻辑进行跨案例比较分析，[③] 当高职校企合作育人的四种模式确立之后，通过复制逻辑加入其他案例，[④] 验证其有效性并进行改善[⑤]，以此提高外部效度；二是通过对高职校企合作育人动态转换模式的比较分析，增强理论解释力，与此同时，通过对理论适用范围更为精确的分析进一步增加了机制的推广性[⑥]。

[①] 张小强：《传统新闻机构对社交媒体的控制及其影响：基于对国外 30 家机构内部规范的分析》，《国际新闻界》2014 年第 12 期，第 149—164 页。

[②] ［美］朱丽叶·M. 科宾、［美］安塞尔姆·L. 施特劳斯：《质性研究的基础：形成扎根理论的程序与方法》，朱光明译，重庆大学出版社 2015 年版，第 169—171 页。

[③] Eisenhardt, Kathleen M., Graebner, Melissa E. Theory Building from Cases：Opportunities and Challenges [J], Academy of Management Journal, 2007, Vol. 50 (01): 25 - 32.

[④] 许晖、张超敏、单宇：《中国跨国企业海外市场机会构建内在机理研究——基于资源杠杆理论视角的多案例研究》，《南开管理评论》2020 年第 6 期，第 4—15、189 页。

[⑤] 罗伯特·K. 殷：《案例研究：设计与方法》（第 5 版），周海涛等译，重庆大学出版社 2017 年版，第 20—30 页。

[⑥] 游宇、陈超：《比较的"技艺"：多元方法研究中的案例选择》，《经济社会体制比较》2020 年第 2 期，第 67—78 页；叶成城、唐世平：《基于因果机制的案例选择方法》，《世界经济与政治》2019 年第 10 期，第 22—47、157 页；叶成城：《社会科学中的因果解释：逻辑、样本与方法的权衡》，《国外社会科学前沿》2021 年第 6 期，第 18—30 页。

第 五 章

校企合作政策发展的总体
历程与育人模式

为了更好地探析高职校企合作育人模式形成的影响因素及其成效机制，需要对校企合作政策发展的总体历程进行历史性描述，并归纳出不同的校企合作育人形式及其在理论框架四种模式中的体现，为后续分析奠定基础。

第一节 校企合作政策发展的总体历程及其困境

一个国家的职业教育体系是其经济发展水平、社会发展水平与教育发展水平的综合体现，职业教育的变革深嵌于经济体制、行政体制与教育体制改革当中。1949 年以来，我国职业教育管理体制和育人机制变化较大。

一 计划经济时期（1949—1977 年）：单位制为主

在计划经济体制下，政府大包大揽，建构了一个具有强大资源汲取和统合能力的公有体制，为受职业教育提供了一条通向终身雇佣制的道路，即获得一个相对高收入的制造业岗位和城市户籍岗位。[1] 技能人才的

---

[1] 王星：《国家在场与企业退场：市场化转型过程中的中国产业工人技能形成体系变迁》，《中国劳动研究》2021 年，第 146—172 页；王星、徐佳虹：《国企技能形成体系与国家工业能力积累的微观基础——基于计划经济时期国企厂办技校的历史社会学分析》，《社会科学战线》2021 年第 2 期，第 233—240 页。

培养与政治待遇、经济待遇、就业等直接挂钩。这一阶段，以厂内学徒制为主、厂办技校为补充的"单位制"构成了技能形成体系的主体部分。①"招生即招工"的政策克服了外部挖人给企业带来的不确定性，②激励了企业参与技能人才培养的动机，一定程度上满足了计划经济时期对产业技能人才的需求。具体表现在：学徒规模不断扩大，学徒数量占工业企业工人总数的比例平均为5.7%，"大跃进"时期则高达10%以上；中等技术学校数量由1952年的794所增至1978年的1714所，在校生数由1949年的7.7万人增至1978年的52.9万人；技工学校数量由1949年的3所增至1978年的2013所，在校生数由1949年的0.27万人增至1978年的38.20万人。③

计划经济时期，我国的技能形成体制具有四个方面特征：一是从行政管理体制看，政府与企业、职业院校之间的关系为"授权—履行"关系，④企业和职业之间的合作依赖于"第三方"国家的强制性指令。二是从政策导向看，国家明确了培养技术人才是国家经济建设的根本路径，并在此基础上提出半工半读制度。其中为了推动中等技术教育的发展，国家于1951年、1952年和1958年出台了系列的指示和决定，以法令形式明确了中等技术教育在学制中的地位并将其制度化。三是从公共财政投入看，公共财政是技能投资的主要来源。无论是厂内学徒还是中等技术院校和技工院校的学生都享受免费教育，企业师徒制的经费来源于政府，公办职业院校的经费亦由政府全额支持。⑤四是从技能形成体系看，我国形成了一种内外部结合的技能形成体系。内部技能形成体系以厂内学徒制为主，外部技能形成体系以中等职业教育为主，中等职业院校主

---

① 王星：《技能形成的多元议题及其跨学科研究》，《职业教育研究》2018年第5期，第1页。

② 王星：《国家在场与企业退场：市场化转型过程中的中国产业工人技能形成体系变迁》，《中国劳动研究》2021年，第146—172页。

③ 国家统计局：《中国统计年鉴1981》，中国统计出版社1982年版，第441页；国家统计局：《中国统计年鉴1993》，中国统计出版社1993年版，第707—713页。

④ 周晶：《中国职业教育校企合作制度建设研究》，博士学位论文，东北师范大学，2015年，第80—81页。

⑤ 杨钋：《技能形成与区域创新：职业教育校企合作的功能分析》，社会科学文献出版社2020年版，第29—33页。

要包括中等技术学校和技工学校。其主要培养的是企业和行业专用性技能。

计划经济时期我国职业教育体系与普通教育体系是彼此独立的①。学徒②在培训期满后，由合同工转为正式工，学徒不再接受更高层次的普通教育，也很难流出培训企业；③ 中等技术学校和技工学校的学生直接进入工作岗位，一般无法接受更高层次的普通教育。职业教育体系内部以中等职业教育为主，尚未出现高等职业教育。

二 市场经济转型期（1978—2001 年）：行业割据与教育产业化并存

计划经济时期，企业行业用人机制不灵活，不经计划部门批准，资源很难流动。改革开放后，我国政府将精力放在搞经济建设上，在财力不足的情况下逐步将职业教育推向了市场。市场经济体制转型期④主要分为两个阶段：

第一个阶段为 1978 年党的十一届三中全会之后到 1992 年社会主义市场经济体制确立前夕，即 1978—1991 年。这一阶段的特征为：国家将职业教育与高质量就业、城乡户籍转变等剥离，职业院校代替了企业内部学徒制的技能形成方式，成为产业技能人才的主要来源，企业角色逐步被边缘化；生产实习成为 1978 年至 1980 年中后期职业教育的主要育人形式；推行"双元制"试点实验；我国职业教育管理体制采取"行业（条条）和地方（块块）"相结合的结构，行业部门办学成为技能形成体系的管理主体，学校在行业部门的行政指令下进行独立的技能人才培养。截

---

① 杨钋：《技能形成与区域创新：职业教育校企合作的功能分析》，社会科学文献出版社 2020 年版，第 29—33 页。

② 1951 年，劳动部颁发《讨论防止挖工跳厂办法的通知》，明确提出要对劳动力流动进行限制。

③ 张倩、宁永红、刘书晓：《新中国成立以来的技工教育：历程、回归与超越》，《中国职业技术教育》2017 年第 24 期，第 65—70、80 页；徐金林：《计划经济体制下企业技工教育对现代学徒制的启示》，《职业教育研究》2013 年第 1 期，第 137—139 页。

④ 市场经济转型期是指中国经济体制从计划经济体制到市场经济体制的转轨时期，中国逐步淡化了传统计划经济对资源配置的影响，转向建设市场经济体制，即使市场机制在对资源的配置中起到主导性作用或决定性作用。目前，关于经济转型期的起止年限，尚无定论。本书根据研究目的，在借鉴已有研究的基础上，将市场经济转型期界定为，从 1978 年党的十一届三中全会开始到 2002 年党的十六大之前，即 2001 年。

至 1986 年，行业部门管理的职业院校数量达到了 2529 所，占职业院校总数的 70%。①

第二个阶段为 1992 年社会主义市场经济体制确立到党的十六大前夕，即 1992—2001 年。1992 年，社会主义市场经济体制确立后，我国的失业率居高不下，② 各行业部门主管的职业院校也面临生存危机。为了解决办学经费问题，实现"以企养校"，教育产业化③蓬勃发展。这一阶段，校办产业和生产实习基地建设构成了技能体系的主体。④ 截至 1992 年 12 月，全国 10818 所职业院校办起了 28594 个校办产业和生产实习基地，总产值达 43.84 亿元，总收益达 6.46 亿元。⑤ 教育产业化的发展一定程度上弥补了职业教育办学经费的不足，⑥ 但是却弱化了职业教育育人功能，被称为中国教育体制改革中的"怪胎"。

市场经济转型时期我国的技能形成体制具有四个方面特征。一是从行政管理体制看，第一个阶段（1978—1991 年），我国在职业教育管理体制上实行"行业（条条）和地方（块块）"相结合的方针。⑦ 在这种体制下，行业企业和职业院校的关系更加复杂化，条块分割的管理鸿沟凸显。第二个阶段，面对乱局，国家对已有的职业教育管理体制进行调整，将

---

① 朱俊：《产权秩序与治理效率：职业教育校企合作制度变迁史的回顾》，《中国职业技术教育》2016 年第 34 期，第 172—183 页。

② 中国劳动社会保障部：《中国劳动年鉴（1998）》，中国劳动社会保障出版社 2011 年版，第 201—210 页。

③ 教育产业化是指教育市场化，学校企业化，学校以利润最大化为目标，自负盈亏。20 世纪 90 年代教育产业化的兴起，其基本动力在于解决办学经费问题，实现"以企养校"。

④ 1991 年，《国务院关于大力发展职业技术教育的决定》（国发〔1991〕55 号）中明确要求各类职业院校积极发展校办产业，办好生产实习基地；1991 年，《关于使用中国人民银行职教专项贷款的通知》（教职〔1991〕19 号）指出，中国人民银行 2000 万职教专项贷款主要用于加强职业院校校办工厂以及生产实习基地建设；1993 年，《中国教育改革和发展纲要》提出，要更多地利用贷款发展校办产业，逐步做到以厂养校，解决职业教育办学资金不足的问题；1994 年，《国家级重点职业高级中学评估指标体系》中，将校办产业和建立生产实习基地作为权重较高的衡量指标。

⑤ 中国教育年鉴编辑部：《中国教育年鉴 1994》，人民教育出版社 1995 年版，第 132 页；欣心：《大力加强校办产业和生产实习基地的建设》，《教育与职业》1993 年第 9 期，第 15—16 页。

⑥ 王善迈：《关于教育产业化的讨论》，《北京师范大学学报》（人文社科版）2000 年第 1 期，第 12—16 页。

⑦ 中华人民共和国政府网站：《中共中央教育体制改革的决定》，https://www.gov.cn/，1985 年 5 月 27 日。

大部分行业企业举办的职业院校交由地方教育部门管理，行业企业与职业教育的关系被剥离。二是从政策导向看，国家从关注半工半读的职业教育制度逐步转向"产教结合"，教育产业化崛起。三是从公共财政投入看，国家提出职业院校举办者按照生均经费标准足额拨款的要求，① 同时提出了多渠道筹集职业教育经费的思路，职业院校办学经费紧张。四是从技能形成体系看，以厂内学徒制为主的企业内部技能形成体系逐步衰落，以职业院校为主的外部技能形成体系成为主导，企业对技能形成的参与逐渐边缘化。②

市场经济转型时期我国的职业教育体系具有两个方面特征。一是国家逐步将职业教育体系与普通教育体系衔接起来，出现了大批以升学为导向的职业院校。③ 二是中等职业教育开始与高等职业教育衔接。20世纪80年代，以职业大学成立为标志，我国高等职业教育发展开始起步。学术界一般认为，高等职业教育起步时间为1985年。1985年《中共中央关于教育体制改革的决定》明确提出要积极发展高等职业教育；1993年教育部提出"三改一补"的发展方针，即对现有高等专科学校、职业大学和独立设置的成人高校进行改革、改组和改制，并选择部分符合条件的中专补充进高职队伍；④ 1998年教育部又提出"三多一改"的发展方针，"三多"指多渠道、多规格、多模式发展高等职业教育，"一改"指要进行教学改革，以体现教学的特色；1999年教育部工作要点明确提出，在若干省、市进行高等职业教育改革试点，高职扩招10万人；⑤ 2000年之后我国高等职业教育体系得到快速发展。在此背景下，高等职业教育一方面开始与中等职业教育衔接，另一方面开始吸纳大量普通高中毕业生，培养高素质的技能型人才。

---

① 中华人民共和国教育部网站：《职业教育法》，http://www.moe.gov.cn/，1996年5月15日。

② 杨钋：《技能形成与区域创新》，社会科学文献出版社2020年版，第34—35页。

③ 刘明兴、田志磊、王蓉：《中职教育，如何突破现实之困》，《基础教育论坛》2014年第29期，第32—33页。

④ 石伟平、匡瑛等：《中国教育改革40年：职业教育》，《科学出版社》2018年第12期，第80—100页。

⑤ 中华人民共和国教育部网站：《教育部1999年工作要点》，http://www.moe.gov.cn/，2019年5月28日。

三 市场经济完善期（2002年至今）：校企合作为主

市场经济体制完善时期（党的十六大到现在，即2002年至今）。经历了计划经济时期企校一体化的单位制阶段、市场经济转型时期的行业割据与教育产业化阶段，2002年之后，我国进入了完善社会主义市场经济体制的新阶段，① 真正意义上的职业教育校企合作开始发展起来。② 中国早期的改革致力于建立职业教育校企合作发展的政策框架。虽然1996年颁布的《职业教育法》提出了产教结合的概念，该概念强调政府、行业组织、企业、学校等是职业技术教育培训的参与主体，③ 学院应该与企业在培养实用人才和熟练劳动者方面进行密切联系，与行业在技能培训和认证方面进行密切合作。但是，直到2002年，高层领导才开始逐步采纳校企合作的原则。④ 2004年首次在国家的政策文件中出现校企合作这一概念。2005年国务院首次对校企合作做出系统阐述，并通过保持中等职业教育与普通高中教育的比例大体相当、保证高等职业教育招生规模占高等教育招生规模的一半以上两种策略，进一步推进校企合作。

随着时间的推移，中国的政策重点逐步从扩张职业教育规模转向提升校企在技能形成方面的合作。⑤ 尤其，2014年，习近平总书记号召"加

---

① 袁振国、徐国庆：《从分等到分类——职业教育改革发展之路》，华东师范大学出版社2018年版，第129—145页。
② 2002年，《国务院关于大力推进职业教育改革与发展的决定》（国发〔2002〕16号）提出："推进管理体制和办学体制改革，促进职业教育与经济社会发展紧密结合。"2004年，《2003—2007年教育振兴行动计划》首次正式出现校企合作这一概念。2005年《国务院关于大力发展职业教育的决定》（国发〔2005〕35号）首次对校企合作作出系统阐述，其核心观点为：坚持以就业为导向；推动公办职业院校与企业合作办学，形成校企合一的办学实体；推动职业教育与企业密切结合。
③ 袁振国、徐国庆：《从分等到分类——职业教育改革发展之路》，华东师范大学出版社2018年版，第129—145页。
④ 徐国庆：《从分等到分类：职业教育改革发展之路》，华东师范大学出版社2018年版，第129—145页。
⑤ ［俄］托马斯·雷明顿、杨钋：《中、美、俄职业教育中的校企合作》，《北京大学教育评论》2019年第2期，第2—25、187页。

快建立现代职业教育制度"以来，国家连续出台了30多项制度文件推进双主体校企合作育人。这些制度要求集中反映在部委开展的试点项目上，如2014年教育部提出的现代学徒制试点项目，2015年国家发展和改革委员会推出的双元学徒制试点项目，2018年人力资源和社会保障部推出的企业新型学徒制试点项目，2019年教育部职业与成人教育司推出的示范性职业教育集团（联盟）试点项目，2020年教育部、工业和信息化部推出的现代产业学院试点项目等。除了各个部委开展的试点项目，教育部等六部门颁布的《职业学校校企合作促进办法》、国务院颁布的《国家职业教育改革实施方案》《中华人民共和国职业教育法（修订版）》等文件均明确提出深化校企合作、产教融合，逐步推进职业教育由政府举办为主向政府统筹管理、社会多元办学的格局转变，由追求规模扩张向质量内涵提升的类型教育转变。[1]

市场经济完善时期我国的技能形成体制具有四个方面特征：一是从行政管理体制看，2002年国务院首次提出建立职业教育管理体制，即"在国务院领导下，分级管理、地方为主、政府统筹、社会参与"。[2] 此后我国职业教育管理体制在此基础上不断改革完善，呈现"条块结合，以块为主"的格局。而且行业企业与职业教育由一体化"血缘"关系转向独立主体之间的合作关系，[3] 行业企业与职业教育的关系被进一步剥离。二是从政策导向看，国家出台了一系列针对职业教育校企合作的政策，明确了校企合作既是职业教育的基本办学模式，也是现代职业教育发展的本质要求；确立和丰富了职业教育校企合作多样化的形式；逐步建立健全职业教育校企合作保障机制。三是从公共财政投入看，2019年国务

---

[1] 葛道凯：《中国职业教育二十年政策走向》，《课程·教材·教法》2015年第12期，第3—13、81页。

[2] 汤敏骞：《我国高职教育管理体制变革研究》，《教育与职业》2016年第9期，第11—14页；唐东存：《高职教育管理体制的创新研究》，《中国职业技术教育》2017年第10期，第66—68页。

[3] 汤敏骞：《我国高职教育管理体制变革研究》，《教育与职业》2016年第9期，第11—14页；唐东存：《高职教育管理体制的创新研究》，《中国职业技术教育》2017年第10期，第66—68页。

院颁布的《教育领域中央与地方财政事权和支出责任划分改革方案》明确提出，职业教育实行以政府投入为主、受教育者合理分担和其他多种渠道筹措经费的投入机制。① 也就是说，高等职业教育经费来源主要有三种渠道：（1）政府投入，中央政府通过转移支付方式配置职业教育的财政资源，地方政府按照职业院校的隶属关系提供生均经费以及相应的运营经费；②（2）学生学费等；（3）社会投入，主要包括企业的技能投资、社会捐赠等。这一阶段，职业教育着重强调社会资本的投入。四是从技能形成体系看，政府举办的中等和高等职业教育成为技能形成的主要渠道，我国企业外部技能形成体系进一步扩张。

市场经济完善时期我国的职业教育体系具有三个方面特征：一是高等职业教育在高等教育结构中的重要作用日益凸显，高职院校数量由2002年的767所增至2020年的1468所，在校生数由2002年的376.2786万人增至2020年的1459.5488万人。③ 高职院校数量和高职院校的在校生人数与普通本科院校大体相当（参见附录Ⅵ）。二是职业教育体系基本形成，通过多种途径积极发展高等职业教育、引导部分地方本科院校向应用型本科转型和推进中高职协调发展与相互衔接等举措，初步构建起由中等职业教育、高等职业教育和技术应用型本科教育构成，内部有着多种沟通途径的现代职业教育体系。三是推进学分制建设，逐步探索建立初等、中等职业教育与高等职业教育之间、职业教育与普通高等教育之间，以及职业教育与终身教育之间纵横衔接的"立交桥"。④

---

① 中华人民共和国中央人民政府：《国务院办公厅关于印发教育领域中央与地方财政事权和支出责任划分改革方案的通知》，http：//www.gov.cn/，2019年5月24日。
② 魏建国：《教育事权与财政支出责任划分的法治化——基于一个理解框架的分析》，《北京大学教育评论》2019年第1期，第74—90、189页。
③ 中华人民共和国教育部网站：《教育统计数据》，http：//www.moe.gov.cn/，2019年5月28日。
④ 黄崴、吴华溢：《香港教育资历架构体系运行机制的制度分析》，《华南师范大学学报》（社会科学版）2018年第3期，第18—24、191页。

四 总体历程述评及其发展困境

综上可知，职业教育以面向市场、促进就业创业为基本原则，[①] 目标是培养行业企业所需的高素质技能人才。[②] 从政策导向看，国家从计划经济时期关注"半工半读"逐步转向市场经济转型时期"产教结合"，再转向市场经济完善时期"独立主体间的校企合作"，这既是政策导向的结果，也是客观因素的推进。[③] 从公共财政投入看，在计划经济时期，国家大力投入职业教育，公共财政投入是职业教育发展的主要经费来源；而市场经济体制逐步确立之后，国家提出了多渠道筹集职业教育经费的思路，职业院校办学经费紧张，需要在市场中激发活力引入社会资本。从技能形成体系看，在计划经济时期，我国形成了一种内外部结合的技能

[①] 职业教育最早强调的是"促进经济社会发展和劳动就业"。2002年，国务院颁布的《关于大力推进职业教育改革与发展的决定》提出职业教育要"为经济结构调整和技术进步服务，为促进就业和再就业服务"。此外，2004—2014年，教育部和国务院相继出台了《教育部关于以就业为导向深化高等职业教育改革的若干意见》《国务院关于加快发展现代职业教育的决定》等六个重要文件，也都强调了职业教育要坚持"以服务发展为宗旨，以促进就业为导向"的办学方向。2022年《中华人民共和国职业教育法》进一步提出，职业教育要坚持"以服务发展为宗旨，以促进就业创业为导向"。办学方向的不断完善，反映了职业教育校企合作育人自身所蕴含的经济、社会与民生价值。与之相适应，从最初的强调毕业率，到强调就业率，到强调就业对口率和就业稳定程度等，再到强调就业率与创业率的结合。面向市场、服务产业与促进就业创业成为高职校企合作育人的基本风向标。

[②] 若要坚持面向市场、服务产业与促进就业创业的办学方向，必须把培养行业企业需要的高素质技能型人才作为核心目标。2002年，国务院颁布的《关于大力推进职业教育改革与发展的决定》提出职业教育的目标是"为社会主义现代化建设培养大量高素质劳动者和实用人才"。2004—2009年，国家颁布的系列政策文件提出职业教育的目标是"培养高素质劳动者和高技能人才"。2010年，《国家中长期教育改革与发展规划纲要》提出"一形成"和"两满足"的目标，即"到2020年形成现代职业教育体系，满足经济社会对高素质劳动者和技能型人才的需求，满足人民群众接受职业教育的需求"。2014年至今，职业教育人才培养目标是"培养高素质劳动者和技术技能人才"。从高素质劳动者和实用人才，到高素质劳动者和高技能人才，再到高素质劳动者和技术技能人才，准确定位了高职校企合作育人的目标为培养行业企业需要的高素质技能型人才。特别强调高等职业教育与企业行业需求对接的原因在于，与普通教育相比，高等职业教育传授的默会知识比例更大。鉴于默会知识传授方式的特殊性，只有在行业企业专家参与知识技能传授的情况下，才能保证高素质技能型人才的质量。

[③] 葛道凯：《中国职业教育二十年政策走向》，《课程·教材·教法》2015年第12期，第3—13、81页；周晶：《中国职业教育校企合作制度建设研究》，博士学位论文，东北师范大学，2015年，第60—64页。

形成体系，内部技能形成体系以厂内学徒制为主，外部技能形成体系以中等职业教育为主；市场经济转型时期，以厂内学徒制为主的企业内部技能形成体系逐步衰落，以职业院校为主的外部技能形成体系成为主导；市场经济完善时期，以政府举办的中等和高等职业教育为主的外部技能形成体系进一步扩张。

从行政管理体制看，在计划经济时期，职业教育要么由经济行业部门办，要么由企业办，职业教育本身就深深扎根于行业企业之中，① 企业参与职业教育人才培养的问题比较容易解决。② 市场经济体制逐步确立之后，职业院校与行业企业的联系逐步改变：（1）行业办学转制调整，职业教育的管理主体逐渐由行业部门收归教育部门管理，职业院校办学的行业属性逐渐消失；（2）学校从企业中剥离，技能人才商品化，③ 职业教育校企关系由组织内科层关系（主体依从）走向了组织间市场关系（两个独立主体间关系）；（3）担保主体变更为地方政府，④ 地方政府⑤是职业院校的主要出资者和产权所有者，职业院校是受政府委托举办职业教育的代理方。但问题是，就业是双向选择，职业院校培养的学生与企业要在市场上配对，技能人才的政府认证与企业用工评价之间的分离，导致职业教育人才培养供给侧和企业需求侧在结构、质量、水平上的"两张皮"问题日益严重。自此，职业教育校企合作、产教融合成为一个难题。

---

① 袁振国、徐国庆：《从分等到分类：职业教育改革发展之路》，华东师范大学出版社2018年版，第128—130页。

② 郝天聪、石伟平：《从松散联结到实体嵌入：职业教育产教融合的困境及其突破》，《教育研究》2019年第7期，第9页；石伟平、郝天聪：《从校企合作到产教融合》，《教育发展研究》2019年第1期，第1—10页。

③ 王星：《现代中国早期职业培训中的学徒制及其工业化转型》，《北京大学教育评论》2016年第3期，第84—104页。

④ 2002年，国务院颁布了《关于大力推进职业教育改革与发展的决定》（国发〔2002〕6号），首次提出建立职业教育管理体制，即"在国务院领导下，分级管理、地方为主、政府统筹、社会参与"，地方政府逐渐增加职业教育发展的责任。此后，我国职业教育管理体制在此基础上不断进行改革与完善。

⑤ 根据中华人民共和国教育部公布的教育统计数据，我国职业院校中民办职业院校占比为19.9%，公办职业院校占比为80.1%，公办职业院校的办学经费主要来自地方政府的投入。本书中所涉及的职业院校，均为公办高等职业院校。

可见，与世界其他地区一样，中国在促进校企合作方面面临一系列制度和非制度问题，而且职业教育校企合作育人的集体行动困境与职业院校、行业企业等不同类型组织结构与行为方式的变化密不可分①。这提醒我们，对于高职校企合作育人的困境及其成效机制的研究，需要在制度主义视角下探索政府、企业和高职院校三大育人主体②之间的互动规律。

第二节　高职校企合作育人模式分析

通过上一节对中国职业教育校企合作政策发展总体历程的分析，我们可以看出，在不同行政体制、经济体制和教育体制的影响下，不同的阶段会呈现不同的校企合作育人形式。计划经济时期，职业教育一直采用"半工半读"的合作育人形式；市场经济转型时期，职业教育探索了"双元制"试点、校办产业和生产实习基地等合作育人形式；市场经济完善时期，校企成为两个独立的主体，真正意义上的职业教育校企合作育人发展起来。这一时期，政府相继推出了订单式培养、职教集团、现代学徒制、企业新型学徒制、产业学院、股份制与混合所有制等合作育人形式（参见附录Ⅱ）。以上这些校企合作育人形式在实践中不断地变形与置换，从而衍生出其他多种合作育人形式，如"二元制"、企业冠名的二级学院等。本节根据本书研究的理论框架，归纳出不同的校企合作育人形式及其在理论框架四种模式中的体现，为后续分析奠定基础，具体如表5-1所示。

---

① 根据中华人民共和国教育部公布的教育统计数据，我国职业院校中民办职业院校占比为19.9%，公办职业院校占比为80.1%，公办职业院校的办学经费主要来自地方政府的投入。本书中所涉及的职业院校，均为公办高等职业院校。

② 梳理职业教育政策发展历程可以看出，职业教育多元办学格局从政府主导到政府推动，再到政府统筹，从企业的"边缘性参与"到明确企业办学主体地位，再到校企"双主体"实施，从充分发挥行业作用到行业指导转变，以上勾勒出了高职校企合作育人的核心行动主体：政府、行业企业和高职院校。但因行业在发展职业教育中的指导作用明显弱化，本书提到的高职校企合作育人主体主要指政府、企业和高职院校。

表 5-1　　　　　　　　　高职校企合作育人模式总体分析

		技能合作的深度：人力资产专用性程度	
		高	低
技能合作的广度：校企合作网络规模	大	大规模紧密关联型合作育人模式：产业学院、职教集团（实体化运行）、现代学徒制（一对多合作）等	大规模松散关联型合作育人模式：职教集团（联盟）（非实体化运作）等
	小	小规模紧密关联型合作育人模式：现代学徒制（一对一合作）、企业新型学徒制、股份制与混合所有制、企业大学等	小规模松散关联型合作育人模式：订单式培养、共建实训基地等

一　现代学徒制

与 20 世纪 80 年代末 90 年代初推行的双元制试点不同，现代学徒制强调在实现"五个衔接"[①] 基础上，促进行业企业参与职业教育人才培养全过程。其产生和发展基于两个方面的原因：一方面是我国产业结构升级和技能人才短缺的外部改革需求，另一方面是我国进一步深化校企合作与产教融合教育教学改革的内部发展需求。[②] 现代学徒制[③]在当下的中国不仅是国家部委层面的改革举措，更是国家战略改革层面的重要举措，是一种制度化的存在。其优势在于将传统的企业学徒训练与现代的学校教育紧密结合起来，在技能人才培养尤其是在技术诀窍知识的传递与技能创新能力培养方面具有不可替代的作用。现代学徒制的政策演进脉络如图 5-1 所示。

---

① 五个衔接分别为实现专业设置与产业需求对接，课程内容与职业标准对接，教学过程与生产过程对接，毕业证书与职业资格证书对接，职业教育与终身学习对接。
② 石伟平、匡瑛等：《中国教育改革 40 年：职业教育》，科学出版社 2018 年版，第 80—100 页；俞启定、和震：《中国职业教育发展史》，高等教育出版社 2012 年版，第 1—66 页。
③ 本书现代学徒制是指由职业院校牵头，重点探索人才培养模式和管理制度的校企合作育人形成。

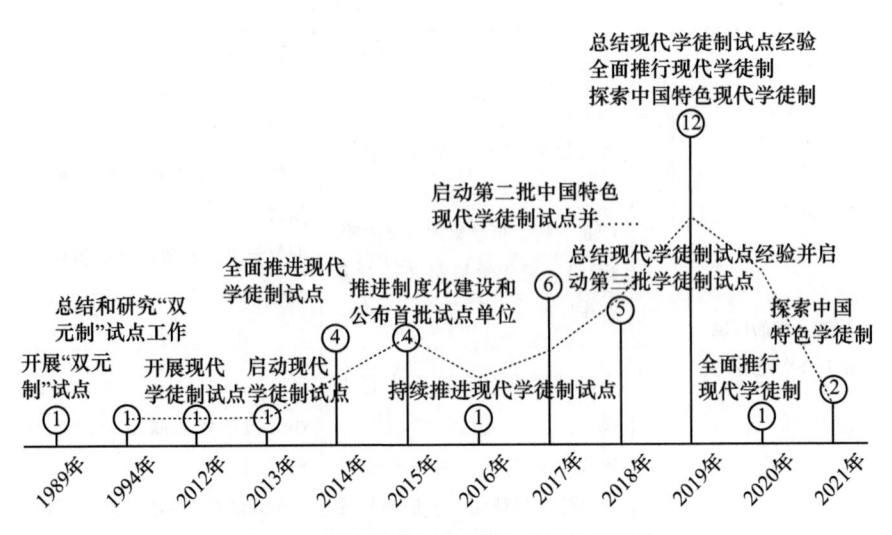

图 5-1　中国现代学徒制的政策演进脉络

资料来源：根据有关职业教育政策整理并绘制。

根据图 5-1，可见现代学徒制的主要特征，具体如表 5-2 所示。

表 5-2　政策视域下现代学徒制的主要特征

维度	维度描述
现代学徒制的目标	深化产教融合、校企合作，全面推进政府引导、行业参与、社会支持、企业和职业学校"双主体"育人的中国特色现代学徒制
现代学徒制的工作要点	各地要明确全面推广现代学徒制的目标任务和工作举措，落实好以下重点任务： 1. 探索校企"双主体"育人机制 2. 推进招生招工一体化 3. 完善人才培养制度和标准体系建设 4. 建设双导师的教师团队 5. 共建共享教学资源体系 6. 推进培养模式改革 7. 健全与现代学徒制相适应管理机制

续表

维度	维度描述
政策引导的程度	1. 以地方政府为试点，探索地方政府实施现代学徒制的支持政策和保障措施 2. 将高职院校承担现代学徒制试点且成效明显作为国家和省"双高计划"遴选的条件之一 3. 将高职院校近五年连续发布《高等职业院校质量年度报告》（现代学徒制是重要内容）作为国家和省"双高计划"遴选的条件之一 4. 将开展现代学徒制试点作为申请试点建设与培育国家产教融合型企业的条件之一
企业参与的程度	1. 需要企业大量的经费投入，如学徒的"五险一金"，学徒的合理报酬，以及招工过程中企业需花费的筛选成本等 2. 需要企业大量的人力资源投入，如双导师的教师团队建设，标准体系建设、管理机制建设均需要企业投入大量人力 3. 需要企业大量的物力资源投入，如共建产教融合实训基地，共建共享教学资源体系等
网络规模	1. 一对一合作形式，如B高职院校推行"一对一"现代学徒制等 2. 一对多合作形式，如金华职业技术学院推行"一对多"现代学徒制等

资料来源：根据有关职业教育政策整理。

根据表 5-2 可以得出，在推进现代学徒制的过程中，参与各方的专用性技能投资水平较高，在此种情况下，当校企之间呈现一对多或多对多的合作形态时，则会形成一种大规模紧密关联型合作模式；当校企之间呈现一对一的合作形态时，则会形成一种小规模紧密关联型合作模式。

二 职教集团

20 世纪 90 年代以来，国家开始探索和推进职业教育规模化、集团化和连锁化办学的思路，从此职教集团迈入中国制度化的发展道路。职教集团主要通过相同区域、相同行业的企业和职业院校之间的联合，实现资源共享、优势互补和共同发展。职教集团政策演进脉络如图 5-2 所示。

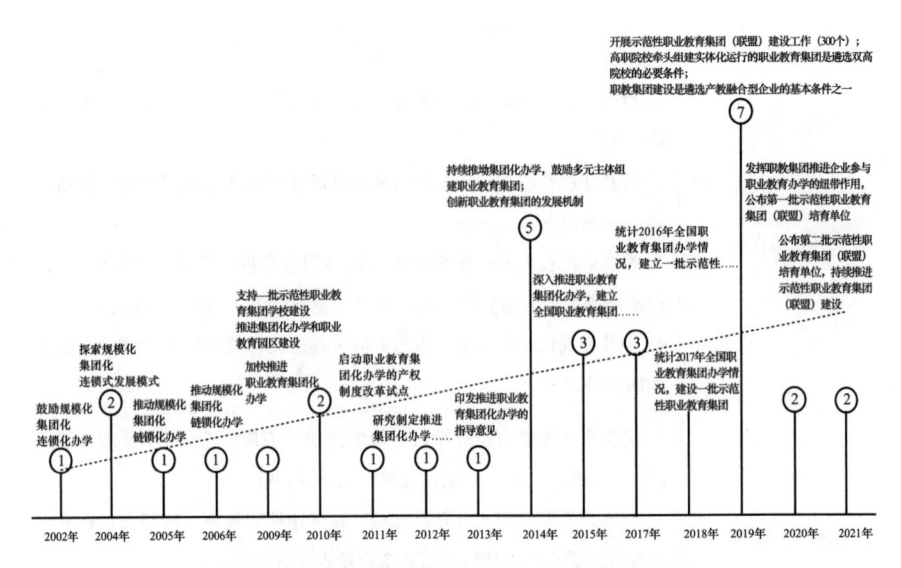

图 5-2　中国职教集团（联盟）的政策演进脉络

资料来源：根据有关职业教育政策整理并绘制。

根据图 5-2，可见职教集团①的主要特征，具体如表 5-3 所示。

表 5-3　　　　　　　　政策视域下职教集团的主要特征

维度	维度描述
职教集团的指导思想	以提高技术技能人才培养质量为核心，以深化产教融合、校企合作，创新技术技能人才系统培养机制为重点，充分发挥政府推动和市场引导作用
职教集团的目标与任务	1. 目标：有效整合集团内的职业教育资源，推进职教集团实体化运行 2. 主要任务：扩大职业教育集团覆盖面，推进教育链与产业链融合；提升职业教育集团服务能力；优化职业教育集团发展环境，强化省级统筹和部门协调配合

---

① 高职院校牵头的职教集团是当前职业教育集团化办学的主要类型，本书指由高职院校牵头的职教集团。

续表

维度	维度描述
政策引导的程度	1. 要求地方政府或主管部门将集团化办学情况纳入职业教育工作考核 2. 将高职院校牵头组建的职业教育集团作为遴选高职示范校和骨干校的基本条件之一 3. 将高职院校牵头组建实体化运行的职业教育集团且成效明显作为国家和省"双高计划"遴选的必要条件 4. 将职教集团建设作为申请试点建设培育国家产教融合型企业的条件之一
企业参与的程度	1. 要求职教集团内企业有义务接收集团内学校学生实习实训、教师企业实践 2. 要求各参与主体实现资源共享、优势互补和共同发展
网络规模	强调相同区域、相同行业的企业和职业院校之间的联合，是一对多或多对多的合作关系

资料来源：根据有关职业教育政策整理。

根据表5-3可以得出，在推进职教集团（联盟）的过程中，校企之间呈现的是一对多或多对多的合作形态。在此种情况下，当职教集团实体化运作时，则会形成一种大规模紧密关联型合作模式；当职教集团非实体化运作时，则会形成一种大规模松散关联型合作模式。

三 产业学院

关于产业学院，学术界有不同的定义。有的研究者认为，产业学院是一种校企共建、混合所有和独立运作的二级学院;[1] 有的研究者认为，产业学院是一种校企合作育人模式，强调双主体（高职院校和产业）和双元（校企）育人;[2] 还有的研究者将产业学院定义为一种组织创新。[3]

---

[1] 邓泽民、李欣：《职业教育产业学院基本内涵及界定要求探究》，《职教论坛》2021年第4期，第44—50页。

[2] 孙柏璋、龚森：《产业学院：从形态到灵魂重塑的转型发展》，《教育评论》2016年第12期，第14—17页。

[3] 聂梓欣、石伟平：《高职产业学院建构的组织战略分析：理念，模式与路径》，《教育与职业》2021年第8期，第41—47页。

本书"产业学院"指的是一种校企合作育人模式。产业学院①是中国本土化特色的制度创新,②在推进高职院校主动对接产业需求以及带动更多企业参与校企合作方面发挥了重要作用。2017年,国务院颁布的《关于深化产教融合的若干意见》,鼓励企业依托或联合职业学校、高等学校设立产业学院;③ 2019年,教育部和财政部颁布的《关于实施中国特色高水平高职学校和专业建设计划的意见》中明确要求,高职院校要吸引企业联合建设产业学院,提升校企合作水平;2020年,教育部办公厅等颁发的《现代产业学院建设指南(试行)》,提出建设若干与地方政府、行业企业等多主体共建共管共享的现代产业学院。④ 产业学院的主要特征如表5-4所示。

表5-4　　　　政策视域下产业学院的主要特征

维度	维度描述
产业学院的指导思想	深化产教融合,发挥企业重要教育主体作用,推动高校探索现代产业学院建设模式
产业学院的建设目标	重构专业,对接产业需求,建设一批面向行业、与产业联系紧密现代产业学院
产业学院的建设任务	1. 创新人才培养模式 2. 提升专业建设质量 3. 开发校企合作课程 4. 打造实习实训基地 5. 建设高水平教师队伍 6. 搭建产学研服务平台 7. 完善管理体制机制,强化高校、地方政府、行业协会、企业机构等多元主体协同,增强院校的"自我造血"能力

---

① 产业学院主要有两种形式:一种是校地共建,由地方政府牵头;另一种是校企共建。本书产业学院指地方政府引导下学校、行业和企业共建的产业学院。

② 徐秋儿:《产业学院:高职院校实施工学结合的有效探索》,《中国高教研究》2007年第10期,第72页;孙柏璋、龚森:《产业学院:从形态到灵魂重塑的转型发展》,《教育评论》2016年第12期,第14—17页;聂梓欣、石伟平:《高职产业学院建构的组织战略分析:理念、模式与路径》,《教育与职业》2021年第8期,第41—47页;金秀、周红利:《产业学院:中国特色产教融合的组织创新》,《职教论坛》2021年第4期,第51—55页。

③ 国务院办公厅:《关于深化产教融合的若干意见》,http://www.gov.cn/,2017年12月19日。

④ 中华人民共和国教育部、教育部办公厅:《工业和信息化部办公厅关于印发〈现代产业学院建设指南(试行)〉的通知》,http://www.moe.gov.cn/,2020年8月11日。

续表

维度	维度描述
政策引导的程度	1. 教育部、工业和信息化部根据国家经济社会发展需求，规划现代产业学院建设布局，指导和组织开展现代产业学院立项建设和评估 2. 教育部、工业和信息化部统筹各类资源，对现代产业学院建设予以政策支持和资源倾斜
企业参与的程度	发挥行业内企业在产业学院建设中的教育主体地位，企业是牵头者、重要的决策者和实施者
网络规模	强调面向行业，建设一批与产业联系紧密的现代产业学院

资料来源：根据有关职业教育政策整理。

根据表5-4可以得出，在推进产业学院的过程中，国家强调通过多元主体之间高度的协调和参与各方的高水平的投资来实现技能的有效供给，这是一种典型的大规模紧密关联型合作模式。当然，若在推进产业学院的过程中，多元参与主体并未进行高水平的专用性技能投资，产业学院则会呈现一种大规模松散关联型合作模式，甚至还可能转换为一种小规模松散关联型合作模式。

四 股份制与混合所有制

股份制与混合所有制的优势在于通过以"混"促"改"，激发市场活力，推动形成职业教育多元办学格局[①]。2004年，教育部等七部门颁发的《关于进一步加强职业教育工作的若干意见》（教职成〔2004〕12号）指出，深化公办职业院校体制改革，实行多元投资并举的办学体制。随即2014年国务院颁发的《关于加快发展现代职业教育的决定》明确提出，探索发展股份制与混合所有制职业院校；2017年国务院颁发的《关于深化产教融合的若干意见》进一步明确提出，探索推进职业院校股份制、混合所有制改革，允许企业以资本、技术、知识、管理等要素依法参与办学并享有相应权利。股份制与混合所有制的政策演进脉络如图5-3

---

① 郑艺：《拉丁美洲职业教育体系特点及启示——以阿根廷、巴西为例》，《辽宁农业职业技术学院学报》2022年第3期，第18—21页。

所示。

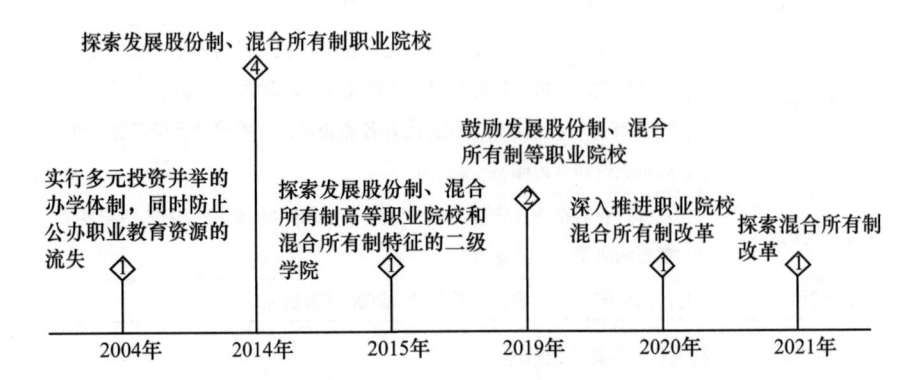

图 5-3　中国股份制与混合所有制的政策演进脉络

资料来源：根据有关职业教育政策整理并绘制。

时间轴内容：
- 2004年：① 实行多元投资并举的办学体制，同时防止公办职业教育资源的流失
- 2014年：④ 探索发展股份制、混合所有制职业院校
- 2015年：① 探索发展股份制、混合所有制高等职业院校和混合所有制特征的二级学院
- 2019年：② 鼓励发展股份制、混合所有制等职业院校
- 2020年：① 深入推进职业院校混合所有制改革
- 2021年：① 探索混合所有制改革

根据图 5-3，可见股份制与混合所有制的主要特征，具体如表 5-5 所示。

表 5-5　政策视域下股份制与混合所有制的主要特征

维度	维度描述
股份制、混合所有制改革的目的	充分发挥企业重要办学主体作用，以"混"促"改"，构建市场化的激励机制，推动形成多元办学格局
股份制、混合所有制改革的内容	探索发展股份制、混合所有制高等职业院校和混合所有制特征的二级学院
股份制、混合所有制改革的政策意图	引入社会资本，激发办学活力，但又需防止公办职业教育资源的流失
股份制、混合所有制改革的基本原则	1. 育人为本，坚守教育的公益属性，防止国有资产流失 2. 激发办学活力，以"混"促"改" 3. 包容审慎监管
政策引导的程度	政府以鼓励、探索为主
企业参与程度	企业以资本、技术、管理等要素依法参与办学并享有相应权利
网络规模	校企是一对一的合作关系

资料来源：根据有关职业教育政策整理。

根据表 5-5 可以得出，在推进股份制与混合所有制改革的过程中，参与各方的专用性技能投资水平较高，校企之间呈现的是一对一的合作形态，这是一种典型的小规模紧密关联型合作模式。

五 共建实习实训基地

共建实习实训基地是加强技能人才培养的关键环节。其目的在于通过实习实训基地培训，实现教学与就业的对接与贯通。共建实习实训基地的政策演进脉络如图 5-4 所示。

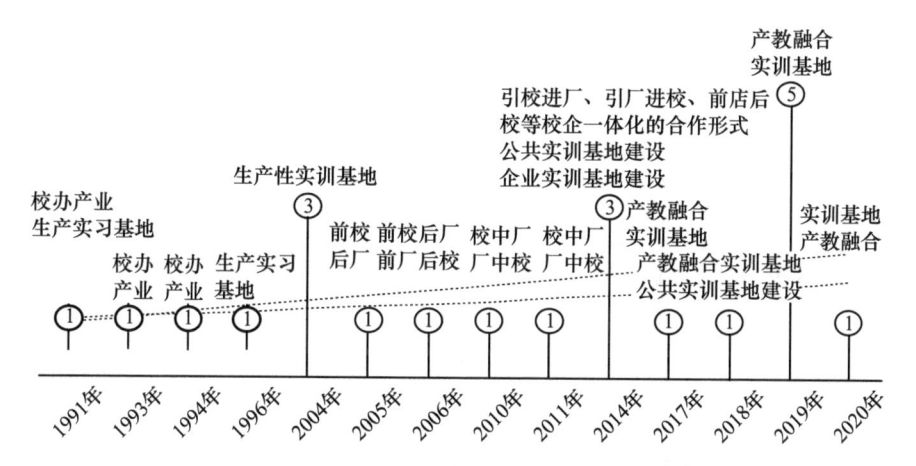

图 5-4 中国共建实习实训基地的政策演进脉络

资料来源：根据有关职业教育政策整理并绘制。

根据图 5-4，可见共建实习实训基地的主要特征，具体如表 5-6 所示。

表 5-6 政策视域下校企共建实习实训基地的主要特征

维度	维度描述
共建实习实训基地的指导思想	利用"补贷债"组合模式大力加强实训平台载体建设，切实提升技术技能人才实训能力
共建实习实训实地的主要内容	切实改善实训条件，实训设备的质量和数量以及师资水平满足教学要求

续表

维度	维度描述
共建实习实训基地主要形式	1. 产教融合实训基地（院校主导建设），包括教学型技能实训基地建设、生产性实训基地或兼具生产、教学功能的专业化实训基地等，比如校办工厂、校中厂、前校后厂等 2. 产教融合实训基地（企业主导建设） 3. 公共实训基地（政府主导建设）
政策引导的程度	1. 投资补助政策，国家发展改革委通过专项，加大中央预算内投资对实训基地建设项目支持力度 2. 信贷融资政策，将支持实训基地建设作为深化产教融合的重点领域 3. 债券融资政策 4. 地方政府配套政策，根据实训成本支出适度给予补助
企业参与的程度	实训基地建设对场地面积、现有实训条件、培训人次等均有严格的要求
网络规模	校内外的实习实训基地建设呈现是一对一合作关系

资料来源：根据有关职业教育政策整理。

根据表5-6可以得出，在推进校企共建实习实训基地建设的过程中，当参与各方的专用性技能投资水平有限，校企之间呈现一对一的合作形态时，则会形成一种小规模松散关联型合作模式；当参与各方的专用性技能投资水平高，校企之间呈现一对一的合作形态时，则会形成一种小规模紧密关联型合作模式。

六 订单式培养

订单式培养是最初级的一种校企合作育人形式，是指人才需求方（企业或事业单位）与人才提供方（主要指职业院校）经过协商所达成的一种契约或合同关系[①]。它不仅是一张"用人数量和质量"的预订单，更是对专业设置、课程建设、教学目标、教学设计、教学监控与考核等人才培养的规定。2002—2007年，订单式培养兴起，之后在政策领域，订

---

① 罗小秋：《在教改实践中不断深化"订单式"培养管理》，《中国高等教育》2009年第Z1期，第58—59页。

单式培养出现了长时间的沉寂。订单式培养的政策演进脉络如图 5-5 所示。

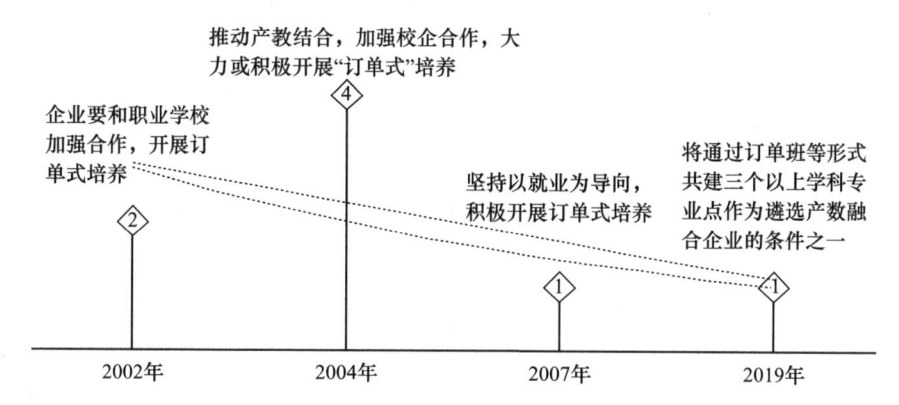

图 5-5　中国订单式培养的政策演进脉络

资料来源：根据有关职业教育政策整理并绘制。

根据图 5-5 可以得出，在推进订单式培养的过程中，校企之间呈现的是一对一的合作形态。在此种情况下，当参与各方的专用性技能投资水平高时，则会形成一种小规模紧密关联型合作模式，当参与各方的专用性技能投资水平有限时，则会形成一种小规模松散关联型合作模式。

除此之外，还有企业大学、企业新型学徒制等合作形式，在此不一一赘述。

第三节　本章小结

本章将中华人民共和国成立以来中国职业教育校企合作政策发展的总体历程划分为三个阶段，分别为计划经济时期（1949—1977 年）、市场经济转型时期（1978—2001 年）和市场经济完善时期（2002 年至今）。并从行政管理体制、国家政策导向、政府公共财政投入和技能形成体系演变等四个维度探析我国技能形成体制的特征，从职业教育与普通教育之间的关系和职业教育内部体系之间的关系两个方面探析我国职业教育体系的发展特征。在此基础上，讨论了高职校企合作育人面临的困境，归纳出不同的校企合作育人形式及其在理论框架四种模式中的体现。

以上分析和讨论具有三层意义：一是明确了各个阶段的技能形成不是无条件的、理性选择的结果，而是受到政治和经济制度环境的制约①。简言之，各个阶段的技能形成在本质上是制度化的过程。二是职业教育校企合作模式的产生与发展，与政府、行业企业、职业院校等不同类型组织结构与运行方式的变化密不可分②。也就是说，对于高职校企合作育人模式多样性的探讨，有必要在多重制度逻辑的互动中寻求答案。三是通过归纳出不同的校企合作育人形式在理论框架四种模式中的体现，为后续的案例选择、跨案例和案例内比较奠定了基础。

---

① 杨钋：《技能形成与区域创新：职业教育校企合作的功能分析》，社会科学文献出版社2020年版，第8页。
② 郝天聪、石伟平：《从松散联结到实体嵌入：职业教育产教融合的困境及其突破》，《教育研究》2019年第7期，第102—110页。

第 六 章

高职校企合作育人模式的静态差异及其影响机制

本章是本书的实证分析部分之一,主要以所选取的 A 高职院校现代产业学院案例、B 高职院校医学美容专业现代学徒制案例、C 高职院校示范性职业教育集团案例和 D 高职院校与企业 T 的订单式培养案例为载体,从静态差异的视角分析和讨论高职校企合作育人模式的特征及其影响机制。

第一节 大规模紧密关联型合作育人模式的影响机制

A 高职院校创办于 1984 年,是经 GD 省人民政府批准、教育部备案的广州市属公办全日制普通高职院校。A 高职院校现代产业学院是 A 高职院校与企业合作共建的二级学院(案例背景见附录Ⅴ)。本节以所选取的 A 高职院校现代产业学院案例为载体,结合访谈材料、观察材料以及二手数据等对理论框架进行案例经验层面的阐释。

一 大规模紧密关联型合作育人模式的特征分析

A 高职院校现代产业学院按照"把学校建在产业园区、把专业群建在产业链上"的理念,① 依据学校自有专业特点,对接开发区科学城的产业布局,立足于上、中、下游产业链,培养复合型的面向行业的可转移性

---

① 蒋新革等:《新时代高职产教融合路径研究——以"入园建院、育训结合"为特征的产业学院育人模式》,中山大学出版社 2021 年版,第 77 页。

技能人才（参见图6-1），并在此基础上，总结产业学院建设理论，为职业教育管理与研究提供案例支持和理论参考。其主要特征为：网络规模化发展（一对多和多对多合作）和参与合作各方承诺投入资源的成本高。

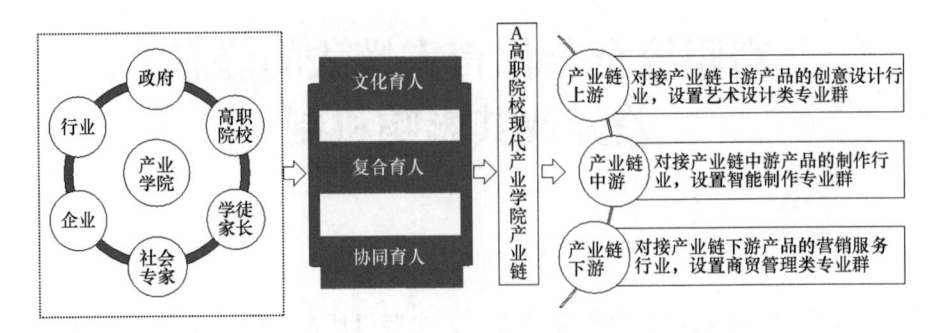

图6-1　A高职院校现代产业学院对接产业链育人模式

资料来源：参照蒋新革等①图2-4整理并修改。

首先，网络规模化发展。② 网络规模化发展基于一种范围效应，即更多组织的参与增加了建立相关的、有价值联系的机会。产业学院实质上就是通过高质量和大量的高技能人才供给，来满足现在快速迭代的技术和市场发展。它从过去点对点和一对一的状态，逐步转向网络化的发展状态。校企合作也由单一的点线式发展到立体式、复合式发展；由传统服务于某一个企业，发展为从行业和产业的角度提供人才，进而为整个社会产业链服务，这里网络化的发展起到了关键的作用。关于网络规模化发展，一位高职院校的校企合作处处长和创新创业学院院长如是说：

> 产业学院与传统的订单班、现代学徒制模式等不同。传统的订单班和现代学徒制是单个企业对单个职业院校，而现在产业学院应

---

① 蒋新革等：《新时代高职产教融合路径研究——以"入园建院、育训结合"为特征的产业学院育人模式》，中山大学出版社2021年版，第77页。
② 基于前述分析，规模化发展主要表现为两种形式：一对多和多对多的合作。其中一对多合作指由一所高职院校针对多个企业建立合作机制；多对多的合作是指由多所院校对各自优势专业进行互补后和多个企业合作建立的合作机制。

该是多主体来引领。也就是说，原来是点状或线状的，现在又变成立体状态，这样才能满足这种产业的多元需求。在这一背景下，网络规模化发展便应运而生了。（访谈01，CZ20211016-L 校企合作处处长和创新创业学院院长，01-PP：11）

与之对应，两位与高职院校合作的企业决策者亦表示：

2019年之后，我们产教融合、校企合作的很多探索进入了网络化发展阶段。我们提出了"四维主体"这一个概念，其实就是从政府、学校到行业协会、企业四维一体，我们的初衷不是说服务于某一个企业，而是从行业和产业的角度提供人才，比如对我们电力行业的上中下游企业应该都可以提供人才，这才是一种真正社会化或者说是对社会负责任的一种做法，由此可见，网络化发展就非常重要，只有如此，产业学院才有生命力。（访谈04，CQ20211226-L 龙头企业党委副书记、兼任人力资源中心的总监，04-PP：08）

考察和访谈中发现，相关实践者一致认为，从"一对一合作"向"一对多合作"或者"多对多合作"转变是高等职业教育校企合作、产教融合发展的必然趋势，也是推进产业学院可持续发展的应然使命。在这种背景下，广州开发区科学城现代产业学院应运而生。开发区科学城现代产业学院现建在光宝广州科技园区，广州科技贸易职业院校以此作为学校的产业学院基地，要求各二级学院充分发挥基地作用，利用开发区周边的资源优势，继续进行各专业的产业学院布局。目前合作的企业有光宝电子（GZ）有限公司、GZ漫游计算机科技有限公司、GZ轩辕网络科技股份有限公司、GZ市粤峰高级技术股份有限公司，以及GZ开发区其他企业；合作协会主要为GZ市科学技术协会等；共建单位为GZ市教育局与GZ开发区管委会等广州市政府相关机构。综上可知，科学城现代产业学院是典型的"一对多合作模式"（参见图6-2）。

由网络规模化发展起来的粤港澳大湾区现代产业学院职教联盟，是由本科、高职、中职院校以及行业企业组织等126家联盟成员组成的，是典型的"多对多的合作模式"。这种网络化的合作模式产生的效果为：科学城现代产业学院学生规模由最初的 724 人增至目前的 3500 人，截至 2021 年，累计培养毕业生 7000 余人，就业率连续三年超过 98.5%，居全省前列；毕业生起薪与入园区前比较增长 17.3%，专业对口率超过 80%，毕业生满意度超过 95%。由此可知，网络规模化破解了高等职业教育稳定性和可持续性发展问题，一定程度上解决了现代工业生产的规模化对大量技能人才数量的需求。

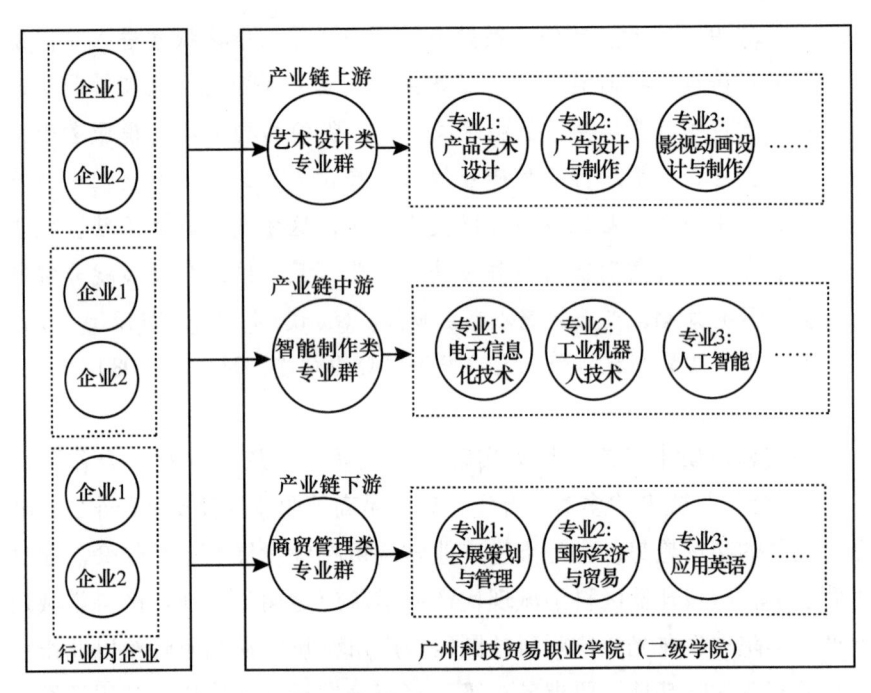

图 6-2　A 高职院校现代产业学院的规模化发展路径

其次，参与合作各方承诺投入资源的成本高。行业内企业和高职院校进行了大量的专用性技能投资，是开发区科学城现代产业学院运行的第二个特征。其中行业内企业的投资具体体现在：（1）企业资金的投入，如 GD 轩辕网络科技股份有限公司、光宝电子（GZ）有限公司等企业投入资金 4000 余万元，场地 6 万平方米，建设了教育部教师企业实践流动站、GD 省大功率智能控制电源工程技术研究中心、GD 省协同创新中心、GD 省产教融合平台等 11 个国家和省级平台基地，可同时容纳 3500 人开展实践教学；（2）企业物力资源的投入，比如广东漫游科技股份有限公司等10家产业院校企业提供的实践教学设备总值为4848万元，提供的教学实训场地面积为60431.30468平方米；（3）企业人力资源的投入，如双导师的教师团队建设、标准体系建设、管理机制建设均需要企业投入大量人力；（4）行业协会资金和资源的投入。一位高职院校的负责人如是说：

> 企业的投资多样，有资金投入、有设备投入，还有一些软件投入。比如我们的产业学院，就和企业签订很明确的合同，企业进来，我们提供场地，但是，企业你要提供设备，你要把行业里面的一些技能要求变成课程标准、教学标准和教材等，来培训我们的学生。所以，我们的学生在科学城现代产业学院里面，基本上按照企业的要求在做项目。（访谈21，AZ20201225－Z高职院校教务处处长，02－PP：02）

与此同时，一位企业的董事长接受采访时这样介绍：

> 校企合作、产教融合首先要有个基地，作为一个空间载体，这是非常重要的。从投入角度看，我们对产业学院基地建设的物理条件、教学基础设施等方面有很多投入，比如教室、住宿、餐饮、实训室、工作室、创作室等。从办学角度看，我们现在也开发了很多课程体系，我们更多注重的是对学生技能和素质的训练、对课程的开发，还有师资力量的开发、师资团队的建设等方面的投入。从管理上面讲，比如基地管理、产业学院管理、教学管理、学生管理等都需要投入。此外还有运营方面的投入等。（访谈28，AQ2022011026－L龙头企业董事长，05－PP：04－06）

由此可知，行业内企业和高职院校对科学城现代产业学院进行大量的专用性技能的投资，在一定程度上回应了现代工业化大生产的先进性和复杂性对专用性技能的需求。校企合作网络的规模化发展以及行业内企业和高职院校对专用性技能的高投资相互作用，共同推进着科学城现代产业学院的发展,这是校企合作育人的一个成功经验,我们从中得到一定的有益的启示。

二 大规模紧密关联型合作育人模式的影响机制分析

高职校企合作育人模式的形成或选择取决于场域中行动者利益的博弈,而驱动利益实际上是育人主体的行动逻辑,多重行动逻辑之间的张力形塑了高职校企合作育人模式的多样化。即多重制度逻辑下的政校企行动逻辑之间的张力形塑了大规模紧密关联型合作育人模式的形成。

(一) 行政科层逻辑:条块协同的影响

科学城现代产业学院是在国家、省和市各级政府的政策引导下产生发展的。一位企业董事长说:

> 我们企业跟广州科贸学院合作就是国家产教融合的结果,我们是站在一个企业的视角去观察、研究和了解国家政策的。我们整个公司现在的经营战略,都是定位在产教融合这个方向上,所以后来我们在科学城的光宝基地那里建了产业学院。(访谈24,AQ20220116-C企业董事长,05-PP:01-03)

与之对应,A高职院校的决策者们如是说:

> 我们国家的校企合作大体还是政策的牵引。以产业学院为例,我们学校一方面通过政府引导的方式选择合作伙伴,另一方面我们学校还通过"两对两访三落实"推进。两对,即对接行业和岗位标准,两访,即访问校友和龙头企业。(访谈20,AZ20210107-J职业院校校长,01-PP:03)

由此可见,政府的引导和推进是提升高职校企合作育人成效不可或缺的因素。就科学城现代产业学院而言,政府的政策引导对开发区科学城现代产业学院的形成产生了积极的影响。更可喜的是,目前开发区科学城现代产业学院的发展实现了条块协同(参见图6-3)。

首先，从条条关系来看。（1）A 高职院校科学城现代产业学院的主管部门为广州市科学技术协会。高等职业教育发展本身就要深深扎根于行业企业，行业主管的高职院校具有先天的优势，可以充分聚集行业的资源和行业内企业的资源，通过构建行业内企业与高职院校之间的合作网络来实现技能的有效供给。（2）科学城现代产业学院的共建单位为广州市教育局和广州市开发区管委会，共同发挥行政作用，全力支持科学城现代产业学院的发展，并鼓励该学院在创建国家级产教融合城市建设中做示范。（3）广州市政府下属的相关部门亦对科学城现代产业学院提供了地方化支持与保护。在市科技局支持下，学院被纳入全过程管理简政放权改革试点项目单位；市地震局支持学院创建"防震减灾科普示范学院"；市人社局积极落实"放管服"要求为学院推进职称评聘、人才引进等人事制度改革提供政策支持；学院属地番禺区委区政府积极协调解决番禺校区部分用地办证等历史遗留问题。

其次，从块块关系来看。A 高职院校处于珠三角地区，是市属高职院校。近年来，广州市政府及相关职能部门高度重视学校的建设发展，财政经费投入占学校总投入的比例持续保持在 67% 以上。其中 2020 年决算收入 22055.51 万元，比 2019 年决算收入 19939.84 万元增加 2115.67 万元，增长 10.61%。其中财政拨款收入 14504.57 万元，比 2019 年 13380.72 万元增加 1123.85 万元，增长 8.40%；事业收入 7550.95 万元，比 2019 年 6559.12 万元增加 991.83 万元，增长 15.12%。2021 年学校的预算经费为 2.66 亿元。经费预算持续增长，为学校的建设发展提供了有力保障。其经费收入情况如图 6-4 所示。

综上可以看出，地方政府提供的地方化产权保护[①]重塑了条块关系，

[①] 地方政府推进校企技能合作的理论解释主要有三种：第一种是经济自利性假说，强调地方政府支持校企技能合作是为了从中获得经济回报；第二种是地区竞争假说，强调地方政府领导为了获取政治晋升而展开经济竞争，进而推动校企技能合作；第三种是地方化产权保护，强调地方政治精英为了寻求地方企业的经济和政治支持而为其技能投资提供产权保护，在这个机制中，地方政府发挥中介机构的协调作用，出台替代性政策来克服技能形成中的集体行动困境。杨钋：《技能形成与区域创新：职业教育校企合作的功能分析》，社会科学文献出版社 2020 年版，第 10—12 页。

促使条块关系从分割走向协同,① 进而对 A 高职院校现代产业学院的发展产生了积极的影响。

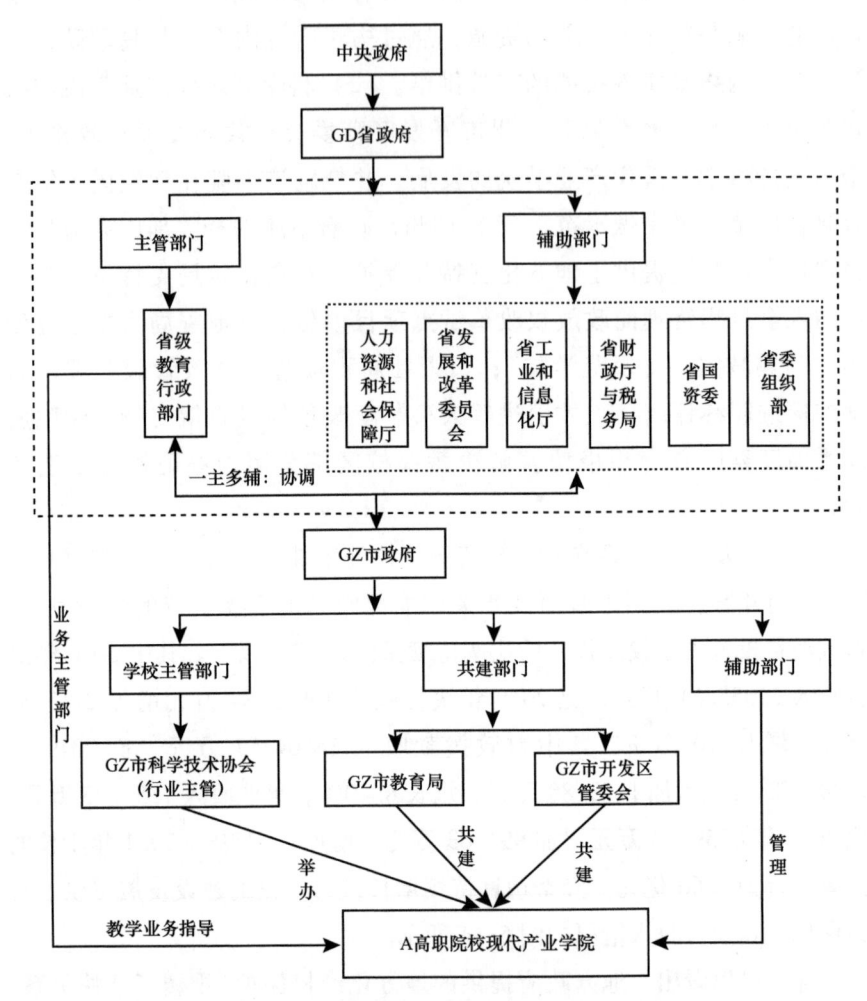

图 6-3　A 高职院校现代产业学院的主管部门架构

---

① 陈博、耿曙:《政治经济学与社会学视角下的中国民营经济增长——评〈权力结构、政治激励和经济增长:基于浙江民营经济发展经验的政治经济学分析〉》,《社会发展研究》2021 年第 1 期,第 226—240、246 页;Remington T. F., Marques I., The Reform of Skill Formation in Russia: Regional Responses [J], Higher School of Economics Research Paper No. WP BRP, 2014: 19.

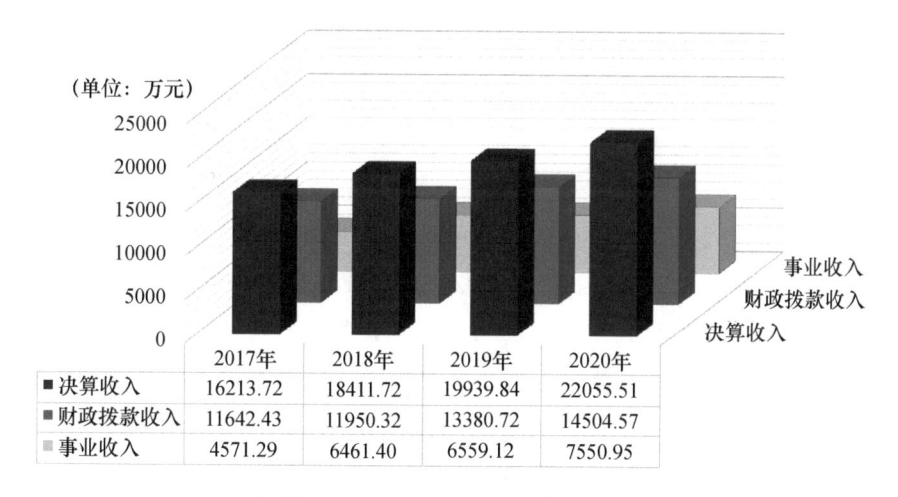

(单位：万元)	2017年	2018年	2019年	2020年
■决算收入	16213.72	18411.72	19939.84	22055.51
■财政拨款收入	11642.43	11950.32	13380.72	14504.57
■事业收入	4571.29	6461.40	6559.12	7550.95

图 6-4　2017—2020 年 A 高职院校经费收入情况

资料来源：根据中国高职高专教育网站中的数据整理并绘制。

（二）政治监管逻辑：问责风险的影响

防止公办职业教育资源流失是推进校企合作、产教融合的一贯准则。这个准则理论设计是理想的，但是，在实际推进过程中产生很多问题，比如绝大多数高职院校因担心被质疑存在国有资产流失等问题，对开展校企合作"提心吊胆""畏首畏尾"。高职院校的决策者如是说：

> 目前来说，我们还没做到产教真正融合在一起，我们不敢做，领导责任太大，我们在操作的时候就清楚，你的资产跟企业一混，到时候分不清谁是谁的，国有资产审计时，就说不清了，这是一个最大的政策障碍。而且在当前的这种审计情况下，就瞎混，这样我们这种产业学院模式的改革就会失败。（访谈 21，AZ20201225-Z 学校教务处处长，02-PP：03）

考察和访谈中发现，公办职业教育国有资产运营管理、保值增值评估标准和退出机制等关键性问题不清晰是制约校企合作、产教融合以及混合所有制实质性推进的最大政策障碍。① 目前，A 高职院校现代产业学院仍处于发展初期，其影响微弱和可控。但是，这一问题不解决，将严重制约 A 高职院校现代产业学院的可持续发展，一位与高职院校合作的企业董事长告诉笔者：

> 我觉得困扰校企合作、产教融合发展的一个根源，就是校企合作人才培养的过程中，合作产权如何分配？学校和企业有哪些收益？在推进科学城现代产业学院的过程中，我们作为企业，更多的收益来自服务。其实，我们对科学城现代产业学院有那么多的投入，在很大程度上不足以支撑投入带来的回报，我们觉得这个问题影响合作发展的可持续性。现在这个该怎么做？国家在政策上还不够明朗，职业院校也不敢做。如果政策能够更明朗一些的话，我觉得更加有利于产业学院发展的。（访谈 24，DQ20220116 - C 企业董事长，05 - PP：07）

综上可知，目前 A 高职院校现代产业学院的发展是稳健的，但是值得我们进一步反思的是，国有资产归属，以及国有资产保值与增值等关键问题界定不明晰，将对开发区科学城现代产业学院的可持续发展产生消极的影响。推而广之，这些问题也将对国家发展职业教育校企合作育人的战略产生相当不利的影响。

（三）企业市场逻辑：专用技能需求程度的影响

企业具有逐利性，不论哪一个企业同职业院校进行合作，其基本动机都是对于经济利益的追逐。② 在这种企业市场逻辑的导向下，成本与收益率和利益博弈往往成为影响企业是否参与以及在多大程度上参与技能合作的重要因素。③ 目前情况下，企业对专用性技能的需求程度则是驱动其参与校企合作的根本动力。高职院校的校企合作处处长说：

---

① 王新波等：《2021 职业教育改革与发展报告》，《中国教育报》2022 年 1 月 4 日。
② 方向阳、丁金珠：《高等职业教育校企合作双方动机的冲突与治理》，《现代教育管理》（人大复印）2011 年，第 32—35 页。
③ 方向阳、丁金珠：《高等职业教育校企合作双方动机的冲突与治理》，《现代教育管理》2010 年第 9 期，第 85—87 页。

企业是个利益机构，我们基于企业真实的人才需求，寻求人才培养最大公约数，这才能找到企业的利益点。所以，后面在推进产业学院发展的过程中，更多是基于人才需求，没有这个需求，企业就会没有获得感，也就没有办法进行实质性合作。（访谈04，AZ20229421－L校企合作处处长和创新创业学院院长，04－PP：11－13）

企业和高职院校基于人才培养的实质性合作，大大缩短了企业二次培养的周期，给行业内企业带来直接或间接的经济效益。一位与高职院校合作的企业人力资源总监说：

　　我们企业与学校共建产业学院的初衷，是让学校老师，包括我们里面的一些未来可能服务于企业的潜在的学生，能够跟我们企业比较前沿的一些技术需求和人才需求对接起来。我们企业的基本诉求是能够获取高质量的高技能人才，可以缩短我们企业二次培养的周期。（访谈04，CZ20211226－L企业人力资源中心总监，04－PP：06）

综上可知，A高职院校现代产业学院的形成与发展是建立在行业内企业对专用技能人才的需求以及对专用技能人才投资基础上的。这等于企业付出了较大的沉没成本，有利于校企之间的深度合作。由此可见，市场的需求，尤其企业专用技能的程度是国家发展职业教育校企合作育人战略的又一重要因素。

（四）院校发展逻辑：组织声誉的影响

院校发展逻辑是指高职院校吸引企业参与技能合作时需要遵循的规则和机制。在这种院校发展逻辑的导向下，高职院校专业匹配度和社会认可度往往成为影响企业在多大程度上参与技能合作的重要因素。声誉较强的高职院校往往会吸引更多的合作伙伴。一位企业董事长在接受采访时简单直接地告诉笔者：

　　企业合作伙伴选择标准是：学校声誉好，所需工作岗位与专业匹配度高。其中学校声誉好很重要，因为这将影响我们与其他院校的合作。（访谈 24，DQ20220116 - C 企业董事长，05 - PP：11）

考察和访谈中发现，企业和职业院校是利益博弈关系，职业院校越有实力，主导权就越靠近职业院校，企业就会越靠近职业院校；企业越有实力，主导权就越靠近企业，职业院校就会服务于企业。在这整个过程中，职业院校只有自身硬，才有话语权和主导权。就科学城现代产业学院而言，从认可度看，一方面，A 高职院校是行业高职院校、GD 省粤港澳大湾区现代产业学院职教联盟牵头单位和省属"双高"院校培育单位，具有先天的聚集政府资源、行业资源和行业内企业资源的优势。另一方面，科学城现代产业学院在推进的过程中，具有较高的社会认可度，具体为：（1）促进了《GZ 市建设国家产教融合型城市试点方案》《GZ 市产教融合示范区建设方案》等政府文件出台；（2）带动 GD 省内 13 所职业院校建设 21 个产业学院；（3）吸引了中国教科院、河北省政府、28 个省市区和港澳台 216 家单位前来交流，获得广泛的肯定；（4）被《中国教育报》、《光明日报》、《南方日报》、广东电视台等主流媒体轮番报道；（5）理论和实践成果入选 2020 年全国高职院校技术研发与应用成果优秀案例 20 强，获得了 2021 年度省级教育教学成果奖二等奖等。以上为吸引更多的企业参与奠定了基础。一位高职院校的决策者告诉笔者：

比如光宝，他为什么想跟我们做开发区科学城产业学院？那是因为他也觉得我们学校名气还可以，然后跟我们一起搞产业学院，有利于提升他的社会地位，也可以彰显一种社会的责任。（访谈 26，AZ20210105 - O 高职院校副校长，01 - PP：08）

从匹配度看，A 高职院校按照全产业链的思路建设科学城产业学院。比如科学城产业学院在产业链上游，对接创意设计类行业企业，设置了艺术设计类专业群；在产业链中游，对接产品制作类行业企业，设置了智能制作专业群；在产业链下游，对接商务服务类行业企业，设置了商贸管理专业群。高职院校的专业设置与企业所需工作岗位的匹配程度是影响企业和高职院校之间合作倾向的重要因素。一位企业人力资源部经理说：

> 企业期望合作的院校首先就是要考虑专业吻合性的。（访谈11，AQ20220106-W企业人力资源部经理，07-PP：01）

综上可知，高职院校的社会认可度越高，同时院校专业设置与企业所需工作岗位匹配度越高，合法性越强，组织声誉也就越高，越能吸引合作伙伴参与技能合作，由此形成良性循环。由此可见，高职院校发展内动力，提高办学质量，强化地位竞争优势是国家发展职业教育校企合作育人战略的不可忽视的因素。

（五）多重制度逻辑的关系

A高职院校现代产业学院在建设过程中涉及的育人主体主要有政府、行业、企业与高职院校等，作为校企合作、产教融合最现代的组织形态是各育人主体在特定工作场景中相互博弈并合作共建的结果。[①] 当外在环境及内生要素发生改变时，A高职院校现代产业学院各育人主体就会重新构建他们之间的利益关系，[②] 以实现利益秩序的相对均衡。其中政府以促进区域经济社会全面发展，提高社会就业率，实现人才供给侧与需求侧平衡，保障社会的稳定为目标；[③] 企业以获取符合企业需求的技能人才，降低交易成本，追求资本增值，提高企业竞争力为目的；行业以确保行业内技能传承，保证行业竞争力为目的；高职院校以提高人才培养质量，实现更充分更高质量的就业，服务区域经济发展，进而树立更高的声誉为目标。多重制度逻辑之间的次序组合及其相互关系为：在政策引导下，当政府条块协同度高而问责风险低，企业专用技能需求程度高同时高职院校组织声誉也高时，高职院校和企业之间则会形成一种大规模紧密关联型合作育人模式。这将为国家发展职业教育校企合作育人战

[①] 蒋新革等：《新时代高职产教融合路径研究——以"入园建院、育训结合"为特征的产业学院育人模式》，中山大学出版社2021年版，第56—59页。

[②] 蒋新革等：《新时代高职产教融合路径研究——以"入园建院、育训结合"为特征的产业学院育人模式》，中山大学出版社2021年版，第56—59页。

[③] 蒋新革等：《新时代高职产教融合路径研究——以"入园建院、育训结合"为特征的产业学院育人模式》，中山大学出版社2021年版，第56—59页。

略提供新的视角，具体如图6-5所示。

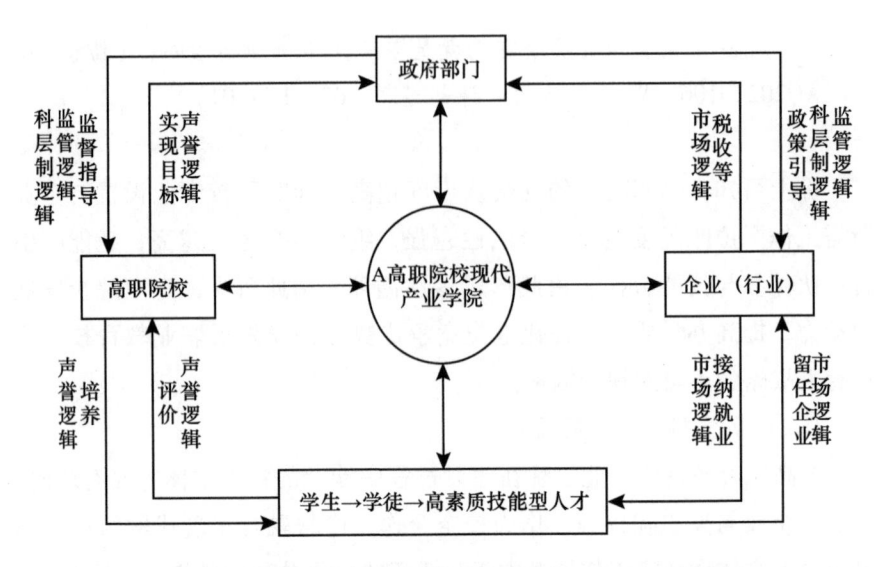

图6-5　A高职院校现代产业学院运行过程中的多重制度逻辑

第二节　小规模紧密关联型合作育人模式的影响机制

GD省是我国现代学徒制探索的先行地，而B高职院校则是先锋。B高职院校在探索现代学徒制的整个过程中，形成两大标志性成果，其中之一就是医学美容技术专业现代学徒制的实践典型案例。B高职院校医学美容技术专业自2012年成为现代学徒制试点专业，连续7年招生，从专业教学标准建设、"双主体"育人等内涵建设方面，为我国现代学徒制专业提供了典型实施范例（案例背景见附录Ⅴ）。本节以所选取的医学美容技术专业现代学徒制案例为载体，结合访谈材料、观察材料以及二手数据等对分析框架进行案例经验层面的阐释。

一　小规模紧密关联型合作育人模式的特征分析

与大规模紧密关联型合作育人模式不同，小规模紧密关联型合作育人模式呈现参与合作各方承诺投入资源的成本高和合作网络规模小的特征。就医学美容技术专业现代学徒制而言，其最大优势在于：明确了企业的育人主体地位，最大限度地发挥企业育人的作用，形成了校企紧密结合的育人新机制。具体体现在：(1) 明确"育人双主体"(学校和企业)。B 高职院校制定了《B 高职院校现代学徒制校企合作框架协议》等文件。(2) 保障"学徒双身份"(企业员工和学校学生双重身份)。《B 高职院校现代学徒制联合招生管理办法》中明确了学徒在招生时就是企业员工。(3) 确保"教学双导师"(企业师傅和学校教师)。B 高职院校制定了《B 高职院校现代学徒制"双导师"教师管理办法》和"B 高职院校现代学徒制'双导师'聘任审批表"。(4) 保证"实施双场所"(企业场地和学校场地)。在每个学徒制试点专业的合作企业中建设企业教学点，保证现代学徒制的教学实施。(5) 签订"合作双合同"(学生与企业签订劳动合同，学校与企业签订联合培养合同)[①]。劳动合同的核心内容有三项：一是企业接纳学徒为企业准员工，在岗学习期间享受企业正式员工的薪酬福利待遇；二是企业要为学徒在岗学习提供必要的条件；三是学徒学习期满毕业后再次双向选择职业岗位的相互约定[②]。培养合同的核心内容也有三项：一是双方联合办学的收取学徒学费的收益划分；二是规定双方在办学中的责任与义务；三是明确具体育人过程的合作与分工，以及"双导师"团队的校企共培互聘的相关规定[③]。学校与企业签订联合培养合同，其内容详见校企合作协议：

B 高职院校与 GD 省 X 美容健身有限公司
开展现代学徒制人才培养合作协议

甲方：B 高职院校（以下简称"甲方"）

乙方：GD 省 X 美容健身有限公司（以下简称"乙方"）

---

① 梁逸更、柯春媛：《基于"四双"范式的"现代学徒制"理论与应用研究》，《课程教育研究》2016 年第 32 期，第 3 页。

② 赵鹏飞、陈秀虎、吴琼等：《推行现代学徒制几个关键点的探索与实践》，《南方职业教育学刊》2016 年第 2 期，第 1—5 页。

③ 赵鹏飞、陈秀虎、吴琼等：《推行现代学徒制几个关键点的探索与实践》，《南方职业教育学刊》2016 年第 2 期，第 1—5 页。

为全面落实国家提出的高职院校与企业"四个合作"的精神，充分利用校企双方各自的优势，发挥学校的教育系统性作用，为社会及企业在岗培养高素质、高技能应用型技能和管理人才的同时，也为学校创新人才培养模式提供平台，甲乙双方在公平、公正、合理、平等、自愿、互信、共赢的基础上，经充分酝酿和友好协商，现就联合开展现代学徒制人才培养事项达成如下协议：

一、合作原则

本着"优势互补、资源共享、互惠双赢、共同发展"的原则，甲乙双方建立长期紧密的合作关系。

二、合作形式及内容

（1）办学形式：联合自主招生，共同培养。

（2）培养方式：采取校企"双导师制"。

（3）学制与学历：学制为两年，完成规定的学分，经甲乙双方审核达到毕业要求，颁发全日制普通专科教育毕业证书。

（4）招生对象：具有高中阶段学历（含高中、中职、中技毕业）或具有同等学力，以及取得相关中级以上职业资格证书的乙方在岗员工。

三、甲乙双方职责

（一）甲方

（1）申报招生计划，牵头组织招生宣传。

（2）按照相关文件精神负责招生报名、考生资格审查、自主招生考试命题、组卷、试卷保密等工作，组织安排自主招生的考试、评卷、分数统计等工作。

（3）负责新生录取、信息公布、发放新生录取通知书、新生录取备案、学籍管理等工作。

（4）牵头组织双方相关人员共同制订人才培养方案、选定教材、遴选任课师资、组织实施教学。

（5）负责基础理论教学质量监控，实施基础理论考核。

（6）与乙方共同制订技能课程教学质量监控办法，学员技能考核与管理的相关制度，并对乙方组织实施情况进行不定期抽检。

（7）承担甲方委派到乙方上课教师的交通费用和课酬。

（8）积极参与企业的技术升级与项目攻关，科研成果优先在乙方推广应用。

（9）尊重乙方的知识成果与企业文化，保守乙方的商业秘密。

（二）乙方

（1）协助甲方开展招生宣传及招生工作，积极组织员工报考。

（2）与被录取的学员个人签订现代学徒制相关的合同（主要是劳动合同）。

（3）与甲方共同制订学徒制人才培养方案，并与甲方共同完成学徒制人才培养的全部工作。

（4）负责组织技能课程的教学，与甲方共同组织对学徒制学员专业技能的考核或评估，科学评定学员的专业技能成绩。

（5）提供能承担学徒制人才培养工作的师资（主要是技能导师）、课程教学和实习实训场地，以及学员完成学业必需的岗位。

（6）为甲方派遣到乙方教学的教师免费提供食宿。

（7）负责学徒的安全、生活和纪律管理，以及职业素质的培养。

（8）负责按照相关规定选定乙方具有资质的导师，并把相关资料提供给甲方备案。

（9）负责现场指导教学，导师每次带教的学徒人数原则上不得超过5人。

（10）按甲方的规定管理教学文件。

（11）乙方委派的导师课酬由乙方承担。

（12）为甲方"双师型"教师的岗位培养提供便利条件，积极参与甲方的专业建设工作。

四、学费收取及办学经费开支

（1）学费收取。按照所在市物价部门批准的普通高职生收费标准，由甲方按学年收取学徒制学员的学费、购买教材代收代支费。

（2）甲方落实收乙方学徒员工学费的35%支付给乙方作为联合办学经费。

（3）甲方根据国家规定标准统一阶段购买教材代收代支费（每学年第二学期期末结算，多退少补）。

五、合作时间

从2012年9月至2014年7月止。如有特殊情况双方协商延期，延期时间不得超过三年。

六、违约与协议解除

（1）原则上合作过程中不得解除协议。

（2）如乙方单方面严重违法违约，另一方有权通过法律程序追究违约方的法律责任，并由违约方承担因此而造成的一切经济损失。

（3）合作期间如发生双方无法预见、无法防范而致使协议无法正常旅行的事由，需要变更或解除协议的，双方应按照有关规定妥善处理。

七、附则

（1）成立"现代学徒制人才培养工作领导小组"。

"现代学徒制人才培养工作领导小组"的职责是：定期或不定期召开沟通研讨会，讨论决定现代学徒制育人过程中的重大问题，统筹协调人才培养的相关工作，小组成员由甲乙双方的高层管理人员和专业（技术）骨干组成，在协议签订后1个月内完成组建，并开始运作。

（2）甲乙双方各自设立"现代学徒制人才培养工作小组"

在组建"现代学徒制人才培养工作领导小组"的同时，组建"现代学徒制人才培养工作小组"，该工作小组在领导小组的领导下开展工作，其职责是执行"现代学徒制人才培养工作领导小组"的决议，组织实施现代学徒制人才培养方案，解决人才培养过程中的具体问题。

（3）本协议如有未尽事项，由双方协商后，再做出补充规定。补充规定与本协议具有同等效力。

（4）本协议一式四份，甲方、乙方各持两份，均具有相同法律效力。

由上可以看出，B高职院校医学美容技术专业在推进现代学徒制的过程中，校企双方均进行了大量的专用性技能投资。而其不足在于：（1）与单一企业合作的试点在专业招生上持续性不好。由于单一企业的规模限制，满足现代学徒制入学条件的员工人数有限。（2）试点专业招生规模较小，未形成规模效应，推行现代学徒制代价极大。因此在研讨基础上特提出解决策略：制定现代学徒制合作企业选择管理办法，重点以破解校企合作中招收学徒的连续性差、规模小的问题，主要依托职教集团，或者是专业职教联盟实施"单对多"合作模式，即一个专业与行业内多个同类企业合作，代替现有的"单对单"的合作模式。一位企业的董事长兼全国现代学徒制委员会委员说：

> 现代学徒制和职教集团的区别，主要是从校企的单对单的配对合作发展到多对多的合作机制，形成一个合作平台。其实我觉得应该迈出一个新的步伐，在原来基础上，去打通一个中职、高职和本科衔接的"立交桥"，但是现在要迈出这一步，对于学校来说，要承担很大的风险，但我觉得产业学院这种网络化的合作模式是未来的方向。（访谈 52，Q20201227 - Y 企业董事长、全国现代学徒制委员会委员，01 - PP：16）

与之相应，一位高职院校的决策者说：

> 现代学徒制规模是一个问题。我们现代学徒制，医学美容技术专业每年 30 个计划，招进来就是十几个、二十几个不等。你想想，就十几个学生，学校出制度，老师要调整备课，管理要调整方法，现代学徒制对校企双方来说，代价都很大。（访谈 18，BZ20211226 - X 高职院校二级学院院长，07 - PP：03）

综上可知，企业和高职院校对 B 高职院校医学美容技术专业现代学徒制，进行了大量的专用性技能的投资，一定程度上回应了现代工业化大生产的先进性和复杂性对专用性技能的需求，这是优势所在。但单对单的合作对企业节流以及校企合作育人的可持续发展产生了消极的影响，仍需进一步改善。

二 小规模紧密关联型合作育人模式的影响机制分析

（一）行政科层逻辑：条块协同的影响

B 高职院校医学美容技术专业现代学徒制是在"省级、国家级政府"与"国家级、省级和市级政府"的双重政策引导下产生并发展的。

首先，现代学徒制的发源地在广东，是从省级上升至国家层面的。一位高职院校的校长兼全国现代学徒制委员会委员说：

> 现代学徒制在我们省里有一个过程，当时汪洋书记在广东主政的时候，去德国进行了考察，发现德国的这种双元制培养出来很多有技术、有技能的人才，他受到很大的启发。再加上广东是个制造业大省，需要大批的技能型人才，他就要求广东省教育厅推广和学习德国的双元制。当时就搞了一批学校做试点……接着，现代学徒制就慢慢地进入教育部的视野，由 B 高职院校牵头成立了研究机构，对现代学徒制的理论与实践进行研究和探讨；之后教育部就开始进行第一批、第二批、第三批现代学徒制的试点，一直做到今天。（访谈 13，BZ20211016 - D 职业院校校长、全国现代学徒制委员会委员，02 - PP：02 - 05）

其次，现代学徒制在国家强力推动下，成为一种制度化的校企"双主体"育人模式。（1）国家明确将高职院校承担现代学徒制试点且成效明显，作为国家和省"双高计划"遴选条件之一；将开展现代学徒制试点作为申请试点建设与培育国家级产教融合型企业的条件之一。（2）GD 省政府、教育厅、财政厅等部门多次发文，明确现代学徒制试点的工作要求和保障措施，将开展现代学徒制试点作为全省职业教育综合改革的一项重要任务①。（3）QY 市政府也制定和出台了《QY 市现代学徒制试点工作方案》《QY 市现代学徒制试点工作实施意见》《QY 市研究中心章程》等一系列制度文件，强力推进现代学徒制。一位企业的董事长兼全国现代学徒制委员会委员说：

> 你看教育部连续七八年的工作要点，其中有一条就是推行现代

---

① 2016 年，广东省教育厅、省财政厅等部门印发了《关于大力开展职业教育现代学徒制试点工作的实施意见》（粤府〔2016〕1 号），明确现代学徒制试点的工作要求和保障措施；同年，省级财政将现代学徒制试点工作纳入"创新强校工程（2016—2020 年）"重要考核因素与奖补范围，通过工作统筹、资金统筹和考核统筹，全力保障现代学徒制工作健康开展；2019 年，《广东省职业教育"扩容、提质、强服务"三年行动计划（2019—2021 年）》明确了对开展学徒培养企业可给与每生每年 4000—6000 元的培训补贴标准。

学徒制。现代学徒制是产教融合、校企合作的一种形式，是一种制度化，由国家强力推动的模式，我相信今后是有比较好的发展前景的。（访谈52，Q20201227－Y企业总经理、全国现代学徒制委员会委员，01－PP：16）

综上可以看出，政府的政策引导对医学美容技术专业现代学徒制的形成产生了积极的影响。可以说，B高职院校医学美容技术专业现代学徒制的成果是部门协同的结果，具体如图6－6。

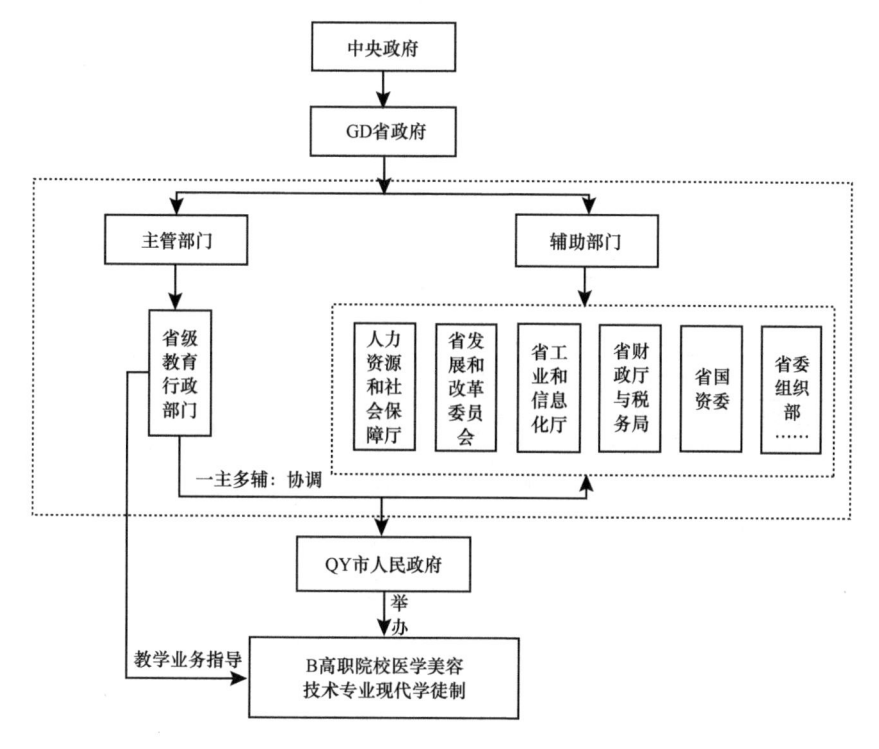

图6－6 B高职院校医学美容技术专业现代学徒制主管部门架构

从条块关系来看，B高职院校医学美容技术专业现代学徒制发展初期（2012—2018年），政府通过政策支持、财政资助、政府购买等一系列措施，推进企业和高职院校开展现代学徒制试点。比如：广东X美容健身有限公司与B高职院校合作的医学美容技术专业学徒班，学生毕业后在公司工作即可获得政府资助 3000 元补助；并免费考取国家高级技能资格证书，还可获政府两年社保补贴。① 与此同时，政府给予 B 高职院校"现代学徒制试点专业"相应的财政资助，如 2014—2017 年，"现代学徒制试点专业"建设项目经费预算总额为 733 万元，实际到账金额 733 万元，资金到位率 100%。其中：省财政投入经费 240 万元、市财政投入经费 493 万元。在医学美容技术专业现代学徒制发展中后期（2019 年至今），市政府牵头成立了"QY 市现代学徒制试点工作领导小组"，由副市长担任组长，统筹指导推进试点工作，协调解决有关试点工作重大问题。形成政府统筹、行政管理部门调协，多方参与，校企"双主体"育人的运行机制，具体如图 6-7 所示。

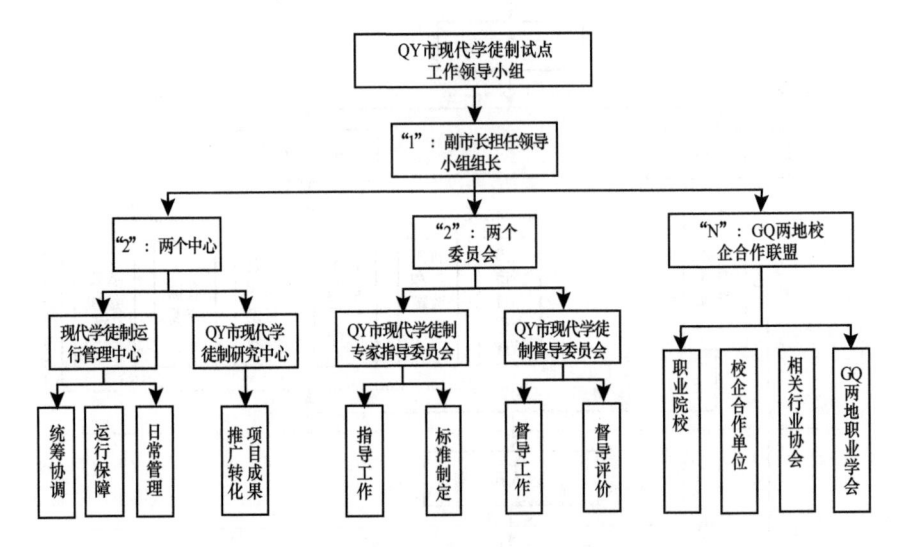

图 6-7　QY 市现代学徒制试点工作领导小组架构

资料来源：参照 QY 市政府现代学徒制试点总结报告整理并绘制。

由上可知，领导小组重塑了条块关系，使条块关系由分割走向了协同，形成"块"对"条"的吸引、统筹协调与监督控制的实践图景②，

---

① 赵鹏飞：《现代学徒制"广东模式"的研究与实践》，广东高等教育出版社 2015 年版，第 28—82 页。

② 罗湖平、郑鹏：《从分割到协同：领导小组重塑条块关系的实践机制》，《中国行政管理》2021 年第 12 期，第 121—125 页。

推进了医学美容技术专业现代学徒制的持续发展。

（二）政治监管逻辑：问责风险的影响

虽然现代学徒制已经上升为一种制度，成为国家强力推行的校企合作育人模式，但背后遵循着稳定存在的政治监管逻辑，要防止公办职业教育资源（国有资产）的流失①。两位高职院校的决策者说：

> 我们和企业合作不谈收益。主要原因就是一旦牵扯到利益，校企合作是非常难推行的。因为我们学校是事业单位，一旦亏损了，你拿钱去补贴这个企业就违法违规了。（访谈32，EZ20201226-T校长办公室主任兼任校企合作办公室主任，02-PP：7）

> 我们现代学徒制的费用很简单，现代学徒培养我们是资源共享、师资共享、信息设计设备共享、信息基地共享，但是有一个学费的分成，一般都是三七开。如果学徒这一年在学校学习比较多的话，学校占七成；如果这一年在企业实践比较多的话，企业占七成。这个"七"，我们学校还有另外一种做法，我们学校经费有80%是归属于学徒的专项经费，然后下放到二级学院，我们跟企业的分成就是在这80%当中的七三开。但是很多企业，他在意的是学徒的使用权和留用权。（访谈22，BZ20211023-T二级学院院长，07-PP：04）

由上可知，医学美容技术专业现代学徒制的费用包括三大部分：（1）政府专项投入。清远市人民政府给予医学美容技术专业学徒的补助高达12000元。（2）现代学徒制学费或专项经费分成，一般都是三七开。对于医学美容技术专业现代学徒制而言，B高职院校与GD的X美容健身有限公司的学费分成分别为65%、35%，而学院与其他企业的学费分成分别为70%、30%。（3）企业投入，包括企业给予学徒"五险一金"的

---

① 从职业教育视角来看，2000年，教育部印发的《关于中等专业学校管理体制调整工作中防止中等职业教育资源流失问题的意见》中明确提出"要防止职业教育资源流失"；2004年，教育部等七部门颁发的《关于进一步加强职业教育工作的若干意见》再次明确提出"鼓励公办职业院校大胆引进竞争机制，但要防止公办职业教育资源的流失"。之后防止公办职业教育资源流失成为职业教育发展的基本原则。从公办高职院校视角来看，事业单位国有资产实行国家统一所有，原则上其资产不得用于对外投资、抵押、担保等可能影响资产权属关系的活动。

购买、工资等。这些都有明确的政策文件支持，目前来看，医学美容技术专业现代学徒制的发展是稳健的。

（三）企业市场逻辑：专业技能需求程度的影响

制度主义经济学认为，市场主体追求利益最大化。[①] 通常而言，作为"理性经济人"的企业会通过降低交易成本、创新等途径实现上述目标。[②] 就医学美容技术专业现代学徒制而言，由于对学徒专用性技能的投资贯穿整个学业过程，具有周期长、投资成本高以及投资回收慢等特点。[③] 因此，企业对专用性技能的需求程度则是决定企业是否参与现代学徒培养的重要因素。一位高职院校的决策者说：

> 我就以 B 高职院校护理学院的两个专业为例。一个是美容技术专业，行业内企业需要的人才都是从社会上招进来的，培训一下就开始上岗，员工技术能力和企业服务质量都得不到提升，现代学徒制出现是一个很好的机会。因此，第一批美容技术学徒制专业这块，企业是很积极去响应的。另外一个是护理专业，说实话，医院现在请人很难，再加上护理人才不断流失，所以，通过这样的一种模式，医院自身的技能人才及其能力得到提升，而且他将来还把一些好的学徒，留在他的医院里面去工作。所以他们的积极性就很高。（访谈 22，CZ20211226 - X 高职院校二级学院院长，07 - PP：32）

与之相应，与高职院校合作的企业董事长也表明：

> 美容行业比较特殊，美容行业的岗位需求就特别适合做现代学徒制，因为美容行业是新兴行业，在国家政策的扶持下发展非常迅速，使得职业院校医美专业一师难求。美容行业人才非常紧缺的市

[①] 钟宗炬、张海波：《重大决策社会稳定风险评估制度发展的三重逻辑》，《公共管理学报》2022 年第 1 期，第 13—26 页。

[②] DiMaggio P. J., Powell W. W. The Iron Cage Revisited: Institutional Isomorphism and Collective Rationality in Organizational Fields [J], American Sociological Review, 1983: 147 - 160.

[③] 刘武军、赵鹏飞、张志：《学徒人力资本视域下现代学徒制研究》，《中国职业技术教育》2020 年第 24 期，第 54—61 页。

场现实促使我们同职业院校现代学徒制专业进行合作。（访谈23，BQ20211223－Y企业董事长，08－PP：01－03）

由上可知，企业对专用性技能的强烈需求是企业参与医学美容技术专业现代学徒制的动力源泉。除了需求，校企双方实质性合作还需要企业进行大量的专用性技能的投资。一位高职院校的决策者说：

学徒制中企业的投资，涉及学徒的工资、学徒的"五险一金"要提前购买。除了这些，企业还有一个很大的投资，就是参与我们人才培养方案的制定；同时也参与我们现代学徒制教学标准的研究，这个标准我们护理学院的两个专业，医学美容和护理都是参与广东省教学标准的一个立项的项目；还有公司导师团队的投入。有些是可以共享，但有些还是要真的投入进来的。（访谈22，BZ20211226－X二级学院院长，07－PP：07）

一位与高职院校合作的企业董事长说：

在推行现代学徒制过程中，企业的支出主要有：学生在校期间可能的社保支出；在企业学习期间作为正式员工的所有报酬；企业为完成学生教学实践任务的所有付出，包括学生在工作期间需花的学习时间，师傅、管理层在研究、培训方面的所有付出等。（访谈52，Q20201227－Y企业董事长、全国现代学徒制委员会委员，01－PP：24）

此外，企业和高职院校人才培养的实质性合作，也给企业带来直接或间接的经济效益。具体体现在：企业一定程度上获得了专用性技能的使用权和收益分配权（参见图6－8）；企业获得了政府专项经费支持、税收优惠、荣誉等；提升了企业的社会影响力。一位与高职院校合作的企业董事长说：

企业通过现行现代学徒制，可能得到效益包括：专项经费资助，国家在税收方面的倾斜；可能得到的荣誉包括：认定为教育型企业、国家级产教融合型企业、省级产教融合型企业等；最重要的是可能得到年轻有为的较高素质的学生。（访谈 52，Q20201227 – Y 企业董事长、全国现代学徒制委员会委员，01 – PP：24）

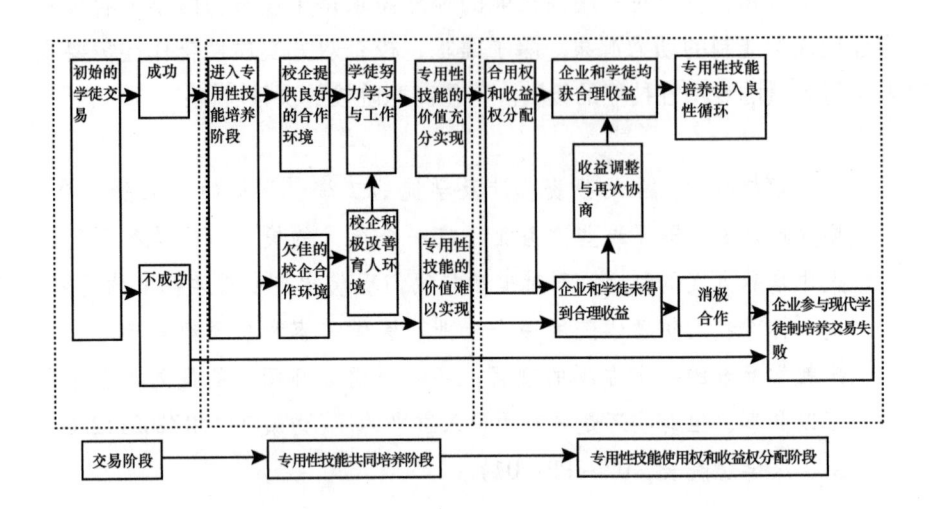

图 6 – 8　B 高职院校医学美容技术专业现代学徒制专用性技能的形成路径

资料来源：参照赵鹏飞①图 1 修改并绘制。

综上可知，企业对专用性技能的需求程度和效益是决定企业是否参与现代学徒制技能培养的重要因素。

（四）院校发展逻辑：组织声誉的影响

院校声誉等级结构与高职院校的组织能力具有正相关的关系。② 高职院校声誉越高，越能吸引合作伙伴参与技能合作。③ 一位高职院校的决策者说：

从企业的视角来看，他们希望和双高院校、国家示范性院校等

---

① 赵鹏飞：《中国特色现代学徒制试点探索与实践》，复旦大学出版社 2021 年版，第 57—62 页。
② Giuliani E., Morrison A., Pietrobelli C., et al. Who are the Researchers that are Collaborating with Industry? An Analysis of the Wine Sectors in Chile [J]. South Africa and Italy. Research Policy, 2010（06）：748 – 761.
③ 周雪光：《组织社会学十讲：声誉制度的比较研究》，社会科学文献出版社 2003 年版，第 250—283 页。

进行合作，因为他们和这种龙头的学校合作之后，就更容易谈合作，且减少了很多这种谈判合作的成本。这和职业院校选择龙头企业合作的道理是一样的，职业院校和龙头企业合作之后，企业的品牌可以增加高职院校的办学实力、学校品牌的美誉度和知名度。办学实力好了，学校知名度起来了，对招生，甚至是吸引优秀的老师来这里就职，都是一种良性循环。（访谈09，DZ20210106-C二级学院副院长，05-PP：15-17）

与之相应，一位企业的决策者在采访中说：

当时国家推出第一批全国性的现代学徒制试点，我们企业就与职业院校合作，一做就出名了。我们企业成为全国现代学徒制工作委员会专家团成员，在全国巡回演讲，分享经验，我们企业那个名气就很大。所以，从这一点来说，我们既扩大自己的影响，又打磨我们企业自身这个产品，提升了企业的社会影响力。（访谈52，Q20201227-Y企业董事长，01-PP：07）

由上表明，声誉是一种无形的竞争力，往往成为影响企业在多大程度上参与技能合作的重要因素。就B高职院校而言，从认可度看，B高职院校是广东省示范性高等职业院校，并非"双高"院校、国家示范性高职院校和国家骨干高职院校，这将在一定程度上影响其规模效应。从匹配度看，B高职院校医学美容技术专业之所以得到企业持续的青睐，原因之一就在于高职院校医学美容技术专业设置的稀缺性，以及其与企业所需工作岗位的高度匹配性，但是仅匹配度高是无法支持其规模化发展的。由此可知，只有高职院校认可度高和专业设置与企业需求匹配度高时，才具有较高的组织声誉，才能吸引更多的企业参与技能合作。由此可知，高职院校声誉等级结构在推进职业教育校企合作育人战略中有着不可忽视的作用。

（五）多重制度逻辑的关系

B高职院校医学美容技术专业现代学徒制的探索与实践表明，实施现代学徒制的核心是处理好政府、企业、学校和学徒四者之间的利益关系，并通过一定的方式将其利益固定，以形成长效机制。① 其中政府的利益诉求是通过现代学徒制教学与培训，满足劳动力流动和岗位技术升级对专用性技能人才的需求，为劳动力合理流动和维持社会和谐稳定奠定基础；② 企业的利益诉求是获得政府资助和相对廉价的劳动力（应届生），解决企业育人、用人、留任问题（在岗员工）；③ 学校的利益诉求是获得政府资助，共享企业办学资源，拓展招生生源，提升高职院校自身的竞争力；学徒的利益诉求是学到更适应职业岗位的技术技能，更好地实现个人价值。具体如图 6-9 所示。

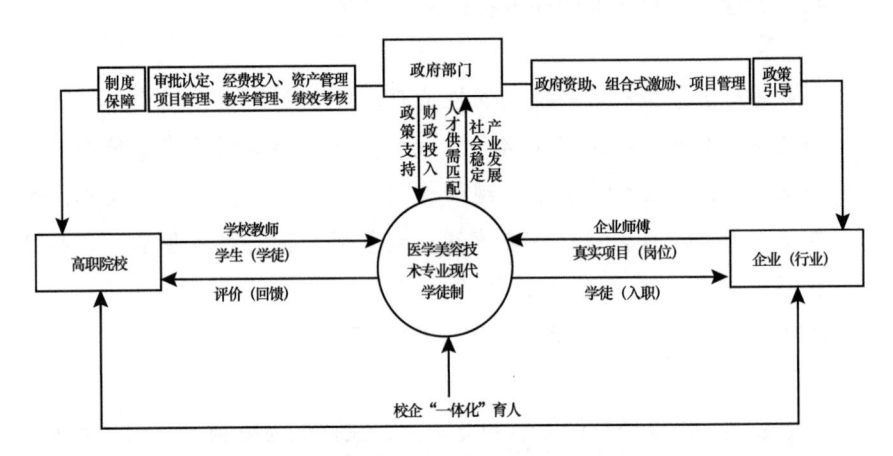

图 6-9　B 高职院校医学美容技术专业现代学徒制运行结构

上述分析显示，在高职校企合作育人模式形成过程中，各育人主体的利益诉求各不相同，使其整个形成过程变得异常复杂。这主要取决于行政科层逻辑、政治监管逻辑、企业市场逻辑和院校发展逻辑的组合，

---

① 赵鹏飞、陈秀胡：《"现代学徒制"的实际与思考》，《中国职业技术教育》2013 年第 12 期，第 27—34 页；赵鹏飞：《中国特色现代学徒制试点探索与实践》，复旦大学出版社 2021 年版，第 27—34 页。

② 赵鹏飞、陈秀胡：《"现代学徒制"的实际与思考》，《中国职业技术教育》2013 年第 12 期，第 27—34 页；赵鹏飞：《中国特色现代学徒制试点探索与实践》，复旦大学出版社 2021 年版，第 27—34 页。

③ 赵鹏飞、陈秀胡：《"现代学徒制"的实际与思考》，《中国职业技术教育》2013 年第 12 期，第 27—34 页；赵鹏飞：《中国特色现代学徒制试点探索与实践》，复旦大学出版社 2021 年版，第 27—34 页。

而理解其次序组合的关键在于厘清这四种逻辑之间的关系及其相互作用。其中他们的共识是培养与岗位需求匹配的专用性技能人才，政府与企业的分歧在于培养的专用性技能（学徒人力资本）的交易、使用和收益分配权问题，政府与高职院校的分歧是政府的经济政治绩效取向与高职院校的知识价值取向之间的不一致；企业与高职院校的分歧是企业的逐利性与高职院校公益性之间的不一致。具体如图6-10所示。

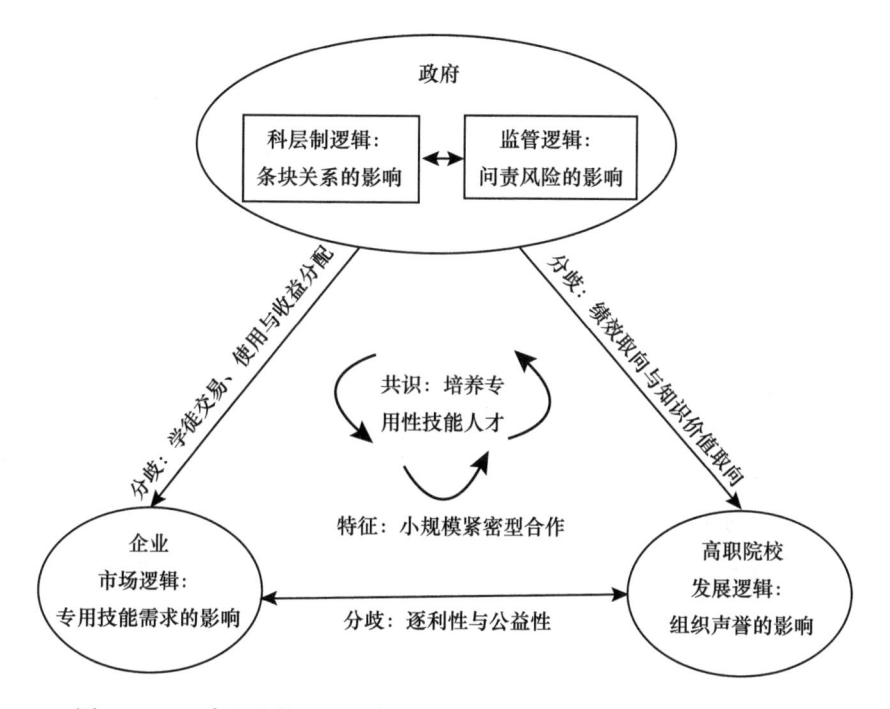

图6-10　B高职院校医学美容技术专业现代学徒制多重制度逻辑的关系

综上可以看出，在政策引导下，当政府条块协同度高而问责风险低，企业专用技能需求程度高而政策许可度偏向"一对一合作"，且高职院校组织声誉仍待提升时，高职院校和企业之间则会形成一种小规模紧密关联型合作育人模式。这将为国家发展职业教育校企合作育人战略提供新的启示。

第三节 大规模松散关联型合作育人模式的影响机制

C 高职院校示范性职业教育集团①是由 C 高职院校牵头成立的国家级示范性职业教育集团（联盟）（案例背景见附录Ⅴ）。本节以所选取的 C 高职院校示范性职业教育集团案例为载体，结合访谈材料、观察材料以及二手数据等对分析框架进行案例经验层面的阐释。

一 大规模松散关联型合作育人模式的特征分析

与大规模紧密关联型合作育人模式不同，大规模松散关联型合作育人模式呈现合作网络规模大和参与合作各方承诺投入资源成本低的特征。就 C 高职院校示范性职业教育集团而言，其最大的优势在于：推进校企合作育人的网络规模化发展，即由"一对一"的合作转向"一对多或者多对多"的合作，这是一种进步，也是一种趋势。一位龙头企业党委副书记、兼任人力资源中心总监说：

> 目前职教集团牵头主体基本上还是以学校为主，学校会把一些有共同专业背景或者共同行业背景，或者有共同市场需求的学校，跟存在业务合作关系比较紧密的一些企业联系在一起，我们给它定了一个联盟的性质。其实这样一种职教集团，它先天加强了产业跟学校的对接，我们过去很多是学校跟企业单对单、点对点的对接，现在大家可以一起来喝茶共商大事，这是一种进步，让大家有一个更加开放式的沟通平台。（访谈04，CQ20211226 - L 龙头企业党委副书记、兼任人力资源中心的总监，04 - PP：05 - 08）

C 高职院校示范性职业教育集团推进校企合作育人网络规模化的优

---

① 职教集团是基于技能人才合作培养纽带而组建的多法人组织集合体。该定义包含两层意思：（1）职教集团是一个需要在民政机构备案的组织。比如广东机电职教集团设立的流程为：首先，广东机电职业技术学院申请；其次，广东省教育厅审批并对其进行授权；最后，2011 年 9 月 29 日，由广东机电职业技术学院牵头的广东机电职教集团成立。（2）职教集团的成员通常都是具有独立法人资格的组织。

势具体体现在两个方面：其一，规模效应凸显。集团"预就业"平台累计服务企业超过3000家，提供岗位超过6000个；其中2014年服务企业203家，提供岗位5938个；2015年服务企业189家，提供岗位6000余个；2016年服务企业233家，提供岗位6000余个；2017年服务企业574家，提供岗位10392个；2018年分南北校区，南校区服务企业288家，提供岗位4900余个；北校区服务企业529家，提供岗位数956个；2019年服务企业725家，提供岗位16740个；2020年疫情期间，集团提供给学校的生均可选择岗位超过3个，为复工复产、稳就业提供了坚强保障。与此同时，C高职院校示范性职业教育集团就业质量稳步上升，2018年、2019年、2020年，毕业生就业（现状）满意度为64%、67%、70%，高于全国高职平均水平；培育职教集团成员产教融合型企业省级71家、国家级1家，指导学生连续两年获得广东省互联网+创业大赛金奖。其二，依托集团，建立C高职院校应用资历框架。该资历框架，对高职扩招中的各类生源学习成果进行认定，一定程度上推进了校企合作的网络规模化的进程。

以上可以看出，C高职院校示范性职业教育集团具有网络规模化的优势，一定程度上回应了现代工业化大生产的规模化对技能人才数量的需求，这是该模式积极的和值得肯定的一面。但是C高职院校示范性职业教育集团的不足在于：具有松散联盟的性质，企业人才资产专用性程度低。一位高职院校的决策者说：

> 联盟也好，职教集团也好，它是一个松散型的，它本身不是一种行政手段或者说它缺乏一种把它们凝聚在一起的力量，所以我们怎么能够在这种没有利益牵扯的情况下，让大家能够愿意在这个职教平台上"跳舞"，形成凝聚力，确实是一个很大的难题。（访谈27，AZ20220116 - X校企合作办公室主任，04 - PP：9）

与之相应，一位龙头企业的党委副书记、兼任人力资源中心总监说：

> 职教集团因为非实体化，它就不存在强制的义务，相对是比较松散的。它虽然叫职教集团，但是，我觉得更应该把它叫做职教联

盟，它承载的是非法定的义务，是比较松散的，且自主性比较强。你甚至没有办法拿出一套评价标准，评价职教集团是否有效，这是一个现象。（访谈04，CQ20211226-L龙头企业党委副书记、兼任人力资源中心的总监，04-PP：05）

由上可知，C高职院校示范性职业教育集团的优势在于由"一对一"的合作转向"一对多或者多对多"的合作，其一定程度上回应了现代工业生产的规模化对大量技能人才数量的需求。其不足在于非实体化运作下的松散联盟性质决定了企业参与专用性技能人才培养的程度较低。

二 大规模松散关联型合作育人模式的影响机制分析

（一）行政科层逻辑：条块分割的影响

国家和地方一系列政策文件明确指出，健全联席会、董事会、理事会等治理结构和决策机制，开展多元投资主体依法共建职业教育集团的改革试点，推进职业教育集团的实体化运作。① 而且《关于实施中国特色高水平高职学校和专业建设计划的意见》（教职成〔2019〕5号），将高职院校牵头组建实体化运行的职业教育集团成效明显与否，作为国家和省"双高计划"遴选的必要条件。但是，在具体实践过程中，职业教育集团的实体化运作是一个伪命题，一位高职院校的决策者说：

  关于职教集团的实体化运作，很多人在提，但这是一个伪命题。大家根本不是家人关系，根本没有血缘关系，你来当他的家长，而且你要求他把财务交给你，怎么可能？全国1400多家职教集团，我们全部考察了，只有黑龙江佳木斯职教集团是实体化运作，而佳木斯职教集团是副市长兼任职教集团董事长，然后把职教集团变成事

---

① 教育部：《关于开展示范性职业教育集团（联盟）建设的通知》，http://www.moe.gov.cn/，2019年9月30日；中华人民共和国中央人民政府：《国家职业教育改革实施方案》，http://www.gov.cn/，2019年1月24日。

业单位，但我们是不可以复制的。（访谈 01，AZ20211016 - L 校企合作处处长和创新创业学院院长，01 - PP：11 - 12）

由此看来，职业教育集团的实体化运作之所以是一个伪命题，是因为职教集团模式理论与实践脱节，或者说导致职教集团非实体化运作的根源之一在于条块分割。

首先，从条条关系来看。导致条块分割的原因在于以下两个方面：（1）高职校企合作育人的任务属性较弱，未纳入地方政府绩效考核。已有研究表明，行政科层逻辑意味着官员们会选择那些最有利于职业晋升的做法，或者最大程度上避免那些危险职业生涯的做法。[①] 因此，高职院校主管部门对职教集团实体化运行的态度和行为取决于任务环境中多重政策目标相应的代价与收益的平衡。（2）高职校企合作育人这块内容缺乏硬性考核指标。受访者说：

据我了解，应该没有一个太具体的校企合作的考核指标，连评选双高院校都没有。教育部门在整个体系里面说什么都没用的。企业不听他的，比如企业的债务、税务和企业的金融政策教育厅根本左右不了，这种情况下教育部门是很弱势的，所以喊产教融合、校企合作就是空话。（访谈 04，CZ20220421 - L 校企合作处处长和创新创业学院院长，04 - PP：4 - 5）

教育业务主管部门的"弱势地位"导致其统筹乏力，甚至在教育行政部门内部，校企合作与产教融合这块工作并不是主要工作，只是其中很小一部分。政府行政管理人员说：

校企合作它只是属于教育教学的一块，甚至只是教育部门从事这些工作里边很小的一块。（访谈 39，G20220506 - D 政府行政管理人员，01 - PP：4）

---

① 周雪光、艾云：《多重逻辑下的制度变迁：一个分析框架》，《中国社会科学》2010 年第 4 期，第 132—150 页。

更为甚者,任务属性"弱"导致在高职院校行政管理中,校企合作管理部门也处于边缘地位。一位高职院校的校企合作处处长和项目管理科的科长说:

> 校企合作处要么依托教务处,要么依托科研处。即使单独成立出来,想去做很多事情,行政的阻力非常大。(访谈04,CZ20220421－L 校企合作处处长、兼任创新创业学院院长等,04－PP:26－28)

其次,从块块关系来看。C高职院校处于珠三角地区,是省属高职院校。近年来,学校的主管部门及相关职能部门高度重视学校的发展。其中2018年度,学校办学经费总收入为31453.62万元,主要来源财政经常性补助收入(38.2%)、中央或地方财政专项投入(22.3%)、学费收入(35.9%)、其他收入(3.6%);2019年度,学校办学经费总收入为52456.5万元,主要来源财政经常性补助收入(23.4%)、中央或地方财政专项投入(50.8%)、学费收入(23.2%)、其他收入(2.6%);2020年度,学校办学经费总收入为56651.25万元,主要来源财政经常性补助收入(32.4%)、中央或地方财政专项投入(37.6%)、学费收入(28.1%)、其他收入(1.9%),学校办学经费总收入的持续增长,为学校的建设发展提供了有力保障。(收集06－09,CR20201215 C高职院校高等职业教育质量年度报告(2019—2021年),06－09－PP:51－53)政府财政投入状况如图6－11所示。

综上可以看出,虽然块块关系对职教集团非实体化运作的影响不明显,但部门壁垒使政府有方向、欠方法,这是导致职教集团非实体化运作的根源之一。

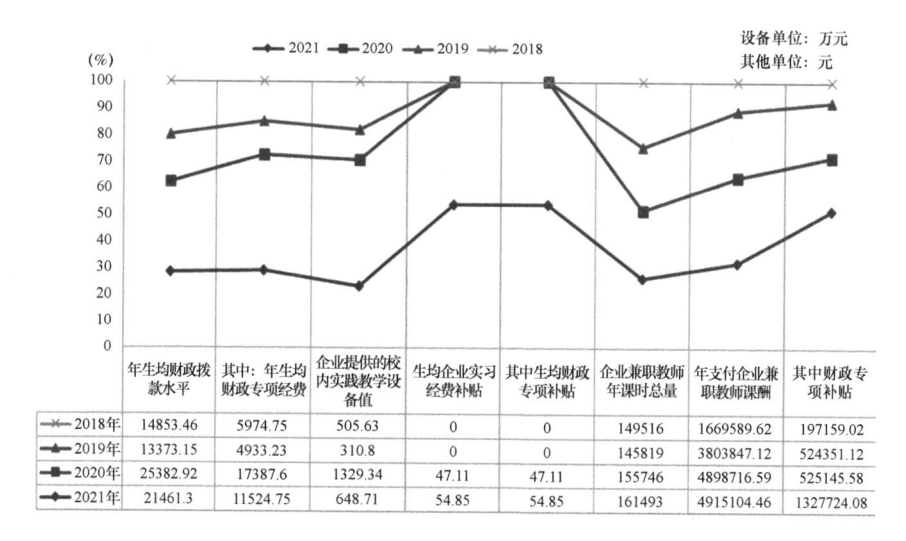

第六章 高职校企合作育人模式的静态差异及其影响机制 / 155

	年生均财政拨款水平	其中：年生均财政专项经费	企业提供的校内实践教学设备值	生均企业实习经费补贴	其中生均财政专项补贴	企业兼职教师年课时总量	年支付企业兼职教师课酬	其中财政专项补贴
2018年	14853.46	5974.75	505.63	0	0	149516	1669589.62	197159.02
2019年	13373.15	4933.23	310.8	0	0	145819	3803847.12	524351.12
2020年	25382.92	17387.6	1329.34	47.11	47.11	155746	4898716.59	525145.58
2021年	21461.3	11524.75	648.71	54.85	54.85	161493	4915104.46	1327724.08

图 6-11　2018—2021 年 C 高职院校财政投入情况

资料来源：根据中国高职高专教育网站数据整理并绘制。

（二）政治监管逻辑：问责风险的影响

导致职教集团模式理论与实践脱节，或者说导致职教集团非实体化运作的根源之二在于"问责风险"，即高职院校要对公办职业教育的国有资产承担保值和增值任务，对执行不规范的合作就要被审计和问责。高职院校的决策者提及这个问题，都无可奈何：

> 职教集团实体化的政策是个伪命题，比如我们在下面设立一个以企业为主体的商学院。第一它有用人的需求，同时我们又实现了资源共享，但是审计过不了。因为我们是公办院校，现在政府哪个部门敢说，你学校出钱大胆做吧。因为只要学校出钱，就会有国有资产流失，谁敢？（访谈01，CZ20211016-L校企合作处处长和创新创业学院院长，01-PP：12）

与之相对应，与高职院校合作的一位企业决策者在接受采访时表达：

> 其实影响企业进行资产专用性投资的一个很重要的问题，就是

资产归属的问题。企业怎么投，学校怎么投，这个权属怎么界定，收益怎么分享，这是存在机制突破的问题了。但是现在政府部门各种审计监督比较严格，一不小心改革的先锋就成了先烈了。（访谈04，CQ20211226-L龙头企业党委副书记兼任人力资源中心的总监，04-PP:7）

对此，高职院校和企业都采取各种措施规避"问责风险"。从高职院校的视角来看：一方面高职院校根本不敢接受企业的经费投入：

我们根本不需要企业投入，况且他投钱你敢收吗？因为你一旦涉及钱，理论上是对的，但是你去问问一下纪检，去问一下审计，你就知道这些是怎么走的。（访谈01，CZ20211016-L校企合作处处长和创新创业学院院长，01-PP:19）

另一方面高职院校在推行各种项目的时候"畏首畏尾"：

我们推进项目过程中，要随时想着避免被审计的风险。很多学校把场地出租，审计就有风险，所以，我们这么做就必须是老师负责制。（访谈01，CZ20211016-L校企合作处处长和创新创业学院院长，01-PP:09）

从合作企业的视角来看，亦在规避"问责风险"引发的扩张效应。一位与高职院校合作的龙头企业的党委副书记、兼任人力资源中心总监说：

学校因为是属于国家投资的，国家的投资原则上只能投到学校来。不能投到企业，这个机制还没有突破。对于企业来讲也是一个现实的问题，如果说小额的一些投资，资助到那个学校，这对企业来说，是不符合企业长远经济利益的。所以现在我们采取一种方式，把一些主要的投资投在企业上面，比如我们投资的数字化工厂，这个训练场景就设置在我们企业里面，我们可以免费开放给学校。我跟你补充一点，因为我们董事长是全国政协委员，每年我们会至少提一个关于产教融合的提案，所以接下来可能我们也要考虑产权归属的问题该怎么样有效解决，我到时候看看能不能通过大家各方的一些声音，把它上升到全国政协提案层面去。（访谈04，CQ20211226-L龙头企业党委副书记、兼任人力资源中心的总监，04-PP：06-07）

以上导致的结果是职教集团发展二十多年来，仍然"集而不团、团而不暖"。即问责风险问题是导致职教集团非实体化运作的根源之二。

（三）企业市场逻辑：专用技能需求程度的影响

企业具有逐利性，追求收益最大化。就C高职院校示范性职业教育集团而言，企业主要为了获取平台与资源。高职院校的决策者说：

职教集团可以说是一种平台，可能通过职教集团这个平台，然后使大家各方的利益，在这个平台上都能够得到收获，他有收获他自然就愿意来了。（访谈27，AZ20220116-X 高职院校校长办公室主任，04-PP：10）

与之相应，一位龙头企业党委副书记、兼任人力资源中心总监说：

C高职院校牵头发起了广东机电职教集团，成立后他们学校担任会长单位。在2019年的时候，他们主动提出由一些龙头企业来担任职教集团的会长，用来加强龙头企业跟学校深度的合作跟互动。后来我们担任了电器行业协会的会长，机械行业协会的副会长，我们也是电器机械领军企业，因此，他们又希望我们董事长担任广东机电职教集团的会长。应该讲，双方从不同维度发挥作用，将职教集团的平台资源功能发挥到极致，将这种校企融合变得更加主动，更加深入，更加体系化。（访谈06，CQ20211226-L龙头企业党委副书记兼任人力资源中心的总监，06-PP：02-05）

企业的利益诉求决定了C高职院校示范性职业教育集团在推进高职

校企合作育人方面,是非强制性的,其并不强制性要求学生一定要到某个企业、某个企业一定要接收某所学校的学生,它还是以市场化的运作为基础的。一位企业的负责人说:

> 职教集团这种松散联盟的性质,其实是一个既符合市场规律,也符合我们现实需求的一种比较良好的模式。据我所知,它是非强制性的,包括一些企业冠名班,其实就是形成一种需求的优先供给,但不是强制性要求学生一定要到某个企业,或者企业一定要接收某个学校的学生,它还是以市场化的运作为基础。(访谈06,CQ20211226-L企业党委副书记兼任人力资源中心的总监,06-PP:09-11)

综上可知,虽然C高职院校示范性职业教育集团在推进高等职业教育校企合作育人方面是以市场化运作为基础,但是,专用技能需求仍然是影响高等职业教育合作育人的重要因素。他们选择职教集团这种模式,一方面是政策在引导,另一方面企业有内需,因为只有企业有内需它才可持续。由此看来,专用技能需求程度是影响高职校企合作育人的重要因素。

(四) 院校发展逻辑:组织声誉的影响

国家一系列政策明确规定职业教育集团是一种规模化、集团化、连锁式的发展模式,C高职院校示范性职业教育集团的规模化发展首先是基于政策的牵引力。高职院校的决策者们说:

> 成立广东机电职教集团有动因?简而言之就是政府的牵引力影响。比如将高职院校牵头组建实体化运行的职业教育集团作为国家和省'双高计划'遴选的必要条件,还有师资经费等原因,这就推着你一步一步往前走,而且这些直接和各种绩效挂钩。(访谈01,AZ20211016-L校企合作处处长和创新创业学院院长,01-PP:09)

其次,组织声誉也是影响C高职院校示范性职业教育集团规模化发展的重要因素。C 高职院校是国家"双高"计划建设单位、国家优质高职院校、教育部第一批示范性职业教育集团（联盟）牵头单位等，曾获评全国高职院校育人成效 50 强、服务贡献 50 强、国际影响力 50 强和学生管理 50 强，具有较强的影响力。一位高职院校的决策者说：

> 整个校企合作不是企业主动找学校，或者学校主动找企业，谁找谁的问题，而是学校自身魅力提升的问题。所以，对于校企合作，我们学校要的就是人才的品牌，没有人才品牌做支持，一切都带动不起来。它整个过程是有一种内在的逻辑，因为你有价值，所以企业还想找你；因为我跟你合作好，所以我也想让我的朋友好。比如我们与美的集团的合作，都是他们主动找到学校的。原因一方面是在于我们学校的机电专业排名非常靠前，另一方面我们学生的社会认可度很高，学生实际解决问题的能力很强。（访谈 01，CZ20211016 - L 校企合作处处长和创新创业学院院长，01 - PP：01 - 02，17 - 18）

与之相应，一位与高职院校合作的企业人力资源部总监说：

> 我们选择合作院校，首先考虑专业的吻合性，其次我们必须要找地标性的职业院校进行合作，衡量地标性标准就是职业院校在全国的排名。为什么同地标性职业院校合作呢，是因为我们可以通过他的知名度，提升我们企业的档次和影响力，以后我们再想和其他职业院校开展合作就容易多了，这个是一环扣一环的。（访谈 15，DQ20211223 - L 企业人力资源部总监，08 - PP：11）

综上可以看出，政策引导与高职院校组织声誉的相互作用对 C 高职院校示范性职业教育集团的规模化发展产生了积极的影响。

（五）多重制度逻辑的关系

通过实地走访和考察可知，C 高职院校示范性职业教育集团的定位是政府审批的社会组织，组织性质为松散的联盟，组织形态呈现为非实体化运作下的"集而不团"与"团而不暖"特征。在校企合作育人方面的表现为"非强制性"下的市场化运作。C 高职院校示范性职业教育集团在建设过程中涉及的育人主体主要有政府、行业、企业与高职院校。其中政府的利益诉求是推进职教集团规模化、集团化、连锁式的发展，满足岗位技术升级对大量技能人才的需求，进而为促进区域经济发展、维持社会和谐与稳定奠定基础；企业的利益诉求是获得政府资助，获取平台与资源；高职院校的利益诉求是获得政府资助，通过发挥职教集团的资源整合优化作用，实现资源共享；行业的利益诉求是获取平台与资源，提升行业竞争力。

多重制度逻辑之间的次序组合及其相互关系为：在政策引导下，当政府条块协同度低而问责风险高，企业专用技能需求程度低而政策许可度偏向"一对多合作"或者"多对多合作"，且高职院校组织声誉较高时，高职院校和企业之间则会形成一种大规模松散关联型合作育人模式。该模式提供了大量的通用性技能人才，这类通用性技能人才可以通过"干中学"机制一定程度上替代专用性技能人才，这将为国家发展职业教育校企合作育人战略提供新的路径。

第四节　小规模松散关联型合作育人模式的影响机制

2006年5月9日，企业T斥资400万元与D高职院校合作成立企业冠名的"订单班"，双方开展"订单班"合作至今15年（案例背景见附录Ⅴ）。本节以所选取的D高职院校与企业T的订单式培养案例为载体，结合访谈材料、观察材料以及二手数据等对分析框架进行案例经验层面的阐释。

一　小规模松散关联型合作育人模式的特征分析

与大规模紧密关联型合作育人模式不同，小规模松散关联型合作育人模式呈现参与合作各方承诺投入资源的成本低和合作网络规模小的特征。

D高职院校与企业T的订单式培养不足之一在于：校企双方按照市场协议价格进行技能的"生产"与"购买"，[①] 企业参与程度低。一位高

---

① 朱俊、田志磊：《论校企合作治理模式的选择机理》，《江苏教育》2018年第20期，第22—26页。

职院校二级学院副院长说：

> 我们与企业 T 的合作，其他的都很满意，唯一遗憾的就是，企业 T 没有参与课程设置、教材开发、标准制定等过程。我们也和他们协商了很多次，均无果。（访谈 07，DZ20201216 - C　D 高职院校二级学院副院长，07 - PP：09）

与之对应，与高职院校合作的企业 T 人力资源总监说：

> 我们跟学校合作是不参与学校内部管理的。企业与学校合作的前提条件是不影响学校的教学计划，不打乱学生班级的，给学生培训都是利用学生没课的时间安排的。我们企业职责主要为，给学生做组班宣传，根据企业、学校和学生签订三方协议后给学生量体裁衣定制企业 T 服装，之后由公司派专业讲师到学校给订单班学生进行培训，贯穿企业 T 的企业文化、服务理念、专业实操等内容；第三年学校会安排学生来企业实习，比较优秀的毕业生我们会留在企业。（访谈 13，DQ20210106 - M　企业 T 人力资源部总监，07 - PP：04 - 05）

综上可知，在 D 高职院校与企业 T 订单式培养的过程中，尽管"订单发包"的企业会参与到学校人才培养活动中，但是，企业在合作制订人才培养方案、开发企业课程和教材等内涵建设方面并无实质性合作①，具体如表 6-1 所示。

表 6-1　　　　　D 高职院校与企业 T 订单式培养的特征

内容	校企合作订单式培养
招生方式	先招生后招工，学生是单一身份，企业 T 只是进行订单班的组班宣传
企业资质	企业 T 具有旺盛的用工需求，但企业 T 并未参与 D 高职院校课程设置、教学标准制定等内涵建设，企业参与技能投资的意愿较低

---

① 朱俊、田志磊：《论校企合作治理模式的选择机理》，《江苏教育》2018 年第 20 期，第 22—26 页。

续表

内容	校企合作订单式培养
企业保障	企业T人力资源部有专门对接D高职院校的人员,但是没有完善的企业培训机构和资源
教学组织	主要在学校进行,学生在企业T进行顶岗实习的时间不超过6个月
教学内容	以学校理论知识学习为主
考核评价	学校是单一评价主体,企业少量参与

资料来源：参考傅俊和刘繁荣①表1并修改。

D高职院校与企业T订单式培养的不足之二在于：合作网络规模小，D高职院校与企业T是一对一的合作关系。一位高职院校的二级学院副院长接受访谈时说：

> 实习方面，每一年输送一个班30—50人到香港唐宫饮食集团在北京、上海、苏州、杭州各个分店进行毕业实习10个月；留在唐宫就业的人数，每一年在5—15人。（访谈09，DZ20211021 - C二级学院副院长，03 - PP：04）

与之相应，企业T的人力资源部总监说：

> 迄今15年里，留在企业的平均下来每年13人的样子，现在他们分别已做到集团行政部经理、集团行政部助理、集团行政部文员、集团培训部主管、集团营运部助理、集团市场部助理、集团培训导师、集团工程部助理、华东区行政助理、广东营运部助理、深圳东海店长、深圳彩德店经理、万象店人事助理及各店的主任及主管等岗位。不足之处是，学生实习期满后留用率较低，尤其是在新老学生交替中，对门店的顾客满意度有很大影响。（访谈14，DQ20220116 - W企业人力资源部总监，08 - PP：02，08）

---

① 傅俊、刘繁荣：《高职校企合作订单培养项目向现代学徒制转型的障碍与对策》，《中国职业技术教育》2017年第21期，第81—85、96页。

由上可知，D 高职院校与企业 T 的订单式培养模式既无法满足现代先进生产力的传承和生产技术的复杂性对专用性技能人才的需求，也无法满足现代工业生产的规模化对大量技能人才的需求。其对企业节流，以及校企合作育人的可持续发展影响很大。

二 小规模松散关联型合作育人模式的影响机制分析

2002—2007 年，真正意义上的职业教育校企合作发展初期，国家大力推广订单式培养模式（参见表 6-2）；之后，订单式培养模式鲜少出现在政策视野里，国家和地方政府对其的政策激励相对较少，偏向于引入市场机制来推行订单式培养。也就是说，在政府与市场关系中，自由放任的竞争性市场发挥作用；在企业与高职院校的关系中，高职院校是发挥主导作用的，企业只是象征性的参与。因此，政府层面的行政科层逻辑和政治监管逻辑对其虽有一定的影响，但是极其微弱。正如高职院校的二级学院院长们所说：

> 如果从学校合作的角度，它最在乎的是政府，学校永远是依赖于政府的，政府政策特别是有拨款的、有经费的这种政策。一旦国家政策定下来，学校就马上去找企业来合作，哪怕是松散的虚的。但是因为职业院校是公共管理部门，领导不敢担负被审计和国有资产流失的风险，没有政策，领导宁愿求稳。（访谈 11，DZ20210106-C 二级学院副院长，05-PP：16，33）

表 6-2 订单式培养的政策演变历程

发布时间	政策名称	政策内容
2002 年	《国务院关于大力推进职业教育改革与发展的决定》（国发〔2002〕16 号）	企业要和职业学校加强合作，实行多种形式联合办学，开展"订单"培训
2002 年	《教育部、国家经贸委、劳动和社会保障部关于进一步发挥行业、企业在职业教育和培训中作用的意见》	组织开展订单式培训
2004 年	《教育部工作要点》（教政法〔2004〕1 号）	大力推广订单式培养模式，进一步促进产学研结合

续表

发布时间	政策名称	政策内容
2004 年	《教育部、建设部关于实施职业院校建设行业技能型紧缺人才培养培训工程的通知》	实行用人订单式教育与培训的新模式
2004 年	《教育部关于以就业为导向 深化高等职业教育改革的若干意见》	高等职业院校要大力开展订单式培养,各省级教育行政部门要积极支持高等职业院校开展订单式培养
2004 年	《教育部等七部门关于进一步加强职业教育工作的若干意见》	推动产教结合,加强校企合作,积极开展"订单式"培养
2006 年	《教育部工作要点》	继续推广"订单"培养
2007 年	《国家教育事业发展"十一五"规划纲要》	坚持以就业为导向,积极开展订单式培养模式

资料来源:根据相关政策文件整理。

综上可知,订单式合作主要基于校企之间的"博弈"。当企业和高职院校是对称性资源依赖,即企业具有强烈的用工需求且采用专用性技能投资策略,高职院校具有较高的组织声誉时,双方可能进入较深层次的合作。而当企业和高职院校是不对称性资源依赖时,双方的合作都是小规模松散的。就 D 高职院校与企业 T 而言,虽然企业 T 是上市企业,D 高职院校是"双高院校",具有较强的组织声誉,但是企业 T 对专用性技能的需求程度是低的,且高职院校一再给企业协商,希望企业深度参与人才培养过程但无果,再加上 D 高职院校与企业 T 的"订单式培养"是一种一对一的市场交易,因此可以说,校企之间呈现的是小规模松散关联型合作育人模式。

多重制度逻辑之间的次序组合及其相互关系为:在政府偏向于引入市场机制来推行校企合作育人的情况下,校企双方按照市场协议价格进行技能的"生产"与"购买",意味着参与各方的专用性技能投资水平有限和合作网络规模小,高职院校和企业之间则会形成一种小规模松散关联型合作育人模式。该模式实在难以解决中国技能人才短缺问题。

第五节　静态差异：四种模式的跨案例比较与讨论

一　四种高职校企合作育人模式的特征分析

四种不同的高职校企合作育人模式，在人力资产专用性程度（合作深度）、网络规模大小（合作广度）以及效果表现上，都存在一些差异，对这些差异的归纳和概括，可更为直观地洞悉高职校企合作育人模式形成背后的内在机制，具体如表6-3所示。

表6-3　　　静态差异下高职校企合作育人模式特征的比较

四种模式	技能合作深度：人力资产专用性程度	技能合作广度：网络规模大小	效果表现
大规模紧密关联型合作育人模式	人力资产专用性程度高：行业内企业对专用性技能具有巨大的需求，且对专用性技能进行大量的投资；高职院校技能投资成本高	网络规模大：一对多合作或多对多的合作	培养大量的面向行业的可转移性技能人才，在解决中国技能人才短缺问题上，提供了大量的专用性技能人才
小规模紧密关联型合作育人模式	人力资产专用性程度高：企业自身对专用性技能具有巨大的需求，且对专用性技能进行大量的投资；高职院校技能投资成本高	网络规模小：一对一合作	培养少量的企业完全专用性技能人才，在解决中国技能人才短缺问题上，提供了少量的专用性技能人才
大规模松散关联型合作育人模式	人力资产专用性程度低：具有松散联盟性质，在校企合作育人方面表现为"非强制性"下的市场化运作；企业虽对技能人才有需求，但是对专用性技能需求程度不高，且对专用性技能的投资意愿较低	网络规模大：一对多合作或多对多的合作	培养大量的通用性技能人才，在解决中国技能人才短缺问题上，提供了大量的通用性技能人才

续表

四种模式	技能合作深度：人力资产专用性程度	技能合作广度：网络规模大小	效果表现
小规模松散关联型合作育人模式	人力资产专用性程度低：尽管企业会参与到学校人才培养活动中，但是企业在合作制订人才培养方案、开发课程等方面并无实质性合作；企业虽对技能人才有需求，但是对专用性技能需求程度不高，且对专用性技能的投资意愿较低	网络规模小：一对一合作	培养少量的通用性技能人才，难以解决中国技能人才短缺问题

二 四种高职校企合作育人模式的影响机制分析

高职校企合作育人模式的形成是一个复杂的过程，其遵循的从来不是单一维度的逻辑，多重制度逻辑之间的张力形塑了高职校企合作育人模式的多样化。

（一）行政科层逻辑：条块关系的影响

行政科层逻辑指政府职能部门在履行组织职责、完成组织任务的过程中需要遵循的规则和机制。[①] 在我国，科层制组织模式又带有条块分割的特点。就高等职业教育管理体制而言，纵向层面上，以行政隶属关系为主线，划分为中央、省、市（地）三个行政层级。目前高职院校主要由地方政府举办和管理，隶属关系主要在省、市（地）两级，省级政府为主，市（地）政府为辅。举办主体主要有省教育厅、其他省级业务厅局、市（地）级政府以及少数大型国有企业。[②] 横向层面上，高职院校的管理结构为"一主多辅"，既具有教育部门单一管理模式的特点，又具有

[①] 谭海波、赵雪娇：《"回应式创新"：多重制度逻辑下的政府组织变迁——以广东省J市行政服务中心的创建过程为例》，《公共管理学报》2016年第4期，第16—29、152页。

[②] 汤敏骞：《我国高职教育管理体制变革研究》，《教育与职业》2016年第9期，第11—14页；唐东存：《高职教育管理体制的创新研究》，《中国职业技术教育》2017年第10期，第66—68页。

多部门管理模式的特点①。高职院校的举办主体与管理主体呈网状格局，条块分割现状凸显。在这种管理体制下，政府部门存在政出多门、职能重叠、统筹乏力等弊端，人才培养与用人需求之间的结构性矛盾难以消除②。广东省高职院校的举办主体和管理主体如图6-12和图6-13所示。

根据图6-12和图6-13，在纵向层面上，GD省高职院校分为部属高职、省属高职和市（区）属高职三类，隶属关系主要在省、市（区）两级。举办主体主要有交通运输部、省教育厅、其他省级业务厅局、市（区）级政府以及少数地方企业。在横向层面上，以GD省教育厅业务管理为主，其他相关业务主管部门管理为辅。

首先，从条条关系看。政府的行为逻辑受所处的任务环境的制约，必须在多重政策目标相应的各种代价和收益之间加以权衡与选择。③政府各部门之间的协同程度与其任务环境密切相关。表6-3支持了以上判断，正负面案例比较表明，高职校企合作育人的任务属性"弱"，任务属性"弱"导致了教育业务主管部门的"弱势地位"。教育业务主管部门的"弱势地位"导致其统筹乏力，甚至在教育业务主管内部都不是主要工作。

高职院校	中央属高职院校（1%）			地方属高职院校（99%）								民办高职院校（30%）
	部属高职院校（1%）			省属高职院校（32%）			市属高职院校（36%）			区属高职院校(1%)		
合计	小计	教育部	交通运输部	小计	省教育厅	行业部门	地方企业	市人民政府	市教育局	行业部门	区政府	
87	1	0	1	86	23	3	2	29	1	1	1	26

图 6-12　GD 省高职院校的举办主体

资料来源：根据 GD 省各高职院校官网中数据整理并绘制。

---

① 汤敏骞：《我国高职教育管理体制变革研究》，《教育与职业》2016 年第 9 期，第 11—14 页；唐东存：《高职教育管理体制的创新研究》，《中国职业技术教育》2017 年第 10 期，第 66—68 页。

② 汤敏骞：《我国高职教育管理体制变革研究》，《教育与职业》2016 年第 9 期，第 11—14 页；唐东存：《高职教育管理体制的创新研究》，《中国职业技术教育》2017 年第 10 期，第 66—68 页。

③ 周雪光、艾云：《多重逻辑下的制度变迁：一个分析框架》，《中国社会科学》2010 年第 4 期，第 132—150、223 页。

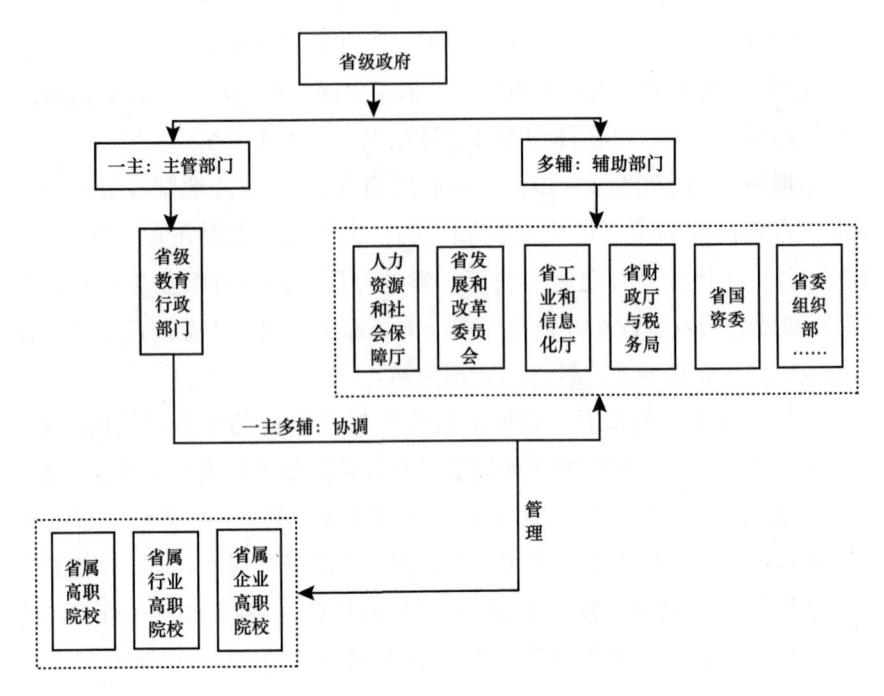

```
                    ┌─────────┐
                    │ 省级政府 │
                    └────┬────┘
              ┌──────────┴──────────┐
        ┌─────▼─────┐         ┌─────▼─────┐
        │一主：主管 │         │多辅：辅助 │
        │   部门    │         │   部门    │
        └─────┬─────┘         └─────┬─────┘
      ┌───────▼───────┐    ┌────────▼─────────────────────────────────┐
      │  省级教育行政  │    │ 人力   省发   省工   省财   省国   省委  │
      │     部门      │    │ 资源   展和   业和   政厅   资委   组织  │
      │               │    │ 和社   改革   信息   与税           部   │
      │               │    │ 会保   委员   化厅   务局           ……  │
      │               │    │ 障厅    会                               │
      └───────┬───────┘    └──────────────────────────────────────────┘
              │      一主多辅：协调
              │
              │                           管
              │                           理
      ┌───────▼──────────────────────┐
      │ 省属    省属行   省属企      │
      │ 高职    业高职   业高职      │
      │ 院校    院校     院校        │
      └──────────────────────────────┘
```

图 6-13　GD 省高职院校的管理主体（以省属高职为例）

任务属性"弱"体现在两个方面：其一，高职校企合作育人这块内容尚未纳入地方政府的绩效考核。即使地方政府教育部门颁发系列文件，明确提出把职业教育纳入各级党委政府部门的干部政绩评价，但实际运行结果是"教育部门说了不算，组织部门说了才算"。（访谈47，G20220506-D 政府行政管理人员，09-PP：16）其二，高职校企合作育人这块内容缺乏硬性考核指标。政府和高职院校的决策者们普遍提出，国家和地方相关规范性文件中，支持、鼓励、推进、引导等鼓励性、引导性用语出现的频率非常高，必须、责任、处罚等更具约束性、强制性的用语出现极少，这样导致高职院校无所适从①。一位受访者说：

---

① 方益权、闫静：《关于完善我国产教融合制度建设的思考》，《高等工程教育研究》2021年第5期，第113—120页。

在整个管理体制上，一直是纵横多头管理，而且政策都是比较柔性的。（访谈42，G20220422-D政府行政管理人员，04-PP：28）

任务属性"弱"导致了教育业务主管部门的"弱势地位"，教育业务主管部门的"弱势地位"导致其统筹乏力。具体体现在以下四个方面。

第一，部门壁垒高筑，导致很多政策无法出台。一位受访者说：

职业教育是一种跨界教育，他涉及产业部门等。很多时候教育部和教育厅出台的政策要征求其他部门意见的，但是其他很多部门都比教育部门强势，他们更具有话语权。所以就导致教育部门在与其他部门博弈的过程中，败下阵来，最后教育业务管理部门很多想出台的政策就不能见之于众。（访谈48，G20220512-D政府行政管理人员，10-PP：21）

第二，即使部门协同联合发文，部分政策仍无法落实。比如高职院校和企业决策者们都提及的税收优惠无法落实的问题，省教育厅职业教育与成人教育处的负责人坦白地说："关于企业税收落地的问题，税务部门和财务部门和我们的理解不一样，他们有他们的文件。其实政策的理解和执行中间有一个模糊地带。"（访谈39，G20220506-D政府行政管理人员，01-PP：4）对于此问题，政府行政管理人员也说："比如税收减免，税务部门他不是说不做，而是他提出来的程序，会让你自动放弃，会把你吓退。最后的结果是，我还是不要这个钱了吧。"（访谈42，G20220422-D政府行政管理人员，04-PP：06-07）

第三，条条之间互相封闭，教育行政管理部门和人力资源与社会保障管理部门之间的争斗尤甚。一位高职院校研究所负责人说：

我为了调研10所高水平技师学院，一个朋友把我拉到技师学院的群里面，那里面有技师学院的校长，还有人事局的。人事局的领导私底下给我朋友说，这是一个工作群，不方便我（外人）加入，于是我就退群了。为什么呢？因为你不是这个系统的人，人家不想让我过多知道他们内部的事。你去调研一下技师学院,你就知道教育口与有些部门的矛盾有多大。(访谈32,EZ20220517-G高职院校研究所负责人,04-PP:06-07)

第四,在教育行政部门①内部,校企合作与产教融合这块工作并不是主要工作。对于此问题,高职院校的执行者深有感触地说:

校企合作、产教融合这一块工作对教育部门、发改委来说不是主要工作,还没有到政府极度重视的时候,所以他的决策是很难的。(访谈04,CZ20220421-L校企合作处处长和创新创业学院院长,04-PP:7)

综上笔者认为,在缺乏配套性制度安排或有效透明市场的情况下,地方政府可以发挥中介组织的协调作用,采取各种策略和提供各种公共产品(如税收优惠、财政专项投入、优惠信贷等)形成对企业和高职院校技能合作的地方化产权保护。正负面案例比较表明,地方化产权保护的差异导致了高职校企合作育人模式形塑路径的差异。例如,在大规模紧密关联型合作育人模式的案例中,地方政府通过认可、激励、协调和参与的方式促成了技能形成领域的大规模紧密关联型合作模式的形成。② 在小规模紧密关联型合作育人模式的案例中,地方政府通过组建领导小组,由副市长担任组长,促使了技能形成领域的小规模紧密关联型合作育人模式的形成。相比之下,在大规模松散关联型合作育人模式的案例中,因缺乏地方政府的地方化产权保护,C高职院校示范性职业教育集团只能采取非实体化运作的运行机制,进而形成了大规模松散关联型合作育人模式。在小规模松散关联型合作育人模式的案例中,因缺乏地方政府的地方化产权保护,地方政府偏向引入市场

---

① 校企合作这块工作由教育行政部门主管,产教融合这块工作由发展和改革委员会主管。但是发展和改革委员会只把这块工作交给社会发展处统筹管理,具体执行仍然是教育行政部门。
② 杨钋:《技能形成与区域创新:职业教育校企合作的功能分析》,社会科学文献出版社2020年版,第179—191页。

机制来促使该模式的发展，校企基于市场机制进行技能的生产与购买，因而形成了小规模松散关联型合作育人模式。这些观点也得到了政府决策者们的认同：

> 每一个地方，包括省、地市政府，他们对职业教育在整个经济与社会发展中的地位和作用认识都不同。比方说有些地方的领导，他对职业教育的认识相对比较深刻，职业教育就会得到更多地方政府的支持与保护。（访谈48，G20220512-D政府行政管理人员，10-PP：8-11）

其次，从块块关系来看。省属与市属高职院校之间财政拨款的差异很大，珠三角与粤西、粤北、粤东市属高职院校之间财政拨款的差异也很大。具体情况如图6-14和图6-15所示。

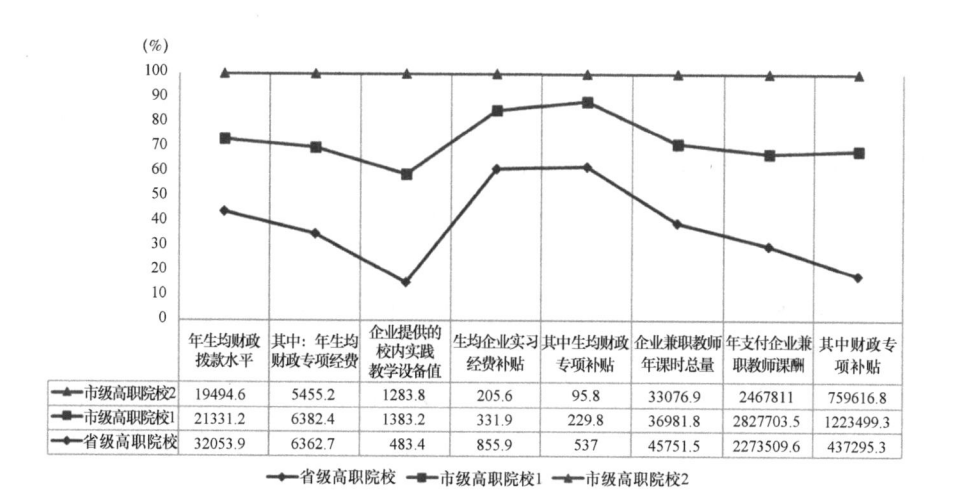

	年生均财政拨款水平	其中：年生均财政专项经费	企业提供的校内实践教学设备值	生均企业实习经费补贴	其中生均财政专项补贴	企业兼职教师年课时总量	年支付企业兼职教师课酬	其中财政专项补贴
市级高职院校2	19494.6	5455.2	1283.8	205.6	95.8	33076.9	2467811	759616.8
市级高职院校1	21331.2	6382.4	1383.2	331.9	229.8	36981.8	2827703.5	1223499.3
省级高职院校	32053.9	6362.7	483.4	855.9	537	45751.5	2273509.6	437295.3

图6-14　GD省属和珠三角等市属财政拨款的差异①

注：图表中设备的单位为万元，其他的单位均为元。

资料来源：根据中国高职高专教育网站中数据整理并绘制。

---

① 市级高职院校1是指GD省所有的市属高职院校，市级高职院校2是指剔除深圳职业技术学院和深圳信息职业技术学院之后的所有高职院校。

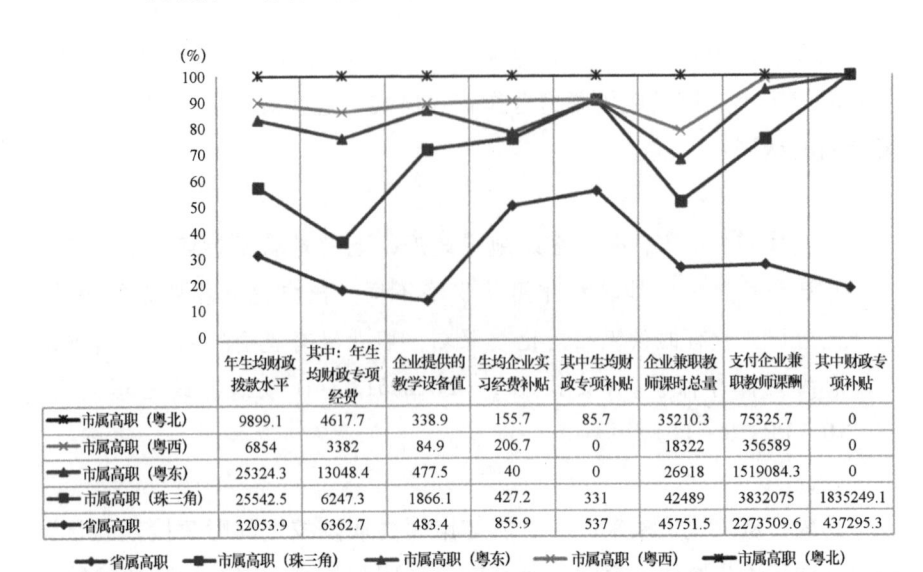

	年生均财政拨款水平	其中:年生均财政专项经费	企业提供的教学设备值	生均企业实习经费补贴	其中生均财政专项补贴	企业兼职教师课时总量	支付企业兼职教师课酬	其中财政专项补贴
市属高职（粤北）	9899.1	4617.7	338.9	155.7	85.7	35210.3	75325.7	0
市属高职（粤西）	6854	3382	84.9	206.7	0	18322	356589	0
市属高职（粤东）	25324.3	13048.4	477.5	40	0	26918	1519084.3	0
市属高职（珠三角）	25542.5	6247.3	1866.1	427.2	331	42489	3832075	1835249.1
省属高职	32053.9	6362.7	483.4	855.9	537	45751.5	2273509.6	437295.3

图 6-15　珠三角与粤西、粤北、粤东区域①市属高职院校财政拨款的差异

注：图表中设备的单位为万元，其他的单位均为元。

资料来源：根据中国高职高专教育网站中数据整理并绘制。

由此可知，在年生均财政拨款水平上，市属高职院校仅占省属高职院校财政拨款额度的 67%；在生均企业实习经费补贴上，市属高职院校仅占省属高职院校财政拨款额度的 39%；在企业兼职教师年课时总量上，市属高职院校占省属高职院校课时总量的比例为 81%，但是市属高职院校所支付的企业兼职教师的课酬高于省属高职院校的。省属高职和市属高职在财政资源获取方面的确存在明显差异。与此同时，珠三角与粤西、粤北、粤东市属高职院校在财政资源获取方面亦存在明显差异，具体体现在：在年生均财政拨款水平上，粤西和粤北仅占"珠三角地区"财政拨款额度的 27%、39%；仅占省属高职院校财政拨款额度的 21%、31%。在生均企业财政专项补贴上，粤西和粤东为零元，粤北仅占"珠三角地区"财政拨款额度的 26%。在支付企业兼职教师课酬方面，粤东、粤西和粤北为零元，而珠江三角洲地区财政的专项补贴为 1835349.1 万元。

---

① 珠三角主要指广州、深圳、佛山、东莞、中山、珠海、江门、肇庆、惠州。粤东主要指汕头、潮州、揭阳、汕尾；粤西主要指湛江、茂名、阳江；粤北：韶关、清远、云浮、梅州、河源。

表6-4 条条关系对高职校企合作育人模式的影响

案例	任务属性弱	教育业务管理部门弱势地位	地方政府是否提供地方化产权保护	示例
大规模紧密关联型合作育人模式：A 高职院校现代产业学院	是，具体体现在： a. 未纳入地方政府绩效考核 b. 柔性指标为主，缺乏硬性考核指标	是，具体体现在： a. 任务属性弱，导致教育业务管理部门婆的"弱势地位" b. 教育业务主管部门的"弱势地位"导致其统筹乏力 c. 教育业务主管部门内部的争夺，比如职成教育司与高教司关于产业学院的争夺	是，具体体现在： a. 主管部门为行业厅局，可充分调动行业内的资源 b. 共建部门为广州市市教育局与广州市开发区管委会 c. 除此之外，市纪委监委、市科技局、市人社局、市地震局、番禺区委区政府均提供地方化的支持与保护 d. 广州市产教融合示范区的示范项目	"政府对职业教育的考核比较简单，第一看职业教育办学条件是否达标；第二看教育督导委会对地市级政府在履行教育职责方面的表现打分，职业教育校企合作这块占的比例很少。"（访谈42，G20220422-D政府行政管理人员，04-PP：11） "现在政策都是比较柔性的，可操作性差，都是鼓励支持你先是这么写进去，没有干货是不行的。如果有刚性的约束，那就相对好一点了。"（访谈45，G20220421-T政府行政管理人员，07-PP：10） "比如产业学院，他很多东西就是几句话，但是具体落地的时候没有一个刚性的细则，使得大家工作开展的时候很茫然。"（访谈27，AZ20220106-X高职院校校长办公室，04-PP：11-12） "高职院校的教育主管部门相对弱势，因为你业务上管不着，编制上不是你管人家，学校自己就直接找人社局，缺钱人家也是直接向财政局要钱了，反而教育部门还在对高职院校的管理过程中是身处于弱势地位的。"（访谈46，G20220726-T政府行政管理人员，08-PP：06）

续表

案例	任务属性弱	教育业务管理部门弱势地位	地方政府是否提供地方化产权保护	示例
小规模紧密关联型合作育人模式：B 高职院校医学美容技术专业现代学徒制	是，具体体现在：柔性指标为主，缺乏硬性考核指标	是，具体体现在：任务属性弱，教育部门统筹乏力，比如教育部门的现代学徒制与人力资源与社会保障部门企业新型学徒制的争夺	是，具体体现在：a. 2012—2018 年，地方政府提供地方化支持与保护 b. 2019 年至今，市政府成立了领导小组，由副市长担任组长，各局市长担任组员，通过领导关系、条块关系从分割走向协同 c. 高职院校是 2015 年国家首批现代学徒制试点单位；市政府是 2019 年国家第三批现代学徒制试点地区，也是第三批唯一的地方政府试点地区；合作企业是 2019 年国家第三批现代学徒制试点企业	"教育部最早推出现代学徒制，然后人社部又推出企业新型学徒制；教育部推校企合作，发改委又推产教融合试点，这个东西实际上是一回事的。上面政府在推，到了市一级，就没必要争了"（访谈 43, G20220517 - D 政府行政管理人员，05 - PP: 11） "因为职业教育的生命力就是校企合作与产教融合，具体的能够有一些干货的政策不大，都是软性的，真正能够有起到一些激励就是说让学校能够放开手脚来大胆来开展校企合作的干货政策太少了。"（访谈 44, G20210107 - T 政府行政管理人员，06 - PP: 06）

第六章 高职校企合作育人模式的静态差异及其影响机制 / 175

续表

案例	任务属性弱	教育业务管理部门弱势地位	地方政府是否提供地方化产权保护	示例
大规模松散关联型合作育人模式：C高职院校示范性职业教育集团	是，具体体现在： a. 未纳入地方政府绩效考核 b. 柔性指标为主，缺乏硬性考核指标	是，具体体现在： a. 教育部门在整个体系里面是很弱势的 b. 教育业务主管部门的"弱势地位"导致其统筹乏力 c. 即使在教育部门（发改委）内部，校企合作与产教融合这块工作并不是主要工作，只占其中很小一部分	否，具体体现在： a. 组织定位为政府审批的社会组织 b. 组织性质为松散联盟 c. 组织形态为非实体化运作下的"集面而不团"与"团而不暖" d. 在育人方面的表现为"非强制性"下的市场化运作	"按照我掌握的情况，没有把职业教育发展纳入政府绩效考核里的。"（访谈 47，G20220506 - D 政府行政管理人员，09 - PP：16 - 18） "教育厅更多的是协调，省政府要求的，我们拿着省政府的要求去跟各个部门协调，比如说财政你应该从财政经费上保障，然后是编制部门，组织部门等，来按照省政府的要求完成这件事情。这种他不存在指导，因为是平行部门，你指导不了别人。"（访谈 39，G20220506 - D 政府行政管理人员，01 - PP：22） "教育部门在整个体系里面是很弱势的，他说什么都没用的。企业不听他的，企业的债务和税务你教育厅能管得了吗；企业的金融政策你教育厅能给吗，教育厅根本左右不了；补贴人社厅可以给，你教育厅你能给吗？这种情况下你喊下岗喊产教融合，校企合作就是空话，你给个空头的东西，所以都给不了。"（访谈 04，CZ20220421 - L 校合作处长和创新创业学院院长，04 - PP：4 - 5） "校企合作他只是属于教育教学的一块，不是说他是一个行政管理的事项，他应该这样来理解。其实教育这块工作里边很小的一块。"（访谈 39，是教育部门从事这些工作里边很小的一块。"（访谈 39，G20220506 - D 政府行政管理人员，01 - PP：4）

续表

案例	任务属性弱	教育业务管理部门弱势地位	地方政府是否提供地方化产权保护	示例
小规模松散关联型合作育人模式：D高职院校与企业T的订单式培养	是，具体体现为：柔性指标为主，缺乏硬性考核指标	是，具体体现在：高职教育是跨界教育，而教育业务管理部门处于"弱势"地位，统筹无力，政策无法落地	否，具体体现在： a. 政府机构偏向于引入市场机制来推进 b. 校企双方按照市场协议价格进行技能的"生产"与"购买"，自由放任的竞争性市场发挥主要作用	"职业教育是一种跨界教育，他又涉及产业部门。很多时候教育部、教育厅出台的政策不是你说了算，因为你必须要征求意见，但是其他的可能很多部门比教育部门要强势，他们更具有话语权。所以说领导致教育部门在博弈过程中败下阵来，很多想出台的政策根本就不能见诸于众。"（访谈48，G20220512 – D 政府行政管理人员，10 – PP：21） "职业教育他不是靠某一个部门就能够干起来的，他一定是多部门去合作，如果多部门合作顺畅的话，职业教育自然就会发展好。如果多部门他没有办法形成一个合力的话，职业教育你靠一两个部门是撑不起来的。"（访谈40，G20220409 – D 政府行政管理人员，02 – PP：7） "每个单位都一样，平级同一级别政府单位，指挥不了同级别部门的，只能孤军奋战。改革是需要风险代价的。所以政府的办公厅、发改委、审计厅、税务局、工商局以及政府的部门深度沟通出政策文件，让学校和企业有法可依，以上部门深度沟通出政策文件，才能激活校企合作。"（访谈11，DZ20210106 – C 高职院校二级学院副院长，05 – PP：33）

就正负面案例比较而言，在大规模紧密关联型合作育人模式的形成过程中，一方面，企业提供了大量的技能投资；另一方面，作为行业主导的高职院校，地方政府也给予大量的财政投入与支持。在小规模紧密关联型合作育人模式的形成过程中，作为粤北地区的市属高职院校，地方政府对其的财政支持和财政专项补贴力度非常高。这就间接证明了本节的观点，即地方化产权保护的差异导致了高职校企合作育人模式形塑路径的差异。

综上可知，地方化产权保护促使条块关系由分割走向协同，并对企业和高职院校人力资产专用性的投资意愿，以及校企合作的网络规模产生积极的影响。从而能更多地提供专用性技能人才，在解决中国技能人才短缺问题上开辟了新的路径。该结论验证了命题1。

（二）政治监管逻辑：问责风险的影响

政治监管逻辑指政府对高职院校公办职业教育的国有资产进行监管，一旦校企之间出现不规范的合作行为，政府对其实施惩罚需要遵循的规则和机制，具体表现为问责风险的影响。问责风险对于高职院校的影响来源于压力型体制下的制度安排，而对企业技能投资行为产生的影响则是这种问责风险的扩张效应[①]。

正负面案例比较表明，问责风险的高低导致了高职校企合作育人模式形塑路径的差异。表6-4印证了这一判断，在大规模紧密关联型合作育人模式的案例中，高职院校采用两种策略降低"问责风险"：在谈判初期和模式运行过程中，将企业的资产和职业院校的资产划分得很清楚，目前不存在"混"在一起的现象；而且在推进产业学院的过程中，领导层谨慎处理产业学院中出现的新问题，避免了产业学院改革夭折。但是这并不是长久之计，在深度访谈过程中，企业和高职院校决策者都表明，校企合作过程中国有资产运营管理、评估等关键性问题不明晰，将会制约产业学院的可持续发展。在小规模紧密关联型合作育人模式的案例中，企业和高职院校主要基于学徒人力资本进

---

① Schedler, A., Diamond, L. J., and Plattner, M. F. (eds.). The Self-restraining State: Power and Accountability in New Democracies [M], Lynne Rienner Publishers, 1999：17；马骏：《实现政治问责的三条道路》，《中国社会科学》2010年第5期，第103—120页。

行交易、使用与分配，利益获取方式为学费分成，一般是三七开。目前学费分成的方式在医学美容技术专业现代学徒制推行过程中是具有合法性的，因为有地方政府政策的支持。但是，不容忽视的是，"问责风险"仍是制约现代学徒制可持续发展的重要因素。相比之下，在大规模松散关联型合作育人模式的案例中，问责风险高则是导致高职院校和企业不作为的关键因素。在小规模松散关联型合作育人模式的案例中，地方政府偏向引入市场机制来促使该模式的发展，校企基于市场机制进行技能的生产与购买，问责风险高亦是导致高职院校和企业采取当前合作模式的重要因素。

关于问责风险高的问题，一位省教育厅的负责人如是说：

> 国有资产流失不是广东特有的，而是全国普遍性的。国有资产流失是个非常大的帽子，所以校长一听这个他就不干了。但是恰恰又是职业教育，你不搞校企合作，你的特色就很难彰显出来了，所以这就是个两难。（访谈47，G20220506 - D 政府行政管理人员，09 - PP：05 - 06）

问责风险使高职院校面临"两难选择"，而政府行政部门对国有资产流失问题也比较审慎的，从方向上是赞成的，但是并未真正落地的支持政策。政府部门的决策者们如是说：

> 政府也很为难，想做，但是不敢做，也没有想到好的解决办法。校企合作过程中涉及的国有资产流失问题，比如设备的折旧、维护等，我们也想尽办法去处理，我们也上交了申请，但是省财政厅不容许，最后也不了了之。再比如校企合作、产教融合，如果产生效益了，大家都乐呵呵，失败了怎么办呢，难道由政府来兜底吗，政府不敢动啊。（访谈44，G20210107 - T 市教育局职成教科科长，06 - PP：02）

综上，问责风险高主要体现在三个方面：其一，资产归属的界定不清晰问题。当校企合作双方因资产归属界定不清晰所采取的行动具有异质性时,高职校企合作育人遇到瓶颈就在情理之中。①其二,国有资产保值的评估标准问题。国有资产保值指企业利用了学校的资金、资产、场地、设备设施、物业、声誉等,必须要给学校带来经济效益、科研价值、社会知名度等。但这里确实有比较大的灰色地带,投资失败有流失的可能,赚钱也有流失的可能,风险是不言而喻的。其三,国有资产增值的评估标准问题,② 即资产增值部分的利益分配。关于增值问题,审计部门的看法为:

> 公办院校是事业单位,本来公立的学校就不应该有利润,何况增值是没有一个合理硬性标准的,所以学校的增值就无法界定。(访谈49,G20210421-T政府行政管理人员,11-PP:12-13)

问责风险高的根源是教育办学单纯算经济账。政府监管部门认为规则是最重要的,而高职院校认为培养学生是最重要,这种难以统一的标准就造成了职业教育校企合作育人工作的又一瓶颈。对于此,一位高职院校的决策者十分感慨地说:

> 审计不会看你功劳的,不会考虑你为社会培养了多少优秀毕业生,解决了多少家庭的就业问题,他主要从市场经济的角度来对你进行审计。(访谈11,DZ20220421-C高职院校二级学院副院长,05-PP:04,09-10)

与之相应,政府部门的决策者说:

> 因为现在通行的国有资产流失,其实它是个经济口的概念,但是你把它迁移到教育部门,你就必须要对它进行一个重新的认定。

---

① 王为民:《合作产权保护与重组:职业教育校企合作机制创新》,《教育研究》2020年第8期,第35—43页;陆俊杰:《职业教育发端与发展的逻辑辨析》,《职业技术教育》2015年第6期,第28—32页。

② 狭义的国有资产流失主要指国有资产保值问题,广义的国有资产流失包括国有资产保值与增值问题,本书指代的是广义的国有资产流失。

(访谈 47，G20220506 - D 政府行政管理人员，09 - PP：05 - 06)

问责风险高导致的结果显而易见。其一，高职院校面临较高的政治和经济风险，不作为现象凸显。一些政府的决策者说：

> 广东是普遍存在这个问题的，所以很多职业院校领导就有点束手束脚。目前职业院校都觉得搞不下去就算了，或者能少搞就少搞。纪委的巡查，这个财政局也审计，审计局也审计，教育部门也管，职业院校头上那些"紧箍咒"太多了，任何一个咒语下来，都会要命的，还不如不作为。(访谈 44，G20210107 - T 市教育局职成教科科长，06 - PP：02)

所以，公办高职院校和国企的特点就是宁愿留着场地、设备和资产等不用，也不会考虑学校场地、设备等的保值与增值问题，因为这样不会被问责。其二，企业合理合法权益得不到保障，大大降低了企业参与技能投资的意愿。企业的决策者们说：

> 我觉得困扰校企合作、产教融合发展的一个根源，就是校企合作人才培养的过程中，合作产权如何分配？学校和企业能有哪些收益？我觉得这是挺现实的问题，影响合作的可持续发展。(访谈 24，DQ20220116 - C 企业董事长，05 - PP：07 - 10)

综上可知，问责风险高抑制了企业和高职院校对人力资产专用性的投资意愿，进而导致了高职校企合作育人转向松散型合作模式，难以解决中国技能人才短缺问题；反之则不然。该结论验证了命题 2。

(三) 企业市场逻辑：专用技能需求程度的影响

企业市场逻辑是指市场主体基于利益最大化目标开展协商、交易时需要遵循的规则和机制。① 微观经济学认为，当企业获取所需技能时，会

---

① 谭海波、赵雪娇：《"回应式创新"：多重制度逻辑下的政府组织变迁》，《公共管理学报》2016 年第 4 期，第 16—29、152 页；钟宗炬、张海波：《重大决策社会稳定风险评估制度发展的三重逻辑》，《公共管理学报》2022 年第 1 期，第 13—26 页。

表 6-5　问责风险对高职校企合作育人模式的影响

案例	事件	结果	关键问题策略	示例
大规模紧密关联型合作育人模式：A高职院校现代产业学院	产业学院：A高职院校现代产业学院（2017年至今）定位：立足产业链中下游，培养面向行业的高技能人才	a. 目前发展是稳健的，但是高职院校决策者明确指出，校企合作过程中国有资产运营管理、评估等关键性问题不明朗，约产业学院今后的可持续发展	a. 为了规避问责风险，企业的资产和职业院校的资产划分得很清楚 b. 推进产业学院过程中领导层很谨慎	"我们现在，企业是企业的，我们是我们的，分很清楚。企业是企业的，现在审计又严，你说稀混，有可能我们这种产业学院的改革就会失败，一混到时候万一混改革是职业教育发展的大趋势，但是怎么改，怎么走出去，存在着很多制度上没有明确的东西，我们做还是不做。比如科学城现代产业学院，每天都有新问题，你怎么解决这个的解决方案是否和现有的制度有相符的，符合的，很快你就敢签字，不符合的，签还是不签。你签字的那一瞬间，市纪委监察局他不是你劳内的，到年底他就来查你了。然后签字的时候，万一签一个失误或者是一个小的问题了，说你是或者是有时候每天事情那么多，偶尔一个失误或者是小的问题了，都不知道后面有什么可怕的事情。"（访谈 23，AZ20220116 - X 学校校长办公室主任，04 - PP：17）
"我觉得困扰校企合作、产教融合发展的一个根源，就是校企合作人才培养的过程中，合作产权如何分配呢？学路校和企业能有哪些收益呢？在推进科学城现代产业学院的过程中，我们作为企业，更多的收益是其实未来自服务，任人才培训过程中，面向用人单位给他们提供服务以后，然后他们给一些利益回报的，所以现在科学城现代产业学院是在这个环节上投入多的，仅仅是相应的回报。其实在很大程度上不足以支撑投入那么多的投入，我们觉得现在这个还是我们现实的一个环节，其实在合作发展的可持续，其实这两年我们逐渐在跟资源投入这件事情，我们认为未来还不够明影响合作发展的可持续。其实这两年我们逐渐在跟国有资产流失这个大帽子。国家政策上还不够明，职业院校也不敢做，害怕戴上国有资产流失这个大帽子。国家政策对这个是否能够明明一点，我觉得这个是更加有利于产业学院发展的。"（访谈 24，DQ20220116 - C 企业董事长，05 - PP：07 - 10）
"开发区科学城现代产业学院下一步到底怎么搞，都是很大问题的，你一混，到时候有人会说你国有资产流失了，到时候你怎么解释？对吧？什么资产，都是很大问题的，你一混，那些企业他又为什么要跟你合作呢？命运共同体吗。如果说这是命运共同体，他首先得形成命运共同体。如果你没有根他形成共运共同体，他也不会让你这方面去投人和关注，他的精力就不会在这里，他（企业）就是像蜻蜓点水一样跟你签个字，搞个形式上的校合作，他就拜拜了，产业学院名字叫得再好听都是没用的。"（访谈 23，AZ20220116 - X 学校校长办公室主任，04 - PP：9）

续表

案例	事件	结果	关键问题/策略	示例
小规模紧密关联型合作育人模式：B高职院校医学美容技术专业现代学徒制	现代学徒制：医学美容技术专业现代学徒制（2012年至今）定位：立足于"五双"，校企一体化育人	a. 目前发展是稳健的，基于学徒人才培养进行交易，使用权与分配 b. 但是要考虑学徒的使用权和留用问题，对现代学徒制可持续发展发挥的影响	企业和高职院校利益分成的方式为学费分成	"我们和企业合作不谈收益。为什么不谈收益？主要原因就是一旦牵扯到利益，校企合作是非常难推、非常难的事情。你要想一下，大家都觉得，好像校企合作，企业一定挣钱，盈利，对不对？你没看到很多企业，是亏本的。对他亏损的，你怎么办？你有钱赔给他吗？你这个讲不清楚的。当然如果盈利，大家都高兴。一旦是他亏损了，你学校哪有钱给别人？对不对？因为像我们学校是个企业办公室主任校企合作办公室主任，02-PP：7）"股份制、混合所有制，还有一些有争论的问题，我们一般不建议做的。因为公立院校是做不到的，要很大的一种胆量和承担很大的风险。而我们现代学徒制的费用很简单，学徒我们是资源共享、师资共享、信息基地共享、信息设计设备共享，但是有一个学费的分成，一般都是三七开。如果这一年在学徒学习比较多的话，学校占七成，企业占三七开。这个 '七'，我们学校还有另外一种做法，其实资料里面也提到了，我们跟企业有80%是归属于学徒的专项经费，然后下放到二级学院，其实资料里面也提到了80%当中的七三开，是这样。"（访谈22，BZ20211023-T二级学院院长，07-PP：04）

续表

案例	事件	结果	关键问题/策略	示例
大范围松散关联型合作育人模式：C 高职院校示范性职业教育集团	a. 职教集团：C 高职院校示范性职业教育集团（2011年至今） b. 定位：以提高技能人才培养质量为核心，推进职业教育集团实体化运行	a. 失败：非实体化运作 b. 全国 1400 多家职教集团，只有少数几家职教集团实体化运作，而且还不能复制	a. 国有资产运行管理问题（资产归属） b. 国有资产的保值问题 c. 国有资产的增值问题（利益分配） d. 审计、纪检无法通过，领导不敢拍板	"职教集团实体化运行是一个伪命题：一是在学校搞一个商业主体，审计通不过；二是实体化运作本来就是一个公司化的需求，涉及国有资产流失问题，利益分配问题，谁敢拍板，所以如果想真正推进职业教育，后面接下来要配套建设的是产教融合、校企合作中的负面清单、审计、纪检都会同，除了负面清单里规定的其他都认可，这样大家心理就有底了。否则，你为什么要盈利？盈利你是怎么分的，你没有盈利那是什么？"（访谈 01，CZ20211016 - L 校企合作处处长和创新创业学院院长，01 - PP: 04, 11 - 12） "公办院校牵头的职教联盟集团，据我了解没有一个实体化运作，因为压根就运作不下去。现在职教集团就是会议开得热闹，文字写得漂亮，但内涵还要丰富。"（访谈 02，CZ20211016 - W 高职院校副校长，02 - PP：04, 07 - 08） "职教集团就是一个松散联盟的性质，所有权问题，这有个很重要的机制突破问题，就是资产归属问题。只要明确产权问题，所有政策空间若没有突破，再加上现在政府部门各种审计监督比较严格，不小心改革就变成先烈了。这个改革的先锋是由龙头企业党委副书记、兼任人力资源中心的总监，04 - CQ20211226 - L，04 - PP: 05）

续表

案例	事件	结果	关键问题/策略	示例
大规模松散关联型合作：育人模式：C高职院校示范性职业教育集团	b. 混合所有制改革C高职院校在南校区围绕电器自动化专业推行混合所有制改革（2015—2018）	失败：2018年政府巡视和审计后清理	国有资产运营管理、评估等关键性问题不明晰	"提起混合所有制就伤心太平洋，你敢用学校的钱去投资吗，万一亏了怎么办，不就是国有资产流失吗，你只能赚不能赔吗？还有投资增值了，增值是没有一个合理标准的，审计合同，为什么是4:6分成，为什么是7:3分成，你的依据是什么？审计说你不合规也是没有办法的。"（访谈01，CZ20211016-L校企合作处处长和新创业学院院长，01-PP：04，22）"混合所有制本来就是一个伪命题，在这个过程中要解决的机制问题是不成熟的。"（访谈03，CZ20200705-Y高职院校副校长，03-PP：04，07-08）"推行混合所有制的核心在干，学校要承担很高的政治经济风险。"（访谈02，CZ20211016-W高职院校副校长，02-PP：16）
	c. 共建实训基地：广电集团在C高职院校南校区投资3000万元建立人才培养基地，当时全部都已经谈妥了，校企合作的双方合作的协议都嚴定完成了	失败：政府审批不予审批，最后一下子被砍掉	南校区整片土地跟企业合作，涉及国有土地资源流失问题	"理论上是没有问题的，但现实上干话是一条线，审计是一条线，我们在这个方面只能说摸索，我觉得还是有一点伤感。"（访谈05，CZ20211016-L校企合作处处长和新创业学院院长，01-PP：04，19）"比如学校的一个同放在哪儿没事，但是你给企业用就有危险，因为它是国有资产"。（访谈05，CZ20220516-L校企合作处处长，05-PP：10）

第六章　高职校企合作育人模式的静态差异及其影响机制 / 185

续表

案例	事件	结果	关键问题策略	示例
大规模松散关联型合作育人模式：C高职院校示范性职业教育集团	d. 现代学徒制：C高职院校是全省最早推进现代学徒的学校，但后面学校把它搁浅了	推行困难：基于外部压力，而不是人才培养	a. 企业投入成本过高 b. 利益分配问题可能被审计	"那都是理论上的，在实际中，你去同一同几个搞现代学徒制是真正基于人才培养的，那是基于外部压力。你搞评价的时候抓住一点，假如企业想干的事情，企业比谁都高兴，能蜂拥而入，当大家都觉得不想蜂拥而入的时候，说明你这个东西不对路，你就用这个标准。"（访谈04，CZ20220516 - L校企合作处处长和创新创业学院院长，04 - PP：03）
	e. 校中厂：学校曾搞的风风火火的校中厂，合作数量：10家以上，合作时间：10年及以上	失败：2022年5月巡查后，十多个校中厂全部被赶出去了	a. 场地给企业用，涉及国有资产流失 b. 房屋变相出租问题，涉及国有资产流失 c. 土地性质不同，导致国有资产流失	"审计现在依据的条件是你的物业、你的资产是不容许出租的，所以你给企业合作了，一旦房屋给企业用了，就变成了变相出租。现在给企业去合作，最后你能给啥，企业他不是开福利院的。"（访谈05，CZ20220516 - L校企合作处处长和创新创业学院院长，05 - PP：17） "再比如校中厂和厂中校模式，学校拟定契约，企业唯一得到的利益是工厂用地以及报批手续优势。但是企业用地和学校用地性质不一样，会导致国有资产流失。"（访谈03，CZ20200705 - Y高职院校副校长，03 - PP：05）

续表

案例	事件	结果	关键问题/策略	示例
小规模松散关联型合作育人模式：D高职院校与企业T的订单式培养	a. 订单式培养：D高职院校与企业T的订单式培养（2016年至今）定位：双方按照市场协议价格进行技能的"生产"与"购买"	政府偏向于引入市场机制来推进，自由放任的竞争性市场发挥主要作用	a. 国有资产运行管理问题（资产归属） b. 国有资产的保值问题 c. 国有资产的增值问题（利益分配）	"因为职业院校是公共管理部门，领导不敢担负被审计的风险，国有资产流失的风险，甚至坐牢的风险，没有政策，领导宁愿求稳。改革，是需要风险代价的。所以政府的办公厅、发改委、审计厅、税务局、工商局，以及教育厅，以上部门深度沟通出政策文件，让学校和企业做到有法可依。否则订单式校企合作，你深挖，就发现很多问题。"（访谈09，DZ20210106-C二级学院副院长，03-PP：33）

面临着一个选择，是与高职院校合作培养技能还是在劳动力市场上购买技能的问题。已有研究在对其进行继承和批判的基础上，得出结论，能否促进深层次校企合作育人的关键在于所形成的专用性技能在就业市场上是否具有旺盛的需求①。

正负面案例比较表明，专用技能需求程度的差异导致了高职校企合作育人模式形塑路径的差异。表6-5印证了以上判断，在大规模紧密关联型合作育人模式的案例中，行业内企业需要大量的专用性技能人才，且采用了专用性技能投资策略和高职院校开展实质性合作，大大缩短了行业内企业二次培养的周期，提升了行业内企业的竞争力。在小规模紧密关联型合作育人模式的案例中，医学美容行业人才紧缺，企业需要大量的专用性技能人才，且采用了专用性技能投资策略和高职院校开展校企一体化的合作，产生的效果为：企业获得学徒的使用权和收益分配权；获得了政府专项经费支持、税收优惠、荣誉等；并且提升了企业社会影响力。

相比之下，在大规模松散关联型合作育人模式的案例中，企业主要为了获得平台和资源，在推进高职校企合作育人方面，并不强制性要求学生一定要到某个企业，或者某个企业一定要接收某所学校的学生，他还是以市场化的运作为基础的。但是专用技能需求仍然是影响该模式可持续发展的重要因素，因为企业有内需才有生命力。在小规模松散关联型合作育人模式的案例中，企业和高职院校按照市场协议价格进行技能的"生产"与"购买"，是一种市场交易，专用性技能需求较弱，产生的效果为形成一种人才需求的优先供给。

综上可知，专用技能需求程度决定了企业对人力资产专用性的投资意愿，进而导致高职校企合作育人转向紧密型合作模式，在解决中国技能人才短缺问题上，为之提供了专用性技能人才。该结论验证了命题3。

（四）院校发展逻辑：组织声誉的影响

院校发展逻辑是指高职院校吸引企业参与技能合作时需要遵循的规

---

① 王星：《技能形成的多元议题及其跨学科研究》，《职业教育研究》2018年第5期，第1页。

表 6-6 专用技能需求程度对高职校企合作育人模式的影响

案例	是否对专用技能有需求	是否进行专用技能投资	效果	示例
大规模紧密关联型合作育人模式：A高职院校现代产业学院	是，具体体现在：企业发展盈利需要大量专用性技能人才	是，具体体现在：a. 企业资金的投入，如GD轩辕网络科技股份有限公司、光宝电子（广州）有限公司等企业投入资金4000余万元，场地6万平方米。b. 企业物力资源的投入，如GD漫游科技股份有限公司等10家企业为产业学院提供的实践教学设备总值为4848万元，提供的教学实训场地面积为60431.30468平方米。c. 企业人力资源的投入，如双导师的教师团队建设、标准体系建设、管理机制建设，企业都投入大量的人力资源	具体体现在：大大缩短了行业内企业二次培养的周期	"企业是个利益机构，我们后面找出了出路，就是基于企业真实的人才需求，寻求人才培养最大公约数，这才能找到企业的利益点。否则的话你根本给不了企业任何东西，所以后面在推进产业学院的过程中，更多首先是基于人才需求，没有这个需求企业就会没有获得感，没有这个需求就没有办法进行实质性合作。"（访谈04，AZ0229421-L校企合作处处长和创新创业学院院长，04-PP：11-13）"比如光宝它本身，属于是制造业的一个企业，他一年100多个亿，但是这100多个亿，政府还不满意，政府还觉得他低了，需要他大力推进。但是企业发展和盈利需要大量的人才，在政府的推动下，在国家产教融合的大背景下，我们就针对智能制造这一块，进行合作。"（访谈23，AZ20220116-X学校校办公室主任，04-PP：05）"企业的投资包括资金投入、设备投入，还有一些软件的投入，比如他们要把行业里面的一些需求等，变成教材教我们，比如说除了上岗之外，企业还要投人他们的"脑袋"，比如说岗位上投人的课程等。"（访谈23，AZ20220116-X高职院校校长办公室主任，04-PP：16）

续表

案例	是否对专用技能有需求	是否进行专用技能投资	效果	示例
小规模紧密关联型合作育人模式：B高职院校医学美容技术专业现代学徒制	是，具体表现在：美容行业人才紧缺，需要大量的专业性技能人才	是，具体表现在：a. 学生在校期间的社保支出；b. 在企业学习期间作为正式员工的所有报酬；c. 企业为完成学徒教学实践任务在学生工作期间花的学习时间，师傅、管理层的所有付出；d. 企业参与学校招生、人才培养方案的制定、课程标准的制定、教材开发、考核评价等	具体表现在：a. 获得学徒的使用权和收益分配权；b. 获得了政府专项经费支持、税收优惠、荣誉等；c. 提升了企业社会影响力	"美容行业比较特殊，美容行业的岗位需求就特别适合做现代学徒制，无论是校方还是企业方都是非常赞同和认可。因为美容行业是新兴行业，在国家政策的扶持下发展非常迅速，使得职业院校医美一师难求，美容企业的学生对美容企业的了解也是一知半解，结果美容就是美容企业因不知如何用好这些有学历的学生，而使美容相关专业毕业学生流失量增加，美容行业人才紧缺。"（访谈23，BQ20211223 – Y 企业董事长，08 – PP：01 – 03） "学徒制中企业的投资，涉及学徒的工资、企业参与共养的'五险一金'，要提前购买。除了这些，就是参与我们现代学徒制教学标准方案的研究，同时也参与我们现代学徒制教学标准方案的研究，医学美容和护理都要参与广东省教学标准的两个专业的项目；还有公司导师团队的投入，与此同时，他当年还是有一些设施设备、消耗品的投入，一些投入，他肯定还是要的，所以他这个还是投入共享。有些是可以共享，但有些他还是要真的投入进来的。"（访谈22，BZ20211226 – X二级学院院长，07 – PP：07） "在推行现代学徒制过程中，企业的支出主要有：学生在校期间可能的社保；在企业学习期间作为正式员工的所有报酬；企业为完成学徒教学实践任务的所有付出：包括学生在工作期间需花的学习时间，师傅、管理层在研究、培训方面的所有付出等。"（访谈52，Q20201227 – Y 企业董事长，全国现代学徒制委员会委员，01 – PP：24）

续表

案例	是否对专用技能有需求	是否进行专用技能投资	效果	示例
大规模松散关联型合作育人模式：C高职院校示范性职业教育集团	否，具体体现在：企业主要为了获取平台与资源	否，具体体现在：非强制性下的市场化运作，其并不强制性要求学生，或者某一定要到某个企业，企业一定要收某校的学生，其还是以市场化的运作为基础的	具体体现在：获得沟通平台和资源	"企业想通过职教集团这样一个平台，得到更多的资源。比如说我优先得到学生，优先获取有效的信息等，都可以在职教集团这样一个框架里面解决。相当于职教集团就是一个家，我在家里面可以把这些事情解决，这样的话，企业肯定就愿意来了。除此之外，企业还可以获得政府的资源，行业协会的指导等。"（访谈07，DZ20201235 - L 高职院校副校长，01 - PP：05 - 06） "职教集团这种松散联盟的性质，其实给大家提供了一个更加开放这种沟通平台，其实也是一个既符合市场规律，也符合我们现实需求一种比较良好的模式。因为据我所知，它是非强制性的，包括一些企业冠名班，其实就是形成一种要求，但不是强制性要求学校学生，一定要到某个企业，或者企业一定要收某个学校学生，它还是以市场化的运作为基础。但是它大概有一个平台可以进行互动交流，让双方有更紧密的联系，供需更加均衡，我认为这样是一个现象。"（访谈06，CQ2021226 - L 龙头企业党委副书记，兼任人力资源中心的总监，06 - PP：09 - 11）

续表

案例	是否对专用技能有需求	是否进行专用技能投资	效果	示例
小规模松散关联型合作育人模式：D高职院校与企业T的订单式培养	否，具体体现在：校企双方按照市场协议价格进行技能的"生产"与"购买"	否，具体体现在：尽管"订单发包"的企业会参与到学校人才培养活动中，但是企业在合作制定人才培养方案、开发课程和教材等内涵合作方面无实质合作	具体体现在： a. "购买"通用性技能人才 b. 形成一种人才需求的优先供给	"我们与企业T的合作，其他的都很满意，唯一遗憾的一点就是企业T没有参与课程设置、教材开发、标准制定等过程中来。我也和他们协商了很多次，均无果。"（访谈07, DZ20201216-C D高职院校二级学院副院长, 07-PP: 09）

则和机制。高职院校系统有自己的声誉等级，处于较高声誉等级的高职院校预示着具有更强的竞争力，来自这些较高声誉等级的高职院校更容易获取政府资源、社会资源与优质学生资源等，反过来这些资源又巩固和增强了高职院校的地位；与此同时，企业借助高职院校的声誉，一方面能在较短时间内获得社会的信任，另一方面更容易得到政府的关注与支持，与政府的沟通渠道得到拓展，政府青睐、社会信任，以及与高职院校有效合作是大多数企业所渴望的。[①] 简言之，组织声誉越高，往往会吸引更多的更优质的合作伙伴[②]。组织声誉和政策引导相互作用，影响校企合作的网络规模。

正负面案例比较表明，在政策引导下，组织声誉的高低导致高职校企合作育人模式形塑路径的差异。表6-6印证了以上判断。例如，在大规模紧密关联型合作育人模式的案例中，政策文件明确规定，产业学院的目标是以区域产业发展急需为牵引，面向行业特色鲜明、与产业联系紧密的高职院校，建设一批现代产业学院；产业学院的主要任务之一是强化高校、地方政府、行业协会、企业机构等多元主体协同，即强调的是一种"一对多"或"多对多"的合作模式。再加上高职院校较高的组织声誉，政策导向和组织声誉相互作用，共同形塑了大规模紧密关联型合作模式。在大规模松散关联型合作育人模式的案例中，政策文件明确规定，职教集团是一种规模化、集团化、连锁化办学，规模化是其必然要求，再加上高职院校较高的组织声誉。政策导向和组织声誉相互作用，共同形塑了大规模松散关联型合作模式。

相比之下，在小规模松散关联型合作育人模式中，政策文件规定，现代学徒制的定位为政府引导、行业参与、社会支持、企业和职业学校"双主体"育人的中国特色现代学徒制；现代学徒制的任务为探索校企"双主体"育人机制、推进招生招工一体化、完善人才培养制度和标准体

[①] 郭建如：《声望·产权与管理——中国大学的校企之谜》，社会科学文献出版社2010年版，第7—9页。

[②] Agrawal A. Engaging the Inventor: Exploring Licensing Strategies for University Inventions and the Role of Latent Knowledge [J], Strategic Management Journal, 2006 (01): 63 - 79; Bergebal-Mirabent J., Lafuente E and Sole F. The Pursuit of Knowledge Transfer Activities: an Efficiency Analysis of Spanish Universities [J], Journal of Business Research, 2013 (10): 2051 - 2059.

系建设、建设双导师的教师团队、共建共享教学资源体系、推进培养模式改革。即更多强调的是一种"一对一"的合作模式。再加上高职院校组织声誉仍有待进一步提升，政策导向和组织声誉相互作用，共同形塑了小规模紧密关联型合作模式。不过现代学徒制逐步开始探索"一对多"的合作模式，并已出现了典型案例，这样一个发展趋势再次证明了本书研究的观点。在小规模松散关联型合作育人模式的案例中，2007年之后，订单式培养模式鲜少出现在政策视野里，国家和地方政府对其的政策激励相对较少，偏向于引入市场机制来推行订单式培养，是一种"一对一"的合作模式。在此情况下，即使高职院校具有较高的组织声誉，也无法改变其"一对一"的合作形态。但是高职院校较高的组织声誉可以吸引更多的更优质的合作伙伴。

综上可知，在政策引导下，高职院校的组织声誉影响了企业和高职院校合作的网络规模，进而导致了高职校企合作育人转向大规模合作模式，在解决中国技能人才短缺问题上，为之提供了更多的技能人才。该结论验证了命题4。

（五）多重制度逻辑的关系

高职校企合作育人模式的形成或选择取决于场域中行动者利益的博弈，而驱动利益的实际上是育人主体的行动逻辑。就高职校企合作育人而言，三类行动者发挥了重要的作用：一是政府。政府以就业、人才、经济发展为目标，希望实现多重利益，即在解决技能人才短缺问题的同时，促进区域经济发展和获得政治晋升。二是企业。企业的本质是逐利的，以追求利润最大化为目标，企业希望通过校企合作育人，获取短期、中期和长期人力资源，并在此基础上，降低企业的交易费用，获得更为友好的发展环境。三是高职院校。高职院校以实现学生更充分更高质量就业为目标，并在此基础上，提高高职院校自身的地位竞争优势。三类行动者受各自所处位置的制度制约和利益影响，形成了各自的行动逻辑，多重行动逻辑之间的张力形塑了高职校企合作育人模式的多样化。

多重制度逻辑之间的关系为：（1）在政策引导下，当政府条块协同度高与问责风险低，且企业专用技能需求程度高与高职院校组织声誉高时，意味着多元主体之间高度的协调和各方的高水平的专用性技能投资，高职院校和企业之间则会形成一种大规模紧密关联型合作育人模式；（2）在政策引导下，当政府条块协同度高、问责风险低、企业专用技能需求程度高，但是政策许可度偏向"一对一合作"，且高职院校组织声誉仍待提升时，意味着多元主体参与各方的高水平的专用性技能投资和小范围的合作，高职院校和企业之间则会形成一种小规模紧密关联型合作育人模式；（3）在政策引导下，当政府条块协同度低、问责风险高、企业专用技能需求程度低，但是政策许可度偏向"一对多合作"或者"多对多合作"，且高职院校组织声誉较高时，意味着多元主体参与各方的专用性技能投资水平有限和大范围的合作，高职院校和企业之间则会形成一种大规模松散关联型合作育人模式；（4）在政府偏向于引入市场机制来推行校企合作育人的情况下，校企双方按照市场协议价格进行技能的"生产"与"购买"，意味着多元主体参与各方的专用性技能投资水平有限和小范围的合作，高职院校和企业之间则会形成一种小规模松散关联型合作育人模式。

第六节　本章小结

本章通过参与式观察、深入访谈等一手材料，选取 A 高职院校现代产业学院、B 高职院校医学美容技术专业现代学徒制、C 高职院校示范性职业教育集团案例和 D 高职院校与企业 T 的订单式培养等案例，采用正负面案例比较的跨案例分析方法，对大规模紧密关联型、小规模紧密关联型、大规模松散关联型和小规模松散关联型四种合作育人模式进行比较、分析与论证，明确了人力资产专用性程度和网络规模大小是影响高职校企合作育人模式形成的两大重要因素，厘清了行政科层逻辑、政治监管逻辑、企业市场逻辑和院校发展逻辑及其相互作用对高职校企合作育人模式的形塑机制。并在此基础上，阐述了不同的合作育人模式对提升育人成效、应对技能人才短缺问题的不同影响。

表6-7 组织声誉对高职校企合作育人模式的影响

案例	政策引导	组织声誉等级结构	效果	示例
大规模紧密关联型合作育人模式：A高职院校现代产业学院	政策文件明确要求："一对多"或"多对多"的合作模式 a.产业学院的定位：重构专业（基本逻辑），对接产业需求（关键） b.产业学院的目标：以区域产业发展急需为牵引，面向行业特色鲜明、与产业联系紧密的高职院校，建设一批现代产业学院，打造一批融合多种功能于一体的示范性人才培养实体和新平台 c.完善管理体制机制，强化高校、地方政府、行业协会、企业机构等多元主体协同	组织声誉等级结构：较高（爬升阶段） a.行业属高职院校，具有得天独厚的行业优势 b.市科协名誉主席、中国工程院院士钟南山担任名誉院长 c.珠江三角洲区域的市属高职院校 d.现为粤港澳大湾区现代产业学院职教联盟牵头单位，GD省高职院校创新强校工程A类规划院校，教育部现代学徒制试点单位，教育部产教融合示范区示范院校，拥有广东省工程中心等，拥有创新中心）等11个平台 e.在GZ开发区科学城建立了产业科技园 《光明日报》《人民日报》等国家、省、市媒体采访报道共计160余篇次，合作企业的考察领导、兄弟高校、调研来访共计130余次，获兄弟院校和企业、家省市、媒体、兄弟院校等多方关注好评	网络规模大：一对多或多对多的合作模式	"职业院校领导非常看重职业院校的排名，就是盯着职业院校的排行榜。"（访谈10，DZ20210106-C二级学院副院长，06-PP:15-17） "比如光宝，他为什么想跟我们做开发区科学城产业学院？那也是因为他也觉得我们学校名气还可以，然后跟我们一起搞产业学院，那也有利于他提升他的社会地位，然后也可以彰显他的这一种社会的责任。"（访谈26，AZ20210105-O高职院校副校长，01-PP:08） "企业和职业院校关系是互利益关系，企业越有实力，主导权力就越靠近企业，职业院校就会服务企业；职业院校越有实力，主导权力就越靠近职业院校，企业就要靠近职业院校。同样，政府和市场关系是经济关系，政府越迫切需要，政府就会主动服务政府。这也是为什么，东部地区，越发发达的地区，政府的原因，是市场经济强势，政府就会为市场服务。在这整个过程中，职业院校只有自身硬，才有话语权和主导权。"（访谈24，AZ20210107-J高职院校长，01-PP:04）

续表

案例	政策引导	组织声誉等级结构	效果	示例
小规模紧密关联型合作育人模式：B高职院校医学美容技术专业现代学徒制	政策文件要求："一对一"为主 a. 现代学徒制的定位：政府引导、行业参与、社会支持，企业和职业学校"双主体"育人的中国特色现代学徒制 b. 现代学徒制主要容的任务：探索校企"双主体"育人机制；推进招生招工一体化；完善人才培养制度和标准体系建设；建设双导师教学资源体系；共建共享教师团队；推进培养模式改革	组织声誉等级结构：仍待提升 a. 地处粤北区域，属于市属高职院校 b. 日报数据和数字化研究院（GDI智库）《高职高专排行TOP1000榜（2020）》中位列全国高职高专第248名，全省第24名；根据2022年金平果中国高职院校竞争力排行榜最新公布数据显示，全国专科院校中排第377名	网络规模小：一对一的合作模式	"从企业的视角来看，他希望和双高院校、国家示范性院校等进行合作，因为他们和这种龙头的学校合作之后，其他的高职院校看我和他们的老大都认可了，其他的更容易谈合作，减少了很多这种谈判合作的成本。这和职业院校选择龙头企业合作的道理是一样的，办学实力好了，学校知名度起来了，对我未来的招生，包括至至吸引优秀的老师未这里就职，都是一种良性循环。"（访谈09，DZ20210106－C二级学院副院长，05－PP：15－17） "医学美容技术专业现代学徒制连续推行6年以来，存在的主要问题为：（1）与单一企业合作的试点专业招生持续性不好；（2）由于单一企业的规模限制，满足现代学徒制入学条件的员工人数有限，在学校持续招生的试点专业中，真正实现单一企业持续招生的试点专业仅2个，招生规模较小，每年30个指标；（3）现代学徒制招生的认知有待提高，还有对点的教学条件、生活条件有待完善等。"（收集90，BP2018B高职院校现代学徒制试点工作总结报告，10－PP：26－27）

续表

案例	政策引导	组织声誉等级结构	效果	示例
大规模松散失联型合作育人模式：C 高职院校示范性职业教育集团	政策文件要求："一对多"或"多对多"的合作模式 a. 职教集团的定位：以提高技术技能人才培养质量为核心，以创新技术技能人才系统培养机制为重点，推行职业教育集团的实体化运作 b. 职教集团的任务：鼓励和推进职业教育集团化、集团化、连锁化办学	组织声誉等级结构：高 a. 国家级"双高"计划建设单位（14家）、国家级示范性高职院校、国家级优质高职院校牵头单位、省级一流高质量高职院校建设单位、省示范高职院校等 b. 成为教育部全国职业教育集团办学指标体系研究小组成员单位、广东省发展与改革委员会社会发展处基层联络点 c. 根据2022年金苹果中国高职高专竞争力排行最新公布数据显示，全国专科院校中排名第93	网络规模大：多对多的合作模式	"选择合作院校，我们就必须要找地标性的职业院校进行合作，衡量地标性的标准就是职业院校在全国的排名。为什么同地标性的合作，是因为我们可以通过他的知名度、提升我们和其他职业院校的档次和影响力，以后我们再想和其他职业院校开展合作就容易多了，这个是一环扣一环的。"（访谈15，DQ20211223 - L 企业人力资源总监，08 - PP：11）

"整个校企合作不是企业主动找学校，或者学校主动找企业，谁找谁的问题，而是学校自身魅力提升的问题。所以对于校企合作，我们学校要的就是人才的品牌，没有人才品牌做支持，一切都带动不起来。"（访谈01，CZ20211016 - L 校企合作处处长和创新创业学院院长，01 - PP：01 - 02，17 - 18） |
| 小规模松散失联型合作育人模式：D 高职院校与企业 T 的订单式培养 | 2007年之后，订单式培养模式鲜少出现在政策视野里，国家和地方政府对其的政策激励相对较少，偏向于引入市场机制来推行订单式培养，是一种"一对一"的合作模式 | 组织声誉等级结构：高 a. 国家级"双高"计划建设单位（14家）、国家级示范性高职院校等 b. 亚职业院校影响力50强、全国高职专业竞争力持续排名全国前5 c. 全国高等职业教育教学资源、服务贡献、育人效等均位列全国50强 | 网络规模小：一对一的合作模式 | "订单是一种期货交易，是校企合作中非常常见的形式。通俗讲，就是我提前向你预定了学生，我可以把我培养的要求给你，我也可以不给你，我就是给你定个数量，全部交给学校自己培养。这种基于专市场交易就是一对一的。"（访谈07，DZ20201223 - LD 高职院校副校长，07 - PP：03） |

第七章

高职校企合作育人模式的动态转换及其影响机制

本章是本书的实证分析部分之二,主要以所选取的 E 高职院校专业镇产业学院案例、F 高职院校与京东集团合作案例为载体,从动态转换①的视角分析和讨论高职校企合作育人模式的特征及其影响机制。

第一节 大规模紧密关联型向小规模松散关联型转换的影响机制

产业学院起源于 GD 省中山市,典型代表是 E 高职院校专业镇产业学院②。2011—2018 年,专业镇产业学院处于高速发展时期;2019 年至今,

---

① 高职校企合作育人模式的动态转换有很多种可能性,以大规模紧密关联型合作育人模式为例,可能出现的情景至少为 6 种:(1)大规模紧密关联型向小规模松散关联型转换;(2)大规模紧密关联型向大规模松散关联型转换;(3)大规模紧密关联型向小规模紧密关联型转换;(4)小规模松散关联型向大规模紧密关联型转换;(5)大规模松散关联型向大规模紧密关联型转换;(6)小规模紧密关联型向大规模紧密关联型转换。由于限于篇幅的限制和条件的可能性,本书主要选取大规模紧密关联型向小规模松散关联型转换和小规模紧密关联型向大规模紧密关联型转换两种可能性进行案例经验分析。

② E 高职院校有 4 个专业镇产业学院,分别为依托 E 高职院校灯饰专业群建立的古镇灯饰产业学院;依托 E 高职院校服装专业群建立的沙溪纺织服装产业学院;依托 E 高职院校电梯专业群建立的南区电梯产业学院;依托 E 高职院校工商管理类专业群建立的小榄工商产业学院。2011—2018 年,4 个专业镇产业学院均处于高速发展期,2018 年之后,4 个专业镇产业学院发展道路不同,古镇灯饰产业学院暂停合作,从大规模紧密关联型转换为小规模松散关联型;小榄工商产业学院面临发展瓶颈,南区电梯产业学院和沙溪纺织服装产业学院处于继续发展状态等。本书 E 高职院校专业镇产业学院指古镇灯饰产业学院。

专业镇产业学院处于滑坡时期。本节以所选取的古镇灯饰产业学院案例为载体，结合访谈材料、观察材料以及二手数据等对分析框架进行案例经验层面的阐释。

一　E 高职院校"专业镇"产业学院发展阶段 I（2011—2018 年）

（一）大规模紧密关联型合作育人模式的特征分析

自 2011 年第一个专业镇产业学院成立以来，专业镇产业学院分别服务于不同的支柱产业，引起了社会各界的广泛关注。E 高职院校"专业镇"产业学院在高速发展时期，其主要特征在于：网络规模化发展和行业企业的参与度高。两位高职院校的二级学院院长说：

> 与订单式培养、现代学徒制、传统二级学院等相比，专业镇产业学院最大的进步点在于行业企业参与的程度更高，规模更大。专业镇产业学院是集中在一个专业群或者产业链上。（访谈 29，EZ20220716 - O　高职院校二级学院院长，01 - PP：10）

> "专业镇产业学院在高速发展时期，主要的表现为：一是规模大，学生也逐渐增多；二是行业企业参与程度比较高；三是学生的培养质量高，老师以及学校的发展势头都很好。"（访谈 29，EZ20220716 - O　高职院校二级学院院长，01 - PP：11）

首先，网络规模化发展。专业镇产业学院呈现的是"2 + 1 + N"的合作模式。其中"2"指高职院校与镇（区）政府，"1"指行业协会或龙头企业，"N"指众多的中小微企业，具体如图 7 - 1 所示。

在图 7 - 1 所示的合作模式下，专业镇产业学院实行董事会领导下的院长负责制。常务董事长由 E 高职院校担任，负责董事会会议的召集与召开；常务副董事长由镇（区）政府指派分管社保、经济的政府领导担任，也设行业企业领域的副董事长一名。并在此基础上，建立专业镇产业学院董事会制度、产业学院院长负责制度和 E 高职院校对产业学院的管理制度，逐步健全"镇校企行"合作共建产业学院的管理体制。① 有的研究者通过对 E 高职院校专业镇产业学院的进一步分析得出，制约产业学院作用发挥的主要因素是规模和专业。② 没有规模化的发展，难以产生外溢效应，教育导向作用难以得到发挥。③ 没有专业作为基础，不仅校企双方难以开展合作，难以集聚社会资源参与办学，而且各类社会服务失去了依托④。由此可以看出，网络规模化是 E 高职院校专业镇产业学院高速发展时期具有的重要特征之一。

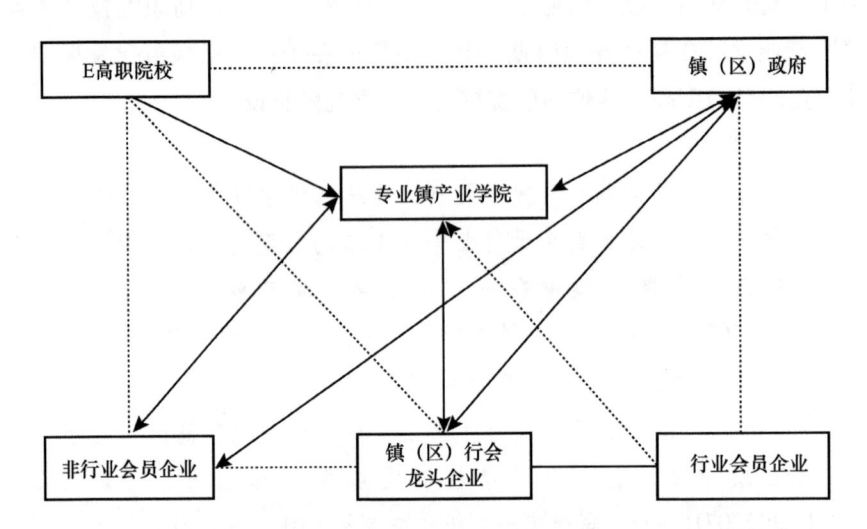

图 7-1　E 高职院校专业镇产业学院多元办学主体及其关系

注：1. 单向实线箭头表示单向影响力强，双向实线箭头表示相互影响力强；

2. 单向虚线箭头表示单向影响力弱，无箭头虚线表示相互影响力弱。

资料来源：参照刘启意和陈志峰⑤图 1。

---

① 万伟平：《基于产教融合的"镇校企行"合作办学模式实证研究——以中山职院专业镇产业学院建设为例》，《职教论坛》2015 年第 27 期，第 80—84 页。

② 刘启意：《产业学院促进特大镇"人的城镇化"实践研究——以中山职业技术学院小榄学院为例》，《现代职业教育》2018 年第 6 期，第 16—18 页。

③ 刘启意：《产业学院促进特大镇"人的城镇化"实践研究——以中山职业技术学院小榄学院为例》，《现代职业教育》2018 年第 6 期，第 16—18 页。

④ 刘启意：《产业学院促进特大镇"人的城镇化"实践研究——以中山职业技术学院小榄学院为例》，《现代职业教育》2018 年第 6 期，第 16—18 页。

⑤ 刘启意、陈志峰：《基于多元办学主体的专业镇产业学院可持续发展研究——以中山职院专业镇产业学院为例》，《教育科学论坛》2020 年第 36 期，第 29—33 页

其次，行业企业参与度高。一是 E 高职院校专业镇产业学院推行的是"镇、校、企、行"多元投资体制（参见图 7-2）。具体体现在：（1）高职院校与专业镇政府签订镇校合作办学协议，双方共同出资共管共建产业学院。（2）在产业学院运行过程中，吸收行业、企业等投资或捐赠。二是专业镇产业学院实施的是校企"六共"协同育人机制。"六共"：校企行专业共建、校企行人才共育、校企师资共培、学生学习与就业共推、校企行共同长效。① 三是专业镇产业学院实施投资者利益共同分配的机制。② 各产业学院分别建立财务管理制度、人事管理制度和资产管理制度等。这些制度对办学过程中各合作方在资源（人、财、物）的配置与管理权限等方面进行分配，并对此做出原则性规定。由此可以看出，政校企行四方的深度参与是 E 高职院校专业镇产业学院高速发展时期具有的重要特征之二。

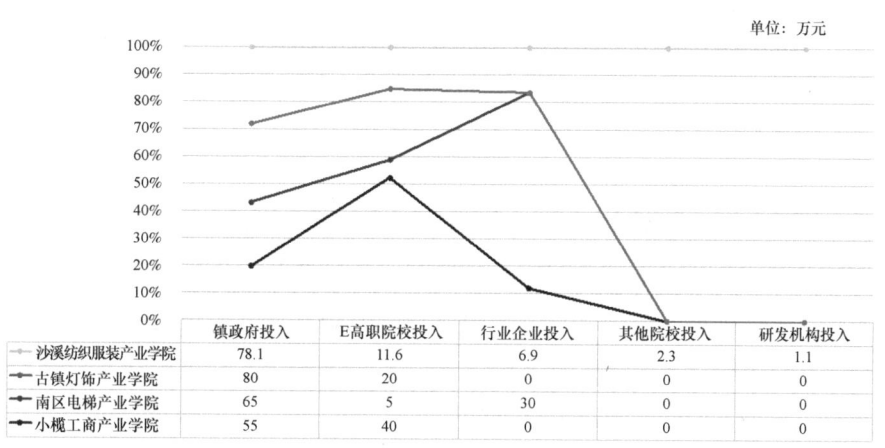

	镇政府投入	E高职院校投入	行业企业投入	其他院校投入	研发机构投入
沙溪纺织服装产业学院	78.1	11.6	6.9	2.3	1.1
古镇灯饰产业学院	80	20	0	0	0
南区电梯产业学院	65	5	30	0	0
小榄工商产业学院	55	40	0	0	0

图 7-2　2011—2014 年 E 高职院校专业镇产业学院多元办学主体的投资比例

资料来源：参考易雪玲和邓志高③表 1 并修改绘制。

---

① 刘启意：《产业学院促进特大镇"人的城镇化"实践研究——以中山职业技术学院小榄学院为例》，《现代职业教育》2018 年第 6 期，第 16—18 页。

② 易雪玲、邓志高：《探索"专业镇产业学院"高职教育发展新模式》，《中国高等教育》2014 年第 103 期，第 59—61 页；欧阳育良、林仕彬：《产业学院的组织特征和体系设计》，《职教论坛》2021 年第 4 期，第 39—43 页。

③ 易雪玲、邓志高：《探索"专业镇产业学院"高职教育发展新模式》，《中国高等教育》2014 年第 103 期，第 59—61 页；欧阳育良、林仕彬：《产业学院的组织特征和体系设计》，《职教论坛》2021 年第 4 期，第 39—43 页。

综上可知，校企合作网络的规模化发展以及行业企业和高职院校对专用性技能的高投资的相互作用，共同推进了 E 高职院校专业镇产业学院的高速发展。

（二）大规模紧密关联型合作育人模式的影响机制分析

首先，行政科层逻辑：部门协同的影响。从专业镇产业学院的运行来看，E 高职院校属于市属高职院校，学校主管部门为中山市人民政府，合作共建部门为镇（区）政府，中山市委、市政府、镇（区）政府非常重视职业教育在区域经济和社会发展中的重要作用，在专业镇产业学院高速发展过程中提供了大量的支持。(1) 中山市委、市政府的大力支持。一位高职院校的二级学院院长说：

> 我们初创专业镇产业学院的时候，市长给予很大支持，那时不仅有专门政策支持，还有专项资金支持。（访谈 29，EZ20220716 - O 高职院校二级学院院长，01 - PP：14）

(2) 专业镇产业学院的合作共建部门为镇（区）政府，专业镇产业学院实行董（理）事会领导下的院长负责制，其中常务董事长由 E 高职院校担任；常务副董事长由镇（区）政府指派分管社保、经济的政府领导担任，并设置行业企业领域的副董事长一名。而镇（区）政府在专业镇产业学院发展方面居于绝对主导地位[①]。可以说，镇（区）政府通过提供地方化产权保护重塑了条块关系，促使条块关系从分割走向协同[②]，进而对专业镇产业学院的发展产生了决定性的影响。

其次，政治监管逻辑：问责风险的影响。虽然镇（区）政府提供了地方化产权保护，但是，国有资产运营管理、保值增值评估和退出机制

[①] 刘启意、陈志峰：《基于多元办学主体的专业镇产业学院可持续发展研究——以中山职院专业镇产业学院为例》，《教育科学论坛》2020 年第 36 期，第 29—33 页。

[②] 陈博、耿曙：《政治经济学与社会学视角下的中国民营经济增长——评〈权力结构、政治激励和经济增长：基于浙江民营经济发展经验的政治经济学分析〉》，《社会发展研究》2021 年第 1 期，第 226—240、246 页；Remington T. F., Marques I. The Reform of Skill Formation in Russia: Regional Responses [J], Higher School of Economics Research Paper No. WP BRP, 2014, 19。

等关键性问题不清晰仍是制约校企合作、产教融合以及混合所有制实质性推进的最大政策障碍①。高职院校的决策者们谨慎地说：

> 公家的和民营的没办法合，合不了，也突破不了。国有资产的这个问题，你是不能碰，也是碰不了的。即使政府给我们很多支持，我们还是必须要按规矩来，不可能突破常规的。其实南区电梯产业学院很多公司想介入，但是我们一直没敢突破，有很多上市公司愿意来参股，我们也谈过，最后我们也没敢去做。（访谈29，EZ20220716-O 高职院校二级学院院长，01-PP：05，23）

专业镇产业学院在高速发展时期，采用的"问责风险"规避策略为：（1）与政府合作。专业镇4个产业学院均是与镇（区）政府签订合作协议，镇（区）政府在推进专业镇产业学院发展方面具有绝对的主导地位。一位高职院校二级学院院长如是说："我们为什么能够办这么多专业镇产业学院，因为我们是公对公，我们是市政府的学校。我们跟中山市下面的镇政府合作，我们的资源、资金、设备投过去都没有问题。"（访谈29，EZ20220716-O 高职院校二级学院院长，01-PP：05）（2）行业企业投资捐赠。"也有企业参与进来，企业主要通过捐赠方式参与进来，这也是规避问责风险的一种常用策略。因为任何一个大学都有接受捐赠的先例，所以这个是没问题的。"（访谈29，EZ20220716-O 高职院校二级学院院长，01-PP：06）（3）E高职院校免费给企业提供使用场地，实现多赢。"如果企业可以获得一点这样的好处，就是我们可以把场地拿出来给企业使用。好处就是，市政府觉得这个不是我市里面的地方，镇政府说你是市属学院，这就是擦边球规避法。"（访谈29，EZ20220716-O 高职院校二级学院院长，01-PP：06-07）

综上可知，从专业镇产业学院运行高速发展期来看是稳健的。但是值得我们进一步反思的是，国有资产保值与增值等问题界定不清晰，对专业镇产业学院的可持续发展产生了消极的影响。

再次，企业市场逻辑：专用技能需求程度的影响。就专业镇产业学

---

① 王新波等：《2021职业教育改革与发展报告》，《中国教育报》2022年1月4日。

院高速发展时期而言，行业内企业对专用性技能的需求程度则是驱动其参与校企合作的根本动力。高职院校的决策者们说：

> 因为产业要转型升级，首先是人才问题和技术问题，甚至还有品牌问题和营销问题，这些都牵涉人才的问题，所以行业内企业还有专业镇政府他们在这里面的积极性很高，很多政府争着跟我们谈。所以专业镇产业学院的产生基于双方的需求，他们需要高等教育，而我们正好要把我们办的这个专业跟产业结合得紧密，这就是我们本来的初衷，我们奔的就是要服务中山产业，你服务了中山产业，你必须服务中山的专业镇，服务好了专业镇就服务好了中山的产业。（访谈 29，EZ20220716 - O 高职院校二级学院院长，01 - PP：4）

中山市产业集群衍生出完整的产业链，也反映出其独特的人才需求特点：（1）中山市产业集群对人才的需求开始由通用性技能转向专用性技能，据中山市人力资源和社会保障局的数据显示，2012年，中山市对专业技能人才和高级技能人才的需求分别比上年提升了26%和7%。[①] 因为其对专用性技能人才有巨大的需求，所以无论政府还是行业内企业积极性都很高，很多地方政府主动和E高职院校谈合作。（2）中山区域产业集聚导致产业链不断延伸，产业规模迅速扩大，这就需要E高职院校面向产业链，培养大量的技能人才。[②] 基于以上两个方面催生了专业镇产业学院。由此可知，专业技能需求程度的差异导致了高职校企合作育人模式形塑路径的差异。

最后，院校发展逻辑：组织声誉的影响。声誉是一种无形的竞争力，声誉等级结构越高的高职院校往往会吸引更多的更优质的合作伙伴。对于此，一位高职院校的校长办公室主任说：

[①] 易雪玲、邓志高：《探索"专业镇产业学院"高职教育发展新模式》，《中国高等教育》2014年第103期，第59—61页。

[②] 郑琦：《产业学院：面向产业集群的高职教育模式：基于中山职业技术学院产业学院的分析》，《职业技术教育》2013年第35期，第55—58页；王海军、林仕彬：《镇校企协作信息平台研究：基于专业镇产业学院的探索》，《时代教育》2015年第14期，第8页。

影响校企合作育人的因素，我认为实际上是质量问题，说白了就是你的品牌吸引力够不够，如果你的教师教育教学质量够硬，你培养出来的学生整体素质比较高，很多企业还是很喜欢跟你合作的。另外，是学校的资源比较多，而且用比较少的投入就可以参与进来，对他们也是一个吸引力。还有一个就是利益分成的问题，但是前面的两个是比较明显的影响因素。（访谈30，EZ20201226-T 高职院校校长办公室主任，02-PP：12）

就 E 高职院校而言，从社会认可度看，这一阶段推出的"一镇一品一专业"的产业学院，受到了教育部领导、业内专家和社会人士的一致认可，在全国影响力非常大，成为各大高职院校竞相看齐的标杆。从匹配度看，E 高职院校依托学校的灯饰专业群建立的古镇灯饰产业学院，依托服装专业群建立的沙溪纺织服装产业学院等，① 较好地解决了学校专业、课程、教程标准等对接产业的问题，甚至较好地解决了学生和老师深入产业的问题。E 高职院校社会认可度和专业匹配度的统一，为高职院校发展带来了更多的合法性，也带来更多的机会，使其扶摇直上。由此可知，高职院校组织声誉等级结构的高低是影响高职校企合作育人模式形成的重要因素。

上述分析显示，在高职校企合作育人模式形成过程中，因各育人主体的利益诉求各不相同，所以使其整个形成过程变得异常复杂。② 这主要取决于行政科层逻辑、政治监管逻辑、企业市场逻辑和院校发展逻辑的次序组合及其相互作用，即在政策引导下，当政府条块协同度高而问责风险低（规避），企业专用技能需求程度高同时高职院校组织声誉也高时，高职校企合作育人才可能呈现大规模紧密关联型合作育人模式。这将为国家发展职业教育校企合作育人战略提供新的视角。

---

① 欧阳育良、林仕彬：《产业学院的组织特征和体系设计》，《职教论坛》2021年第4期，第39—43页。
② 钟宗炬、张海波：《重大决策社会稳定风险评估制度发展的三重逻辑——基于江苏省的个案分析》，《公共管理学报》2022年第1期，第13—26、165页。

二 E 高职院校"专业镇"产业学院发展阶段 Ⅱ（2019 年至今）

（一）小规模松散关联型合作育人模式的特征分析

E 高职院校"专业镇"产业学院发展阶段 Ⅱ 划分的依据为半结构化访谈资料，一位亲自参与且见证专业镇产业学院产生与发展的高职院校的院长说：

> 专业镇产业学院在 2017—2018 年的时候，应该是一直是上升阶段，势头非常好。但是 2018 年下半年以后就开始不尽如人意了，这是有多方面的原因的。（访谈 29，EZ20220716 - O　高职院校二级学院院长，01 - PP：11）

与之相应，E 高职院校主管部门的行政部门负责人说：

> E 高职院校当时是很有创新性的，现在教育部所推出的倡导鼓励职业院校建设产业学院都是这么提的。现在也就夭折了，很被动。虽然说专业镇产业学院还是有，但是半死不活的那种味道太明显了。（访谈 45，G20220421 - T　市教育局行政负责人，07 - PP：06）

与 E 高职院校"专业镇"产业学院发展阶段 Ⅰ 不同，在这一阶段，E 高职院校已成立的"专业镇"产业学院中，古镇灯饰产业学院几乎停止合作，E 高职院校明确表明不想再办；家造网装饰设计产业学院因被质疑，审计后清退；小榄产业学院负责人和企业负责人曾询问专业镇产业学院发展历程太过敏感而拒绝接受任何访谈；沙溪服装产业学院出现滑坡；南区电梯产业学院仍保持现状。对此，一位高职院校的院长说：

> 家造网装饰设计产业学院已经被退出去，因为我们学校当时单纯地把它引进了，有人质疑，你就不能干了，现在已经没有合作了。还有古镇灯饰产业学院也停了，学校说不想办了，做了很多事情，又要担很大的风险，换成我，我也可能不干了，我何必多一事。其他的还是存在。（访谈 29，EZ20220716 - O　高职院校二级学院院

长，01 - PP：16 - 17）

综上可以看出，2019年至今，E高职院校专业镇产业学院的发展遇到了较大的瓶颈。以古镇灯饰产业学院为例，校企合作育人已全面收缩，古镇灯饰专业镇产业学院逐步由大规模紧密关联型合作育人模式走向了小规模松散关联型合作育人模式。

（二）小规模松散关联型合作育人模式的影响机制分析

首先，行政科层逻辑：部门分割的影响。在E高职院校专业镇产业学院发展阶段Ⅰ的基础上，阶段Ⅱ在以下几个方面发生改变：（1）中山市委、市政府的专项支持力度减弱。一位高职院校的院长说："专业镇产业学院的发展主要是镇区政府、市级政府对学校的支持。我们初创专业镇产业学院的时候市长是给予大力支持的。这个是我当时跟市里面领导去汇报，去争取的。那么再后来实际上可能因为我们确实没做好等多种原因，所以后面就没有了。"（访谈29，EZ20220716 - O 高职院校二级学院院长，01 - PP：14 - 15）（2）镇（区）政府地方化产权保护意愿的减弱。"比如当初古镇政府，要求我们做一个阿拉伯语的培训班，因为这个古镇的灯在阿拉伯市场是很大的，他们需要一些阿拉伯语的销售人才，但是我们灯饰学院的那些老师都是做设计的，谁懂外语？所以很可惜，我们没有做，没有能够满足镇政府和企业的这种需要，就导致了这种不满意，支持力度减弱是可想而知的。"（访谈29，EZ20220716 - O 高职院校二级学院院长，01 - PP：14 - 15）（3）政府管理部门之间的冲突加剧，统筹困难。

其实，导致以上问题的根源仍是高职校企合作育人这块任务属性弱，缺乏硬性考核指标。一位高职院校的院长说：

> 哪个学校服务产业好，哪个学校服务产业差，没有一个严格标准。你冒了这么大的风险去做完之后，确实是对企业、产业有好处，但是有依据吗？没有。谁说你好？市长市委书记说你好吗？你给他带来多少产业转型，加快了多少速度，或者提高了多少产值，都找不到这样的依据。所以大家还是不愿尽力去做。（访谈29，EZ20220716 - O 高职院校二级学院院长，01 - PP：21 - 22）

综上可以看出，地方政府提供的地方化产权保护的弱化对 E 高职院校专业镇产业学院的发展产生了消极的影响。

其次，政治监管逻辑：问责风险的影响。就 E 高职院校专业镇产业学院发展阶段 II 而言，问责风险高是导致专业镇产业学院急转直下的一个关键因素。2018 年下半年，E 高职院校自身及其校长均被审计调查；2019 年 10 月，E 高职院校校长被免职并接受相应的处罚。该事件引发了一系列连锁反应，使高职院校的决策者们更加畏首畏尾、胆战心惊，再也不敢放开手脚干了。一位高职院校的副校长说："产业学院做得好的就是 E 高职院校，但是校长因问责这事受了处分。"我追问："是专业镇产业学院吗，因为涉及国有资产流失问题受处分吗？"他肯定地回复我说："对的。"（访谈 34，FZ20210105 - 0　高职院校副校长，01 - PP：22）当时我走访了政府一个行政管理人员，他说："校企合作是动用了公办学院的资源来跟企业合作，你用我的场地，我的师资力量，我的设施设备，还有我的一些名气等，所谓的效益确实有比较大的灰色地带。因为你所谓的创造的这些收入，也是用国家的资源，以及公共财政资源产生的。E 高职院校专业镇产业学院，当时是很有创新性的，但是功过不能抵，在产业学院的发源地遭遇如此大的风暴，E 高职院校专业镇产业学院也就夭折了。"（访谈 45，G20220421 - T　市教育局行政负责人，07 - PP：06）为此，笔者又深入走访了 E 高职院校，一旦提及与"问责"相关的任何问题，他们都会因"太过敏感"的理由拒绝回答，若追问，他们直接回复我"风险过高，不要再问了"。

由上面访谈和讨论可知，问责风险高主要体现在两个方面：（1）资产归属界定不清晰，使校企合作容易走向灰色地带，致使他们不能也不敢放开手脚去做。一位高职院校二级学院院长说："我们办专业镇产业学院和传统二级学院最大的区别在于，传统的二级学院主要是自己内部的，而产业学院是需要跟对方合作的。但是公家的和民营的是没有办法合的，国有资产的监管是有要求的，你是不能碰的，碰不得的。"（访谈 29，EZ20220716 - O 高职院校二级学院院长，01 - PP：04 - 05）（2）国有资产保值与增值的评估标准界定不清晰。比如：你与 A 企业合作，审计会依据流程询问你是否对合作项目进行论证？是否公开招标？你为什么跟 A

合作，不跟 B 合作，你这个里面是不是有利益关系？你的资产到底增值了多少，有什么依据？等问题。因为从上到下没有教育口的评估标准，审计基本上依据经济口的标准对各所高职院校校企合作育人的情况进行审查。

问责风险高导致的结果是：（1）高职院校面临较高的政治和经济风险，不作为现象突出。绝大多数高职院校的决策者明确表明"多一事不如少一事，宁愿求稳"。（访谈 29，EZ20220716 - O 高职院校二级学院院长，01 - PP：06）（2）企业合理合法权益得不到保障。由此可知，问责风险对 E 高职院校专业镇产业学院的可持续性发展产生了巨大的消极影响。

再次，企业市场逻辑：专用性技能需求程度的影响。就专业镇产业学院发展阶段 I 而言，行业内企业对专用性技能的需求程度高是驱动其参与校企合作的根本动力。但是进入阶段 II，专业镇经济出现萎缩，再加上新冠疫情的影响，行业内企业对专有性技能的需求程度有所下降。一位高职院校的二级学院院长的表述也印证了这一观点："专业镇产业学院这几年发展不尽如人意，有学校自身的原因。除此之外，跟这几年的专业镇经济不景气也是有关系的，甚至包括新冠疫情带来的影响都会有关系。"（访谈 29，EZ20220716 - O 高职院校二级学院院长，01 - PP：06）由此可以看出，专业技能需求程度的波动对 E 高职院校专业镇产业学院的发展产生了消极的影响。

最后，院校发展逻辑：组织声誉的影响。本书组织声誉指院校社会认可度与专业匹配度的统一。就专业镇产业学院发展阶段 II 而言，从认可度看，学校自身的服务能力不足导致其社会认可度下降，进而使 E 高职院校进入恶性循环。高职院校决策者们在采访的时候伤感地说："2018 年下半年以来，之所以专业镇产业学院变得不尽如人意，还是学校自身的原因。这个专业镇投了几千万元进来，他们想要的东西，你可能给不了他，这个时候就会有问题。最主要的还得自身有价值，你如果自身有价值，服务得好，专业镇产业学院才会发展得好。"（访谈 29，EZ20220716 - O　高职院校二级学院院长，01 - PP：12）。从匹配度看，院校专业设置与产业布局要求逐渐出现错配，一位高职院校的决策者说："比如当初古镇政府，要求我们做一个阿拉伯语的培训班，他们需要一些阿拉伯语的销售人才，但是我们灯饰学院一直没有做，导致专业培养的人才与产业需求的脱节。"（访谈29，EZ20220716-O高职院校二级学院院长，01-PP：14-15）由此可以看出，组织声誉的下滑对E高职院校专业镇产业学院的可持续发展产生了消极的影响。

上述分析显示，高职校企合作育人模式的形成取决于制度场域中行动者的利益博弈，行动者利益博弈的变化导致了高职校企合作育人模式的转化。以古镇灯饰产业学院为例，古镇灯饰产业学院暂停合作，一方面意味着参与各方的专用性技能投资水平有限，古镇灯饰产业学院开始转向以职业院校自身为主导的人才培养模式；另一方面意味着校企合作范围的收缩，开始转向一对一的合作。在这种情况下，高职院校和企业之间就会形成一种小规模松散关联型合作育人模式，该模式实在难以解决中国技能人才短缺问题。

第二节 小规模紧密关联型向大规模紧密关联型转换的影响机制

2010年，F高职院校与京东集团华南区的分公司开展专业层面（物流专业）的合作并签订校企合作协议。2013—2014年，京东集团在F高职院校推进"京东校园派"①项目，F高职院校与京东集团华南区的分公司开展订单式培养、共建实训基地的合作，但一直未实质性参与F高职院校的人才培养方案、课程标准制定等内涵建设，仍是一种比较松散的合作。直到2019年，F高职院校与京东集团北京总部洽谈推进"京东校园馆"项目，才开始实质意义上的校企合作。

一 F高职院校与京东集团的合作阶段Ⅰ（2019年至2021年中期）

（一）小规模松散关联型合作育人模式的特征分析

2019年，F高职院校与京东集团北京总部洽谈推进"京东校园馆"项目，共建实训基地。其产生的背景首先是基于校企双方的实际需求。

---

① 京东校园派占地面积为40多平方米，类似于零售和物流复合在一起的终端的网点，是很小的一个合作点。

一位高职院校的二级学院院长说:"当时我们需要找一家大的企业,对创业教育中心留给管理学院将近2000多平方米的创业基地进行整体改造。正好一个京东校园馆的负责人,同中国职教所的一位专家来我们学校指导我们双高校的建设。在指导双高校建设专家意见反馈会上,京东校园馆的负责人介绍京东的校企合作及其情况。我们感觉不错,随后校领导就带着我去北京跟京东集团总部方面接触,经过协商、论证和研讨,差不多一年的时间,最后确定跟京东合作。"(访谈36,FZ20220716-T高职院校二级学院院长,03-PP:04-05)其次是政府政策牵引的结果。一位高职院校的副校长说:"其实很多种校企合作育人形式,都是基于政策需求来推动的。就共建实训基地这块,是因为高职高专数据平台里头要填写学院有多少个实训基地,因此这个实训基地建设是每所学校都必须要去开拓的。"(访谈34,FZ20210105-0 高职院校副校长,01-PP:04-05)

由此可以看出,以"京东校园馆"为依托,F高职院校与京东集团共建实训基地的产生与发展是政府、企业和高职院校互动的结果。以"京东校园馆"为依托,F高职院校与京东集团共建实训基地的优势在于,企业和高职院校进行了大量的专用性技能投资:(1)企业资金的投入,如京东校园馆的装修和运营全部由企业投入;(2)企业物力资源的投入,如京东校园馆的货品、设施设备等投入;(3)企业人力资源的投入,如企业派驻管理人员进行指导和管理、企业岗位的标准建设、课程标准建设,以及项目合作等。一位高职院校的二级学院院长说:

> 我们跟京东的合作可能看中两个方面:第一个就是这种大型的使用项目的建设,从一开始设计,包括装修运营,都由企业来做,这样能够把真实的项目、真实的场景引进来。第二个就是在运营的过程中,能够将企业作业的标准引进来,比如说门店的运营,商品的陈列,电商等这种业务的标准,我们可以对接着去建课程,培养我们的老师。整个京东校园馆建成以后,我们的整个过程,企业人员是深入参与的。比如说人才培养方案的制定、设计、论证到执行,直到评估的环节,企业是全程参与的。课程也是这样,有些课

程是双方共建的,课程的负责人都是两个人。上课也是企业老师跟我们一起上,我们学生考证,也是有相关的课程,都完全是共建的。(访谈36,FZ20220716-T 高职院校二级学院院长,03-PP:05-07)

高职院校合作的投入主要还体现在学生的产出和自身无穷的资源上。一位高职院校的二级学院院长说:

> 我们的投入可能首先是我们的学生。高职高专层次的学生是京东基层岗位上最主要的一个来源,他们很希望我们有更多的学生能够留在京东工作,这是企业看得比较重的一点。除此之外,企业还会看重学校自身一些无穷的资源,比如学校办学的这种影响力等,因为他跟国内很多院校都在合作,但是我们学校是靠在前面的,他这种新的项目在我们学校一旦落地,其他的院校就会跟进,这样对于企业拓展京东校园馆的帮助还是很大的。(访谈36,FZ20220716-T 高职院校二级学院院长,03-PP:07-08)

由上可知,企业和高职院校对"京东校园馆"的实训基地项目进行了大量的专用性技能的投资,一定程度上回应了现代工业化大生产的先进性和复杂性对专用性技能的需求,这是优势所在。但值得注意的是,F高职院校与京东集团是一种"一对一的合作模式",未产生相应的规模效应,这是其不足所在,也是今后校企合作育人的发展需要改进的。

(二)小规模紧密关联型合作育人模式的影响机制分析

首先,行政科层逻辑:部门协同的影响。从条条关系来看,F高职院校属于市属高职院校,学校主管部门是广州市人民政府。广州市委、市政府非常重视职业教育在区域经济和社会发展中的重要作用,突破了诸多制约职业教育发展的体制与机制障碍[①]。具体体现在:(1)政策支

---

① 源于广东市人民政府办公厅出台的《关于促进我市职业教育校企合作的工作意见》(穗府办〔2013〕2号)。

持。①校企共办"非营利性实训基地用地"可列入教育用地范围，允许使用教育经费与企业共建资、产、权属明晰的企业实训基地。②校企合作企业的成果以及产品的收益均为投资者共有，也可通过协商确定其归属。③建立企业引进人员职能评审、待遇等相关制度；落实企业相关税费优惠政策，予以税前扣除。(2)经费支持。政府以F高职院校为试点单位，探索"生均综合定额＋专项补助"的经费管理机制，将对F高职院校的拨款分为"生均综合定额"和"专项补助"两部门，其中专项补助是国家和地方政策导向单独核定安排给高职院校使用的专项经费。(3)考核激励，将校企合作的情况作为政府专项资金资助或奖励的依据，对校企合作培养高技能人才成绩突出的高职院校，优先推荐申报各级实训基地建设和基础设施建设项目，并给予各种荣誉激励。综上可以看出，在推进实训基地建设方面，广州市委、市政府给予了大力支持。

从块块关系来看，F高职院校处于珠三角地区，以广州市财政投入为主。2018—2020年，广州市财政分别投入4.06亿元、4.59亿元和4.79亿元，年均增长3649.4万元，年均增长率约为9%。2019—2023年，学校"双高"建设专项投入6.25亿元，其中广州市财政投入4.2亿元。此外，广州市发展与改革委员会支持学校开展基本建设项目并投入建设资金5亿元。学校经费预算持续增长，为学校的建设发展提供了充足的保障。以上可以看出，地方政府提供的地方化产权保护重塑了条块关系，进而对F高职院校与京东集团合作的发展产生了积极的影响。

其次，政治监管逻辑：问责风险的影响。虽然地方政府给予校企共建实训基地提供了地方化产权保护，但是在实际推进过程中产生了很多问题。绝大多数高职院校因担心被质疑存在国有资产流失等问题，而对开展校企合作"谨小慎微"。F高职院校与京东集团的合作亦是如此：

> 和企业合作还是有点麻烦的，要把我们学校的设备投入到这个企业去，还是压力很大的。所以跟企业很深入的合作，把学校的设备投给企业，谁都不敢做，只有派老师和派学生，我说的都是大实

话。我们与京东集团的合作，是学校出场地，然后他投资进行建设，所有的基建类的项目都是由他自己来投入，所以你看我们就怕出问题。（访谈 34，FZ20200105-0 高职院校副校长，01-PP：18-19）

国有企业国有资产的保值和增值，在不同类型或者不同性质的组织里面，它的内涵是不一样的。如果你是国有企业的话，那么它的保值和增值可能更多的要看你商业利润。对于学校来讲，国有资产的保值和增值，最终体现在人才的培养，包括一些教育责任的落实等方面。但是国家对高职院校的审计采用的是企业市场逻辑，所以我们在和京东集团合作的过程中，一直在规避这个问题。（访谈 36，FZ20220716-T 高职院校二级学院院长，03-PP：15-16）

由此可知，目前 F 高职院校与京东集团的合作是稳健的，因为校企双方达成一致协议，共同来规避"问责风险"问题，但是，值得我们进一步反思的是，国有资产保值与增值问题界定不清晰将对 F 高职院校与京东集团合作的可持续发展产生消极的影响。

再次，企业市场逻辑：专用技能需求程度的影响。虽然京东集团作为大型龙头企业，具有一定的社会责任，但是逐利性仍是其参与职业教育的基本动机。就 F 高职院校与京东集团的合作而言，企业对专用性技能的需求程度则是驱动其参与校企合作的根本动力。走访中笔者发现："学校和企业校企合作形式的选择，主要是基于两个方面：一是需求导向，那么这个需求导向还是以企业的需求为主。有的企业希望跟我们学校搞订单培养，那么我们就跟他去做订单培养；有的企业愿意跟我们搞产业学院，学院只是以企业的需求为基点进行相关的一些工作。二是以学校的诉求为辅，也有一些是学校主动找企业进行长期合作。"（访谈 34，FZ20200105-0 高职院校副校长，01-PP：10）综上可知，企业专用技能需求程度的差异导致了高职校企合作育人模式形塑路径的差异。

最后，院校发展逻辑：组织声誉的影响。本书组织声誉指的是院校社会认可度与专业匹配度的统一。F 高职院校是国家级"双高计划"院校、国家级示范性高等职业院校和广东省一流高职院校，2017年以来，一直荣获"全国高职院校国际影响力50强""全国高职院校服务贡献50强""全国高职院校教学管理50强""全国高职院校育人成效50强"等称号，其具有较高影响力，这是吸引京东、阿里和西门子等领先企业深度参与职业院校技能合作的重要影响因素。高职院校的决策者们说：

> 当然京东集团选择和我们合作，除了对人才的需求之外，企业还会看重学校自身的一些资源，比如办学的这种影响力，京东跟国内很多高职院校都有合作，但是我们学校是排在前三名的，可见京东集团对院校办学影响力的看重程度。再加上因为我们学校是双高院校，他这种新的项目在我们学校一旦落地后，其他的院校就会跟进。这样对于企业拓展他的校园馆的体系，包括校企合作的体系帮助还是很大的。（访谈36，FZ20220716-T高职院校二级学院院长，03-PP：06）

综上可以看出，高职院校的组织声誉越高，其合法性越强，越能吸引更多的更优质的合作伙伴参与合作，由此形成良性循环。

上述分析显示，在高职校企合作育人模式形成过程中，多重制度逻辑之间的次序组合及其相互关系为：在政策引导下，当政府条块协同度高而问责风险低（规避），企业专用技能需求程度高，但企业和高职院校采取"一对一合作模式"时，高职校企合作育人可能呈现小规模紧密关联型合作育人模式。这将为国家发展职业教育校企合作育人战略提供了新的启示。

二 F高职院校与京东集团的合作阶段Ⅱ（2021年中后期至今）

（一）大规模紧密关联型合作育人模式的特征分析

与F高职院校与京东集团的合作阶段Ⅰ不同，2021年中后期，F高职院校与京东集团合作共建"京东智能供应链产业学院"，并在此基础上，与京东、阿里、天虹等领先企业，与中国物流与采购联合会、中国连锁经营协会等行业组织，与广州市商务局电子商务处、××区厂商会

等地方政府机构,以及事业单位,共建"政校行企"集合的"智能供应链产教综合体"。①一位高职院校的二级学院院长说:

> 京东集团的业务板块很大,我们最先是在物流管理专业层面合作,近三年才开始推进产业学院,再到我们现在建的智能供应链产教综合体,我们是一步一步走过来的。跟京东的产业学院的合作,还有一个背景就是我们自己从管理学院转设为现代物流学院,行业的面向出现了很重要的调整。就广州来讲,商贸物流枢纽的一些重要的企业,基本上是供应链运营型的企业,它不仅有仓储、零售,还有电商,那么它就跟我们现有的专业结构是很匹配的。产业学院里边的内容也包括了人才的培养、师资培训基地的建设、实验室的建设、竞赛、1+1的证书等方面,再加上双方又有前期的合作基础,所以合作比较好。(访谈36,FZ20220716-T高职院校二级学院院长,03-PP:01-09)

"智能供应链产教综合体"运行模式的创新之处在于:(1)"一体系"(参见图7-3)。"一体系"一方面强调F高职院校通过职教平台,有效整合院校、技术性企业和服务型企业的资源优势,实现共赢;另一方面强调在F高职院校的协同下,京东作为平台型技术领先企业与战略生态伙伴、区域合作伙伴共建共享,建成具有规模化人才培养能力的实训基地体系。(2)"三融通"。"三融通"指实现教学创新实践、技术研发应用、双能师资培训共融共通。即促进人才培养目标与岗位工作标准相融通;促进校企联合与破解企业发展瓶颈相融通;促进行业职业技能标准与国省培、社会培训项目相融通。(3)"三保障"。建构制度保障、标准保障,以及政校企行定期交流和重视执行落地的文化保障。

---

① 智能供应链产教综合体是在产业学院的框架下推进的,是由京东职能供应链产业学院统筹的。

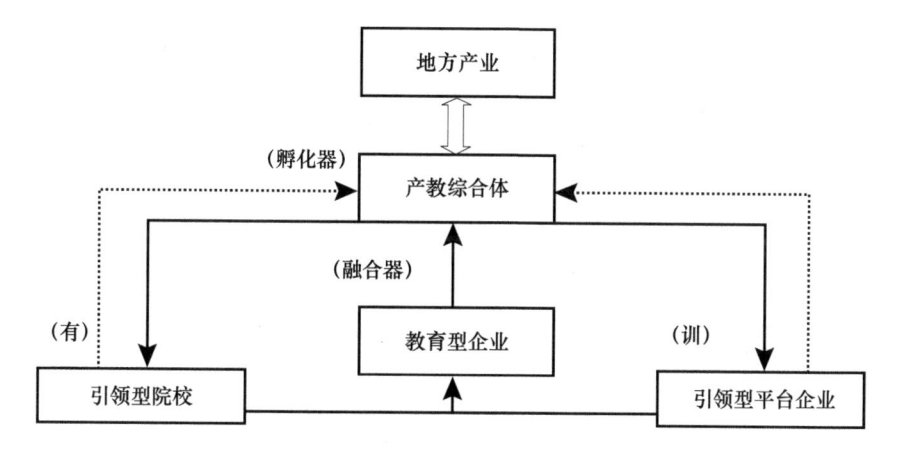

图 7-3　F 高职院校产教对接模式

资料来源：F 高职院校学校提供的内部资料。

"智能供应链产教综合体"运行模式的优势之一在于：网络规模化发展。该模式使校企合作的方式由个别学校与个别企业间的双边合作，变成多个企业、多个学校多边的合作，大大降低了合作的交易成本，实现了政府工作目标链、行业产业链、学校教学链和企业利益链的有效对接。[①] 一位高职院校的校企合作处处长说：

> 我认为校企合作整个模式的变迁是一个不断的由小变大，由浅到深的过程。比如校企共建实训基地、实习实践基地等这些形式是学校跟企业最初合作的过程中，最容易上手和开展的。后来深入合作里面就包括了我们现在产业学院的这种一体化的功能，比如说我们人才培养、技术研发、社会服务等。一个学校、两个学校满足不了我们现在的多企业的需求，就变成了多个学校，多个企业来合作。所以我认为他是一个发展的东西，整个模式的发展是有阶段的，只不过有一些学校是处在了某一个阶段而已。（访谈37，FZ20200105-Q 高职院校校企合作处处长，04-PP：05）

[①] 刘晖、王贵军：《广州市职业教育发展蓝皮书（2014）》，中山大学出版社2015年版，第66—69页。

综上可以看出,"智能供应链产教综合体"具有产业规模化、网络规模化的特点,其一定程度上解决了现代工业生产的规模化对大量技能人才数量的需求。除此之外,"智能供应链产教综合体"运行模式的优势之二在于:企业和高职院校进行了大量的专用性技能投资。这在 F 高职院校与京东集团合作阶段 I 已经作了详细的论述,在此不再赘述。总之,校企合作网络的规模化发展以及行业内企业和高职院校对专用性技能的高投资的相互作用,共同推进着京东职能物流产业学院统筹的"智能供应链产教综合体"的良性发展。

(二) 大规模紧密关联型合作育人模式的影响机制分析

首先,行政科层逻辑:部门协同的影响。在 F 高职院校与京东集团合作阶段 I 的基础上,之所以推进产业学院以及"智能供应链产教综合体",在于产业学院被纳入了国家级、省级和市(地)级的硬性考核之中。尤其《广州市产教融合示范区建设方案(2018—2020 年)》明确将组建若干产业学院作为考核任务。高职院校的决策者们说:

> 我们学校和京东推进产业学院还有后面的产教综合体,一方面学校在推,最重要的一方面是跟政府政策有关,因为国家和地方政府在最近几年,都将产业学院作为产教融合的一个很重要的抓手去推;产业学院的推行是一个考核的项目,你学校是不是有产业学院,有没有获得省级或者国家级的立项,是作为评价你办学的一个很重要的指标。实际上如果没有这种考核指标的要求的话,是什么样子我不是很清楚。(访谈 36,FZ20220716 - T 高职院校二级学院院长,03 - PP:09)

由此可以看出,地方政府提供的地方化产权保护对 F 高职院校与京东集团的进一步合作产生了积极的影响。

其次,政治监管逻辑:问责风险的影响。在 F 高职院校与京东集团合作阶段 I 的基础上,仍采用行业内企业和高职院校达成一致协议的方式,共同来规避"问责风险"问题。一位高职院校的副校长说:

> 因为我们都属于事业单位,我们的财产都属于国有财产,都有

国有财产流失的问题,所以以前我们都是到校外去建实训基地,不敢投入任何的东西。现在,在政府的支持下,我们可以把企业引进来,我们可以出一块场地,然后让企业在这里头进行一条生产线运作。(访谈34,FZ20200105-0 高职院校副校长,01-PP:05)

目前,京东智能物流产业学院统筹的"智能供应链产教综合体"仍处于发展初期,"问责风险"的影响微弱和可控,甚至可以适当地规避。但是值得我们进一步反思的是,国有资产保值与增值问题界定不清晰可能将对 F 高职院校与京东集团合作阶段 II 的可持续性发展产生消极的影响。

再次,企业市场逻辑:专用技能需求程度的影响。在 F 高职院校与京东集团合作阶段 I 的基础上,"智能供应链产教综合体"仍是寻求专用技能人才需求的最大公约数。一位高职院校的校企合作处处长说:

这个产业学院首先是基于对企业对人才的需求,因为他想要的,自己培养不出来,所以想和学校进行共同培养。那么对人才有真正的需求且能够有效提高学校人才的就业质量,这也是我们首要考虑的。(访谈37,FZ20200105-Q 高职院校校企合作处处长,04-PP:17)

由此可以看出,企业专用技能需求程度是影响"智能供应链产教综合体"这种合作形式产生的重要因素。

最后,院校发展逻辑:组织声誉的影响。在 F 高职院校与京东集团合作阶段 I 的基础上,F 高职院校的社会认可度,以及院校专业设置与产业需求的匹配度进一步加强,吸引了京东、阿里和西门子等领先企业,中国物流与采购联合会和中国连锁经营协会等行业组织,广州市商务局电子商务处、××区厂商会等地方政府机构和事业单位进一步深度参与职业院校技能合作。一位高职院校的副校长说:

比如京东集团、天虹集团等,他们为什么想跟我们合作做产业学院?那是因为他们觉得我们学校名气还可以,跟我们一起搞产业学院，有利于提升他们的社会地位，也可以彰显他们的社会的责任。也就是说政策的牵引，企业的需求，再加上学校的名气，形成我们校企之间不同的合作形式。（访谈 34，FZ20200105－0 高职院校副校长，01－PP：10－11）

综上可以看出，高职院校的组织声誉影响着行业企业在多大程度上参与技能合作。

上述分析显示，在高职校企合作育人模式形成过程中，多重制度逻辑之间的次序组合及其相互关系为：在政策引导下，当政府条块协同度高而问责风险低（规避），企业专用技能需求程度高同时高职院校组织声誉也高时，高职院校和企业之间则会形成一种大规模紧密关联型合作育人模式，这将为国家发展职业教育校企合作育人战略提供新的视角。

第三节　动态转换：模式转换的案例内比较与讨论

正负面转换的案例内分析有助于通过动态比较增强理论的内部和外部有效性。本章通过对 E 高职院校专业镇产业学院发展阶段 I（2011—2018 年）和发展阶段 II（2019 年至今）的分析，以及 F 高职院校与京东集团合作阶段 I（2019 年至 2021 年中期）和发展阶段 II（2021 年中后期至今）的分析，再次验证了本书的理论框架。

一　高职校企合作育人模式转换的特征分析

正负面案例转换下的高职校企合作育人模式，在人力资产专用性程度（合作深度）、网络规模大小（合作广度）以及效果表现上，都存在一些差异，这些差异的归纳和概括，可以为我们更为直观地洞悉高职校企合作育人模式形成背后的内在机制奠定了基础，具体如表 7－1 所示。

表7-1　　　　动态转换下高职校企合作育人模式特征的比较

案例	合作深度：人力资产专用性程度	合作广度：网络规模大小	效果表现
E高职院校专业镇产业学院发展阶段Ⅰ（2011—2018年）：大规模紧密关联型合作模式	人力资产专用性程度高：行业内企业对专用性技能具有巨大的需求，且对专用性技能进行大量的投资；高职院校技能投资成本高	网络规模大：一对多合作或多对多的合作	培养大量的面向行业的可转移性技能人才，在解决中国技能人才短缺问题上，为之提供了大量的专用性技能人才
E高职院校专业镇产业学院发展阶段Ⅱ（2019年至今）：小规模松散关联型合作模式	人力资产专用性程度低：受专业镇经济萎缩、新冠疫情等因素的影响，行业内企业和高职院校参与校企合作育人的意愿有所降低，古镇灯饰产业学院停办	网络规模小：一对一合作	培养少量的通用性技能人才，实在无法解决中国技能人才短缺问题
F高职院校与京东集团合作阶段Ⅰ（2019年至2021年中期）：小规模紧密关联型合作模式	人力资产专用性程度高：企业自身对专用性技能具有巨大的需求，且对专用性技能进行大量的投资；高职院校技能投资成本高	网络规模小：一对一的合作	培养少量的企业完全专用性技能人才，在解决中国技能人才短缺问题上，为之提供了少量的专用性技能人才
F高职院校与京东集团合作阶段Ⅱ（2021年中后期至今）：大规模紧密关联型合作模式	人力资产专用性程度高：行业内企业对专用性技能具有巨大的需求，且对专用性技能进行大量的投资；高职院校技能投资成本高	网络规模小：一对一的合作	培养大量的面向行业的可转移性技能人才，在解决中国技能人才短缺问题上，为之提供了大量的专用性技能人才

由表7-1可以看出，人力资产专用性程度和网络规模相互作用，共同阐释了现代职业教育发展的本质。且高职校企合作育人模式呈现的是动态转化而非单一静态的特征，从小规模松散关联型合作走向大规模紧密关联型合作，是提升高职校企合作育人的成效以及突破中国技能人才短缺困境的必然路径。

二 高职校企合作育人模式转换的影响机制分析

（一）正面转负面案例：E高职院校专业镇产业学院

通过对E高职院校专业镇产业学院发展阶段Ⅰ（2011—2018年）和发展阶段Ⅱ（2019年至今）的对比分析发现，在政策引导下，行政科层逻辑（条块协同度）、政治监管逻辑（问责风险）和企业市场逻辑（专用技能需求程度）的次序组合及其相互作用使专业镇产业学院由大规模紧密关联型合作育人模式转变为小规模松散关联型合作育人模式。具体体现在：

首先，行政科层逻辑：从部门协同走向了部门分割。就E高职院校专业镇产业学院发展阶段Ⅰ而言，学校主管部门中山市人民政府，以及合作共建部门镇（区）政府为专业镇产业学院的发展提供了地方化产权保护，推进了专业镇产业学院的高速发展。即2011—2018年，一直处于上升阶段。但到2018年下半年之后，中山市人民政府，以及合作共建部门镇（区）政府提供的地方化产权保护的弱化，一方面表现为中山市委、市政府的专项支持力度减弱；另一方面表现为镇（区）政府地方化产权保护意愿的减弱，古镇灯饰产业学院停办，装饰设计产业学院因被质疑而清退，沙溪服装产业学院等面临着滑坡困境。以上可以清晰地看出，在高职校企合作育人任务属性"弱"的环境下，地方化产权保护的差异导致了高职校企合作育人模式形塑路径的差异。

其次，政治监管逻辑：从可控风险走向失控。就E高职院校专业镇产业学院发展阶段Ⅰ而言，专业镇产业学院采用的规避"问责风险"的策略为：（1）与镇（区）合作并签订合作协议。例如专业镇4个产业学院均与镇（区）政府签订的合作协议，镇（区）政府在推进专业镇产业学院发展方面具有绝对的主导地位。（2）接受行业企业的投资与捐赠。（3）E高职院校免费为企业提供使用场地，实现多赢。关于公办高职院校的场地使用，理论上是不允许出租的，但是 E 高职院校打了"擦边球"，让其游走在合法性边缘，以此推进校企双方共赢。以上策略在专业镇产业学院发展起步时期是稳健的，但是根本问题没有解决，将严重影响到专业镇产业学院的可持续性发展。因此到了 E 高职院校专业镇产业学院发展阶段Ⅱ，该问题的影响逐渐扩大。2018 年下半年至 2019 年，E 高职院校的校长被审计调查；2019 年 10 月，E 高职院校校长被免职并接受相应的处罚。这两个事件引发了一系列连锁反应，使高职院校的决策者们更加的畏首畏尾、胆战心惊。其后果是：（1）高职院校面临较高的政治和经济风险，不作为现象突出。绝大多数高职院校决策者表示，我增加了那么多的工作量，承担了那么多的风险，反而吃力不讨好，那我还不如不作为，多一事不如少一事。（2）企业合理合法权益得不到保障，国有资产的保值与增值评估标准不明晰。综上可以看出，问责风险对 E 高职院校专业镇产业学院的可持续发展产生了巨大的消极影响。问责风险的高低导致了高职校企合作育人模式形塑路径的差异。

再次，企业市场逻辑：从高专用性技能需求走向了通用性技能需求。就 E 高职院校专业镇产业学院发展阶段Ⅰ而言，当时是中山市经济发展最好的时候，中山市拥有国家级专业化生产制造业基地 26 个，省级专业镇 14 个，广东省产业集群升级示范区 8 个。[1]"一镇一品"是中山市专业镇经济的基本特点，专业镇产业的转型升级需要大量的专用性技能人才，迫切需要和高等职业院校进行合作。行业内企业对专用性技能的需求程度则是驱动其参与校企合作的根本动力[2]。但是到了 E 高职院校专业镇产业学院发展阶段Ⅱ，专业镇经济出现萎缩，再加上疫情的影响，行业内企业对专有性技能的需求程度有所下降，这也是导致 2019 年之后专业镇产业学院发展不尽如人意的因素之一。据此可以看出，企业专用技能需

---

[1] 郑琦：《产业学院：面向产业集群的高职教育模式：基于中山职业技术学院产业学院的分析》，《职业技术教育》2013 年第 35 期，第 55—58 页。

[2] 殷勤、肖伟平：《产业学院运行机制改革研究》，《教育与职业》2020 年第 22 期，第 40—45 页；欧阳育良、林仕彬：《产业学院的组织特征和体系设计》，《职教论坛》2021 年第 4 期，第 39—43 页；多淑杰：《制度逻辑视域下企业参与产教融合行为机理分析——基于扎根理论研究》，《中国职业技术教育》2022 年第 4 期，第 64—70 页。

求程度的差异导致了高职校企合作育人模式形塑路径的差异。

最后，院校发展逻辑：院校声誉水平从高转向低。根据理论框架，本书组织声誉指的是院校的社会认可度和专业匹配度的统一。就 E 高职院校专业镇产业学院发展阶段 I 而言，E 高职院校专业镇产业学院实现了社会认可度和专业匹配度的统一，在这一阶段，E 高职院校吸引了更多的合作伙伴参与技能合作。但是，到了 E 高职院校专业镇产业学院发展阶段 II，专业镇产业学院受到各方面的质疑，社会认可度和专业匹配度出现了明显的下降趋势，这种下降趋势一定程度上导致了校企合作育人规模的收缩。由此可以看出，院校组织声誉水平的高低一定程度上影响了高职校企合作育人模式形塑路径的差异。

总之，以上多重逻辑的次序组合及其相互作用使 E 高职院校专业镇产业学院①由大规模紧密关联型合作育人模式转变为小规模松散关联型合作育人模式。

（二）负面转正面案例：F 高职院校与京东集团的合作

通过对 F 高职院校与京东集团合作阶段 I（2019 年至 2021 年中期）和发展阶段 II（2021 年中后期至今）的对比分析发现，在政策引导下，行政科层逻辑（条块协同度）和院校发展逻辑（组织声誉）的相互作用使 F 高职院校与京东集团的合作由小规模紧密关联型合作模式转变为大规模紧密关联型合作模式。具体体现在：

首先，政策引导前置条件的影响。就 F 高职院校与京东集团合作阶段 I 而言，以"京东校园馆"为载体共建校内实训基地②，是一种一对一的合作育人模式。而 F 高职院校与京东集团合作共建的产业学院以及在此基础上形成的产教综合体，是一种"一对多"或"多对多"的合作模式。这是国家和省级地方政府系列文件指引的成果。

---

① 目前，E 高职院校古镇灯饰产业学院处于暂停合作状态，其负责人在接受采访的时候拒绝直接说明原因，只是告诉采访者，不想办了，风险太大。

② 共建实训基地的目的是保证学生获得足够时间的、高质量"真刀真枪"的实际动手训练。共建实训基地的三种形式分别为：（1）产教融合实训基地（院校主导建设），包括教学型技能实训基地建设、生产性实训基地或兼具生产、教学功能的专业化实训基地等，如校办工厂、校中厂、前校后厂等；（2）产教融合实训基地（企业主导建设）；（3）公共实训基地（政府主导建设）。

其次，行政科层逻辑：部门协同的影响。就 F 高职院校与京东集团合作阶段 I 而言，F 高职院校属于市属高职院校，学校主管部门为广州市人民政府。广州市委、市政府非常重视职业教育在区域经济和社会发展中的重要作用，进行大胆创新，突破了诸多制约职业教育发展的体制与机制障碍。进入阶段 II，F 高职院校与京东集团之所以推进产业学院以及"智能供应链产教综合体"，在于产业学院被纳入了国家级、省级和市（地）级政府的硬性考核之中。尤其《广州市产教融合示范区建设方案（2018—2020 年）》明确将组建若干产业学院作为考核任务，产业学院成为广州市属高职院校不得不推行的一种校企合作育人模式。综上可以看出，地方政府提供的地方化产权保护对 F 高职院校与京东集团的规模化发展产生了积极的影响。

最后，院校发展逻辑：组织声誉的影响。院校发展逻辑强调的是高职院校如何吸引企业参与合作育人，其核心就是院校吸引力的问题。而影响院校的吸引力因素：一是社会认可度，比如高职院校是否为双高院校、示范性高职、骨干高职和国家级试点培育单位，以及高职院校相应专业培养学生的质量、就业率等；二是高职院校专业设置与企业所需工作岗位的匹配度。只有当院校专业匹配度高同时社会认可度高时，院校的组织声誉才高。就 F 高职院校与京东集团合作阶段 I，以及合作阶段 II 而言，高职院校均具有较高的组织声誉。高职院校的组织声誉越高，其合法性越强，越能吸引更多的更优质的合作伙伴参与合作，由此形成良性循环。

总之，以上多重逻辑的次序组合及其相互作用使 F 高职院校与京东集团的合作由小规模紧密关联型合作育人模式转变为大规模紧密关联型合作育人模式。

第四节　本章小结

本章选取 E 高职院校专业镇产业学院发展的两个不同阶段和 F 高职院校与京东集团合作和发展两个阶段的案例，采用正负面案例转换的案例内分析（within-case analysis）相结合的方法，对大规模紧密关联型向小规模松散关联型合作育人模式、小规模紧密关联型向大规模紧密关联型合作育人模式的案例内时序性分析，再次进一步阐明了人力资产专用性程度和网络规模大小是影响高职校企合作育人模式形成的两大重要因素，厘清了行政科层逻辑、政治监管逻辑、企业市场逻辑和院校发展逻辑及其相互作用对高职校企合作育人模式的形塑机制；进一步明确了合作模式的形成及其产出成效是政府、学校与企业三方不同行为逻辑相互叠加与互动的结果。并在此基础上，再次阐述了不同的合作育人模式对提升育人成效，以及应对技能人才短缺问题的不同影响。

第 八 章

多重制度逻辑下的高职校企合作育人模式及其理论探讨

本书的理论与经验分析表明，校企合作育人的研究需要在多重制度逻辑的相互关系中认识它们各自角色，在行动主体互动中解读制度逻辑的作用，并关注校企合作育人模式形成与发展的内生性过程。基于此，本章尝试进一步讨论两个问题：一是通过探析高职校企合作育人模式何以形成，讨论影响高职校企合作育人特征的因素是什么；二是通过探析高职校企合作育人模式何以有效，讨论吸引企业和高职院校有效参与技能合作的条件是什么。

第一节 高职校企合作育人模式何以形成及理论贡献

通过提升校企在技能形成方面的合作来推进人力资源供给侧改革，是近年来中国政府的重要着力点。在这样的背景下，我们该如何解释校企在技能形成上不同模式的差异？本书认为，人力资产专用性和网络规模是两个不可忽视的解释变量。当校企双方专用性技能投资成本高，并且校企之间呈现一对多或多对多的合作形态时，则会形成一种大规模紧密关联型合作育人模式；当校企双方专用性技能投资成本高，而校企之间呈现一对一的合作形态时，则会形成一种小规模紧密关联型合作育人模式；当校企双方专用性技能投资成本低，而校企之间呈现一对多或多对多的合作形态时，则会形成一种大规模松散关联型合作育人模式；当校企双方专用性技能投资成本低,并且校企之间呈现一对一的合作形态时,则会形成一种小规模松散关联型合作育人模式(参见图8-1)。在人力资产专用性和网络规模相互作用下,高职校企合作育人模式呈现的是动态转化而非单一静态的特征。且从小规模松散关联型合作走向大规模紧密关联型合作,是提升高职校企合作育人呈效的关键所在。本书通过跨案例与案例内的比较,对以上结果进行验证。

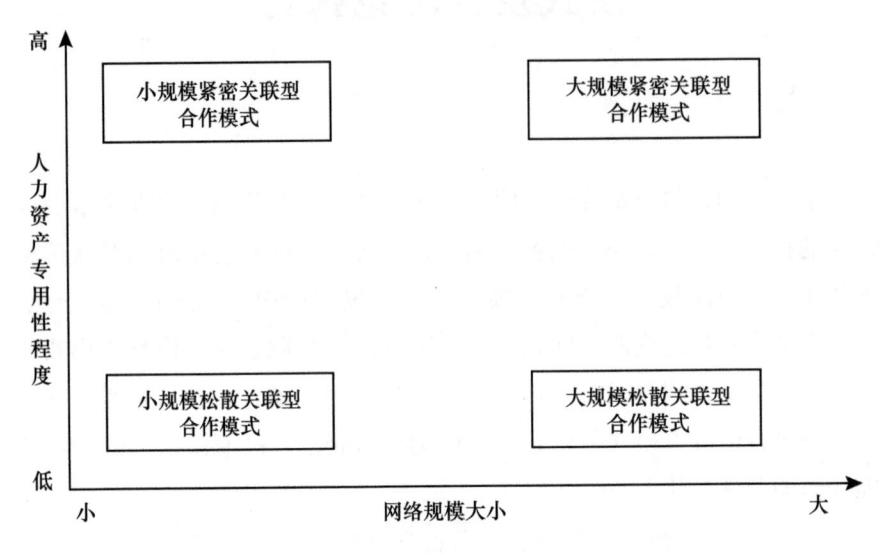

图8-1 四种高职校企合作育人模式的类型

本书主要从以下三个方面推进现有研究。

第一,从人力资产专用性和网络规模的角度建构了高职校企合作育人模式的类型学,拓展了高职校企合作育人模式类型学的研究。相关研究者多次提及,虽然我国职业教育校企合作育人的形式和内容日趋多样性,但是现有文献对微观层面高职校企合作育人模式的类型学以及其深层次原因的探究相当有限。[①] 即使相关研究建立了高职校企合作育人模式的类型学,也是着重聚焦于人力资产专用性程度对高职校企合作育人模

[①] 冉云芳:《我国企业参与职业教育办学研究综述》,《教育学术月刊》2017年第1期,第25—33页;杨钋:《技能形成与区域创新:职业教育校企合作的功能分析》,社会科学文献出版社2020年版,序言、第81—89页。

式类型建构的影响，忽略了网络规模维度。为此，笔者在总结已有人力资产专用性和网络规模相关研究的基础上，从人力资产专用性和网络规模组合的角度剖析了中国职业教育校企之间丰富多样的关系。这种多样性不仅表现在"技能合作深度"的差异上，同时也表现在"技能合作广度"的差异上。且技能合作的深度和广度是有限度的，职业教育校企合作育人应遵守的基本效率边界是校企合作不能干扰两者各自的运行状态。①

第二，明确了人力资产专用性和网络规模是影响高职校企合作育人特征的重要因素，在人力资产专用性和网络规模相互作用下，高职校企合作育人模式呈现的是动态转化而非单一静态的特征。从网络规模大小来看，大规模合作要求同一行业、同一劳动力市场中竞争的多家企业与高职院校建立合作关系以满足自身培训需求，其优势在于扩张可用技能型人才的蓄水池，减少相互猎头和工资竞争的问题，降低企业技能投资成本。目前，由于中国人口红利减弱、产业结构的快速升级等因素，企业难以招聘到足够数量且具有专用性技能的人才，在这种情况下，政府部门或者行业协会可以促成多家企业与高职院校建立合作关系。② 在科学城现代产业学院的案例中，科学技术行业协会和政府作出了战略性决策，共同支持和投资科学城现代产业学院建设以扩张当地可用技能型人才的蓄水池。除此之外，很多高职院校还推行"一对多"现代学徒制，也证明了这一观点，反之则不然。从人力资产专用性程度来看，校企深度合作要求校企双方对专用性技能进行大量的投资，其优势在于双方都付出了巨大的沉没成本，有利于校企双方开展实质性合作。其中企业的投资不仅包括支付部门培训成本、捐赠设备和资助奖学金等方式，还包括企业派专业技术人员到高职院校授课，派管理人员对校企合作的日常进行管理，参与高职院校人才培养方案制订以及课程建设和实训环节等。这就要求企业付出大量的时间、精力和成本。在医学美容技术专业现代学

---

① 申家龙：《论职业教育校企合作的效率边界》，《教育发展研究》2012年第11期，第19—24页。

② ［俄］托马斯·雷明顿、杨钋：《中、美、俄职业教育中的校企合作》，《北京大学教育评论》2019年第2期，第2—25、187页。

徒制的案例中，企业具有专用性技能需求且采用专用性技能投资策略，对专用性技能培养进行大量的投资，因此企业和高职院校开展了实质性的校企合作，反之则不然。人力资产专用性和网络规模的相互作用，才能阐释现代职业教育发展的本质。

上述讨论表明，在人力资产专用性和网络规模相互作用下，高职校企合作育人模式呈现的是动态转化而非单一静态的特征。这一动态的特征提醒研究者们，高职校企合作育人的模式会随着时间和空间的变化而有机地演绎为互相演化的系统。在 E 高职院校专业镇产业学院的案例中，高速发展时期（2011—2018 年）校企之间形成一种大规模紧密关联型合作育人模式，校企合作育人呈上升趋势；但之后的发展（2019 年至今），由于关联型要素的缺失导致校企转换为一种小规模松散关联型合作育人模式，校企合作呈下降趋势。综上，对高职校企合作育人模式及其动态转化过程的细致分析，不仅有助于识别影响高职校企合作育人有效性的结构性因素，也有助于增强理论的内部、外部有效性及其机制的可推广性[1]。

第三，指明了高职校企合作育人未来的发展方向。本书通过跨案例与案例内的比较分析，明确了大规模紧密关联型合作模式是我国职业教育改革与发展的政策目标。该模式的优势在于：能够防范企业随意剥削学徒工，能够促进行业内企业深度参与专用性技能人才的培养，能够产生规模化发展效应，满足现代工业化大生产对大量的专用性技能人才的需求。[2] 当前，中国政府一方面致力于促进"深度"的校企合作育人模式的发展，如国务院办公厅颁发的《关于深化产教融合的意见》（2017）、教育部等六部门颁发的《职业学校校企合作促进办法》（2018）、国务院颁发的《国家职业教育改革实施方案》（2019）等文件都明确指出，要与行业龙头企业[3]在人才培养、技术创新等方面深度

---

[1] 叶成城、黄振乾、唐世平：《社会科学中的时空与案例选择》，《经济社会体制比较》2018 年第 3 期，第 145—155 页。

[2] Acemoglu D., Pischke J. S. Certification of Training and Training Outcomes [J], European Economic Review, 2000, 44 (4-6): 917-927.

[3] 相关表述为行业龙头企业、行业领先企业、行业领军企业、国有企业、大型民营企业、特大型民营企业、中央企业等。

合作，推动校企形成命运共同体；另一方面还强调行业龙头企业要带动中小企业共同参与校企协同育人，即通过构建行业内企业与高职院校之间的合作网络来实现企业专用型技能和行业可转移性技能的有效供给。这些政策目标与本书的结论相吻合。然而值得注意的是，国家系列政策文件并没有针对中小企业参与校企合作育人提出明确的政策目标和支持手段。因此，在今后的政策优化和完善中，可以考虑建立中小企业参与校企合作育人的激励机制，以期更好地促进技能发展领域的政校企有机合作。

第二节 高职校企合作育人模式何以见效及理论发现

基于上述对高职校企合作育人模式以及特征的总结，我们进一步探讨了：多重制度逻辑如何影响人力资产专用性（合作深度）和网络规模（合作广度）两大核心因素，从而导致不同的合作模式，以及不同的合作模式为何有的得以见效、有的难以见效。对此，本书认为，在政策引导下，行政科层逻辑（条块关系）和政治监管逻辑（问责风险）对高职校企合作育人模式的形成影响更大，而企业市场逻辑（专用技能需求程度）和院校发展逻辑（组织声誉）的影响次之。这些发现整体上表明：多重制度逻辑影响下的高职校企合作育人模式复杂多变，合作模式的形成及其产出成效是政府、学校和企业三方不同行为逻辑相互叠加及其互动的结果（参见图 8-2）。本书通过跨案例与案例内的比较分析，对以上结果进行了验证。这些结构性要素产生的影响可以总结为如下五个方面。

第一，行政科层逻辑设定技能合作的深度和广度。行政科层逻辑指政府职能部门在履行组织职责、完成组织任务的过程中需要遵循的规则和机制[1]，具体表现为条块关系的影响。从条条关系来看，条条之间形成了"碎片化"的部门结构。职业教育校企合作缺少有力的推动统筹协调工作的考核激励机制，各相关部门基本按照各自条线职责、资源、人员

---

[1] 谭海波、赵雪娇：《"回应式创新"：多重制度逻辑下的政府组织变迁——以广东省J市行政服务中心的创建过程为例》，《公共管理学报》2016年第4期，第16—29、152页。

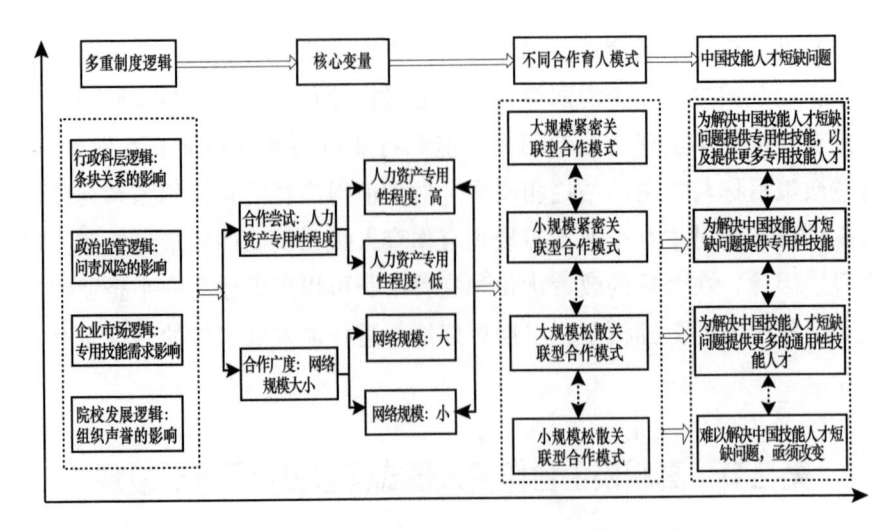

图 8-2　高职校企合作育人模式的影响因素与成效机制

和偏好在决策中讨价还价，跨部门整合和决策较为困难。[①] 就高职校企合作育人模式形成而言，因为高职校企合作育人这块内容尚未纳入地方政府绩效考核，且已有的高职校企合作育人考核缺乏硬性（刚性）指标，导致了高职校企合作育人的任务属性"弱"；高职校企合作育人的任务属性"弱"导致了教育业务主管部门的"弱势地位"，使其统筹乏力；甚至在教育业务主管内部以及高职院校内部都处于边缘地位。

从块块关系来看，中央政府通过一般性转移支付和专项转移支付来配置竞争性的职业教育资源，地方政府通过院校隶属关系来配置非竞争性的职业教育资源。[②] 而且在高职校企合作育人的深度和广度，以及就业产出方面，获得更多公共财政投入的省属高职院校明显优于地市级高职院校，公办高职院校的整体表现明显优于民办高职院校。[③] 就高职校企合作育人模式形成而言，省属高职院校与市属高职院校之间财政拨款差异明显（参见图 6-15）；珠三角与粤西、粤北、粤东区域市属高职院校之间财

[①] 王春晓：《三明医改：政策实验与卫生治理》，社会科学文献出版社 2018 年版，第 232—233 页。

[②] 杨钋：《技能形成与区域创新：职业教育校企合作的功能分析》，社会科学文献出版社 2020 年版，第 49—60 页。

[③] 杨钋、刘云波：《省级统筹与高等职业教育的均衡发展》，《北京大学教育评论》2016 年第 3 期，第 59—83、190 页。

政拨款的差异巨大（参见图6-16）。高职院校主管部门财政支持力度不同，校企技能合作的深度和广度不同。在此背景下，本书研究发现，地方政府可以发挥中介机构的协调作用，采取各种策略和提供各种公共产品（比如税收优惠、财政专项投入、优惠信贷等）形成对企业和高职院校技能合作的地方化产权保护①。地方化产权保护的差异导致了高职校企合作育人模式形塑路径的差异（参见图8-3）。该结论验证了本研究命题1。

```
行政科层逻辑：         a. 条条关系：
条块关系的影响    →    任务属性弱：校企合作未纳入政府硬性考核
                      任务属性弱导致教育业务主管部门的弱势地位
                      教育业务主管部门婆婆的"弱势地位"使其统筹乏力
                      甚至教育业务主管部门内部以及高职院校内部校企合作育人
                      都处于边缘地位
                      b. 块块关系：
                      省市之间：省属与市属高职院校财政拨款差异明显
                      市市之间：珠三角与粤西、粤北、粤东区域市属高职院校财
                      政拨款差异巨大
                      政府：高职院校主管部门财政支持力度不同
                      c. 在以上基础上，地方政府可以提供地方化产权保护，促使
                      条块关系由分割走向协同。地方化产权保护的差异导致了高
                      职校企合作育人模式形塑路径的差异
```

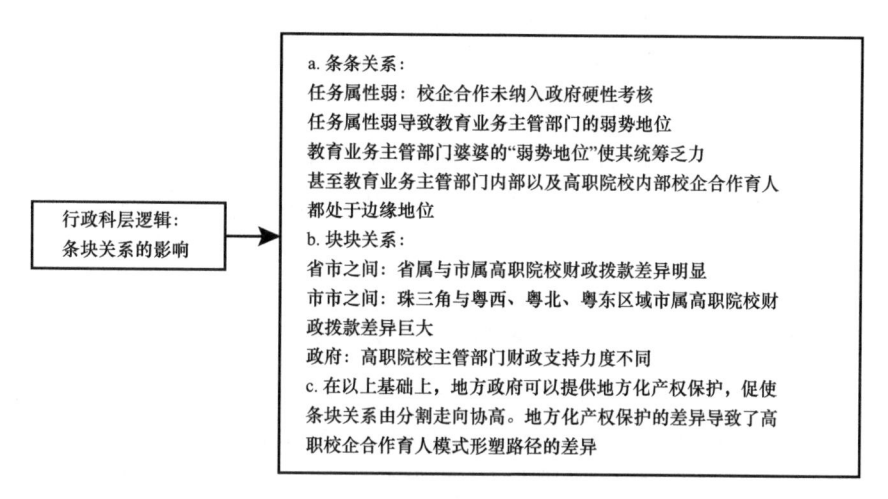

图8-3 行政科层逻辑：条块关系的影响

命题1a：条块分割抑制了企业和高职院校对人力资产专用性的投资意愿，进而导致高职校企合作育人转向松散型合作育人模式，难以解决中国技能人才短缺问题，反之则不然。

命题1b：条块分割抑制了企业和高职院校合作的网络规模，进而导

---

① 地方政府推进校企技能合作的理论解释主要有三种：第一种是经济自利性假说，强调地方政府支持校企技能合作是为了从中获得经济回报；第二种是地区竞争假说，强调地方政府领导为了获取政治晋升而展开经济竞争，进而推动校企技能合作；第三种是地方化产权保护，强调地方政治精英为了寻求地方企业的经济和政治支持而为其技能投资提供产权保护，在这个机制中，地方政府发挥中介机构的协调作用，出台替代性政策来克服技能形成中的集体行动困境。资料来源：Remington T. F., Marques I. The reform of skill formation in Russia: Regional responses [J], Higher School of Economics Research Paper No. WP BRP, 2014: 19; Fortwengel J. Practice Transfer in Organizations: The Role of Governance Mode for Internal and External Fit [J], Organization Science, 2017, 28 (04): 690-710. 杨钋：《技能形成与区域创新：职业教育校企合作的功能分析》，社会科学文献出版社2020年版，第172—177页。

致高职校企合作育人转向小规模合作育人模式,难以解决中国技能人才短缺问题,反之则不然。

国家技能形成理论的一个关键假设是国家层面不同制度的安排在全国范围内的一致性。① 已有学者对这一同质性假设提出了质疑,认为在国家制度恒定的情况下,地方政府仍可能通过出台替代性政策或者发挥中介机构的协调作用,来克服技能形成中的集体行动困境,进而发展出较高水平的校企合作。② 尤其当企业与公办职业院校合作时,科层制下的地方政府最适合担任协调者角色,因为地方政府可以通过强制、监督和激励的方式对负责管理职业教育机构的政府官员进行问责。③ 在此基础上,杨钋等对中国职业教育校企合作的功能进行分析,认为地方化产权保护作为一套制度规则,是技能合作创新的中国模式出现的关键条件之一。④ 本书沿袭并发展了这一假设,强调中国"条块"的政府组织结构为地方政府推行地方化产权保护提供了空间,地方化产权保护的差异在一定程度上解释了各地校企合作与产教融合发展的差异。

---

① Daniel Friel. Kathleen Thelen. How Institutions Evolve: The Political Economy of Skills in Germany, Britain, the United States, and Japan [J], Enterprise & Society: The International Journal of Business History, 2006, 7 (01): 3-6; Thelen, Kathleen, and Marius R. Busemeyer. Institutional change in German vocational training: From collectivism toward segmentalism [J], The political economy of collective skill formation, 2012: 68-100; 杨钋:《技能形成与区域创新:职业教育校企合作的功能分析》,社会科学文献出版社 2020 年版,第 178 页。

② Mehrotra S. India's Skills Challenge: Reforming Vocational Education and Training to Harness the Demographic Dividend [M], Oxford University Press, 2014; Remington, Thomas F., and Israel Marques. The Reform of Skill Formation in Russia: Regional responses [J], Higher School of Economics Research, 2014 (26): 19; Remington Thomas F., and Marques II Israel. The Reform of Skill Formation in Russia: Regional Responses [J], Europe-Asia Studies, 2020, 72 (07): 1125-1152; Fortwengel J. Practice transfer in organizations: The role of governance mode for internal and external fit [J], Organization Science, 2017, 28 (04): 690-710.

③ Marques I. Political Connections and Non-Traditional Investment: Evidence from Public-Private Partnerships in Vocational Education [J], Higher School of Economics Research Paper No. WP BRP, 2017, 56; Marques II, Israel, Thomas Remington, and Vladimir Bazavliuk. Encouraging skill development: Evidence from public-private partnerships in education in Russia's regions [J], European Journal of Political Economy, 2020 (63): 101888.

④ 陈博、耿曙:《政治经济学与社会学视角下的中国民营经济增长——评〈权力结构、政治激励和经济增长:基于浙江民营经济发展经验的政治经济学分析〉》,《社会发展研究》2021 年第 10 期,第 226—240 页;托马斯·F. 雷明顿、曲垠娇:《职业教育与培训中的企业政府合作:俄罗斯的"双元制"教育实验》,《北京大学教育评论》2016 年第 3 期,第 34—58、189—190 页。

第二，政治监管逻辑限定技能合作的深度。政治监管逻辑指政府对高职院校公办职业教育的国有资产进行监管，一旦校企之间出现不规范的合作行为，政府对其实施惩罚需要遵循的规则和机制[①]，具体表现为问责风险[②]的影响。已有研究者指出，公办职业教育国有资产运营管理、评估和退出机制等关键性问题不明晰，是制约校企合作、产教融合实质性推进的最大政策障碍。就高职校企合作育人而言，问责风险高致使高职院校和政府行政管理人员面临两难选择。问责风险高的具体表现为资产归属的界定，国有资产保值以及国有资产增值后的利益分配标准等问题。问责风险高导致的结果为高职院校面临较高的政治和经济风险，不作为现象凸显；企业合理合法权益得不到保障，大大降低了企业参与技能投资的意愿；问责风险高的根源为教育办学单纯算经济账。本书认为，解决问责风险高的途径为制定负面清单制度，厘清产权归属，合理界定职业教育领域的国有资产流失。在此基础上，本书发现，问责风险的高低导致了高职校企合作育人模式形塑路径的差异（参见图8-4）。该结论验证了本书研究命题2。

政治监管逻辑：问责风险的影响 →
a. 问责风险的表现：
公办职业教育产权归属问题、国有资产保值与增值评估标准问题、退出机制等
b. 问责风险"高"的结果：
企业合法权益得不到保障，降低实用性技能投资意愿增加了高职院校的政治和经济风险，不作为现象突出校企合作双方有态度、没高度
c. 问责风险"高"的根源：教育办学单纯算经济账
d. 在以上基础上，问责风险的高低导致了高职校企合作育人模式形塑路径的差异

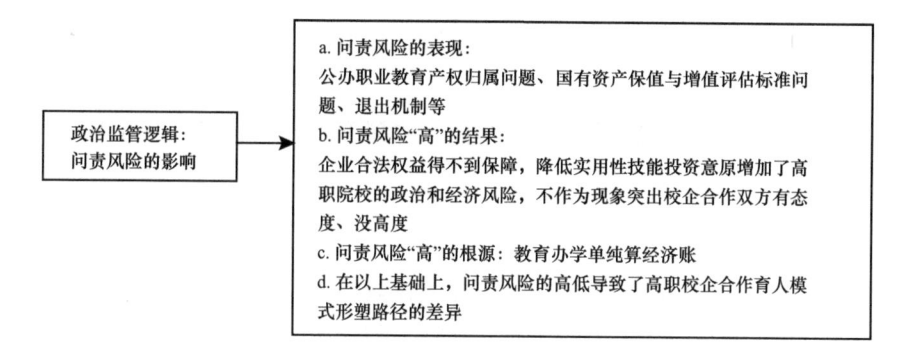

图8-4 政治监管逻辑：问责风险的影响

---

① Schedler, A., Diamond, L. J., & Plattner, M. F. (eds.). The Self-Restraining State: Power and Accountability in New Democracies. (English) [J], Política y Gobierno, 2000, Vol. 7 (02): 487-490; 中华人民共和国中央人民政府：《行政事业性国有资产管理条例》，http://www.gov.cn/，2021年2月1日。

② 谢尔德对于问责给出如下定义："A有义务告知B关于A的行动和决定，并为行动和决定提供信息且给出合理的解释，一旦出现不当行为就要受到相应的惩罚。"根据谢尔德的定义，问责风险产生的三个条件：(1) 出现了不当行为；(2) "问责方"能够获得"被问责方"不当行为的信息；(3) "问责方"能够对其实施惩罚。

命题2：问责风险高抑制了企业和高职院校对人力资产专用性的投资意愿，进而导致了高职校企合作育人转向松散型合作模式，难以解决中国技能人才短缺问题，反之则不然。

产权理论的一个关键思想是不同的产权①安排会导致不同的收益报酬结构，②合作双方在产权安排中的激励是形成合作机制的关键。③现有研究也积累了大量的证据，证明了校企双方在产权安排中形成的激励不足是掣肘校企深度合作育人的关键。例如朱俊指出我国现有的产权制度，一方面消灭了职业院校从劳动力市场那里获得的经济剩余权，政治晋升成为职业教育唯一的激励机制；④另一方面消解了企业参与职业教育校企合作的产出，增大了企业技能投资的成本。当校企合作双方因产权界定不清晰所采取的行动具有异质性时，校企合作育人遇到瓶颈就在情理之中。⑤ 王为民指出校企合作培养产权保护的激励缺失是导致校企合作合而不作、职教集团集而不团以及现代学徒制发展困境的关键⑥。本书研究沿袭并发展了这一假设，强调建立公办职业教育领域国有资产运营管理、评估和退出机制的重要性，并指出校企合作产权界定不明晰所引发的问责风险的高低，影响了校企合作与产教融合发展模式的差异。

第三，企业市场逻辑决定技能合作的深度。市场逻辑是指市场主体

---

① 产权是指对稀缺资源的使用所引起的人们之间相互认可的行为关系。
② ［美］罗纳德·H.科斯：《财产权利与制度变迁：产权学派与新制度学派译文集》，格致出版社2014年版，第121页；彭光细：《新制度经济学入门》，经济日报出版社2014年版，第44页。
③ ［美］Y.巴泽尔：《产权的经济分析》，上海三联书店1997年版；王为民：《合作产权保护与重组：职业教育校企合作机制创新》，《教育研究》2020年第8期，第112—120页。
④ 朱俊：《产权秩序与治理效率：职业教育校企合作制度变迁史的回顾》，《中国职业技术教育》2016年第34期，第172—183页；陆俊杰：《职业教育发端与发展的逻辑辨析》，《职业技术教育》2015年第6期，第44—48页。
⑤ 王为民：《合作产权保护与重组：职业教育校企合作机制创新》，《教育研究》2020年第8期，第112—120页；王为民：《产权理论视角下职业教育现代学徒制建设之关键：明晰"培养产权"》，《国家教育行政学院学报》2016年第9期，第21—25页。
⑥ 王为民：《合作产权保护与重组：职业教育校企合作机制创新》，《教育研究》2020年第8期，第112—120页；王为民：《产权理论视角下职业教育现代学徒制建设之关键：明晰"培养产权"》，《国家教育行政学院学报》2016年第9期，第21—25页。

基于利益最大化目标开展协商、交易时需要遵循的规则和机制，① 具体表现为专用性技能需求程度的影响。企业实质上就是一个人力资本团队，人力资本影响了企业的产出和绩效。② 一般而言，企业参与校企合作育人是企业积累人力资本的主要方式之一。③ 例如，在大规模紧密关联型合作育人模式的案例中，行业企业需要大量的专用性技能人才，且采用了专用性技能投资策略和高职院校开展实质性合作，大大缩短了行业内企业二次培养的周期，提升了行业内企业的竞争力。在小规模紧密关联型合作育人模式的案例中，医学美容行业人才紧缺，企业需要大量的专用技能人才，且采用了专用性技能投资策略和高职院校开展校企一体化的合作。其产生的效果为：企业获得学徒的使用权和收益分配权；获得了政府专项经费支持、税收优惠、荣誉等；提升了企业社会影响力。相比之下，在大规模松散关联型合作育人模式的案例中，企业主要为了获得平台和资源。在推进高职校企合作育人方面，是非强制性的，并不强制性要求学生一定要到某个企业，或者某个企业一定要接收某所学校的学生，他还是以市场化的运作为基础的。但是专用技能需求仍然是影响该模式可持续发展的重要因素，因为企业有内需才有生命力。在小规模松散关联型合作育人模式的案例中，企业和高职院校按照市场协议价格进行技能的"生产"与"购买"，是一种市场交易，专用性技能需求较弱，产生的效果为形成一种人才需求的优先供给。综上，专用技能需求程度的差异导致了高职校企合作育人模式形塑路径的差异（参见图8-5）。该结论验证了本书命题3。

命题3：专用技能需求程度决定了企业对人力资产专用性的投资意愿，进而导致高职校企合作育人转向紧密型合作育人模式，在解决中国技能人才短缺问题上，为之提供了专用性技能人才。

---

① 谭海波、赵雪娇：《"回应式创新"：多重制度逻辑下的政府组织变迁》，《公共管理学报》2016年第4期，第16—29、152页；钟宗炬、张海波：《重大决策社会稳定风险评估制度发展的三重逻辑——基于江苏省的个案分析》，《公共管理学报》2022年第1期，第13—26、165页。

② Armen A. Alchian and Harold Demsetz. Production, Information Costs, and Economic Organization [J], The American Economic Review, 1972, Vol. 62 (5): 777-795；周其仁：《市场里的企业：一个人力资本与非人力资本的特别合约》，《经济研究》1996年第6期，第71—80页。

③ 刘方龙、吴能全：《"就业难"背景下的企业人力资本影响机制：基于人力资本红利的多案例研究》，《管理世界》2013年第12期，第145—159页。

```
┌─────────────┐      ┌──────────────────────────────────────┐
│ 企业市场逻辑：│      │ a. 企业专用性技能需求程度越高            │
│ 专用技能需求 │─────▶│ 企业特性的影响（规模、生产要素、所有权等）│
│ 程度的影响   │      │ b. 越倾向于采用专用性技能投资策略         │
└─────────────┘      │ 资金投入、企业人力资源投入、物力资源投入等│
                     │ c. 越倾向与高职院校开展实质性校企合作育人 │
                     │ d. 专用技能需求程度的差异导致了高职校企合作育人模式形塑 │
                     │ 路径的差异                             │
                     └──────────────────────────────────────┘
```

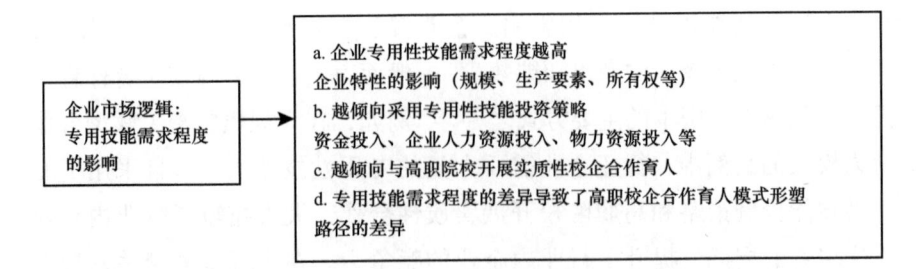

图 8-5　企业市场逻辑：专用技能需求程度的影响

人力资本理论将人力资本形成视为一种经济性投资。人力资本理论的两个关键思想是教育能够通过自身发展增进人力资本积累，① 进而促进经济结构优化，② 人力资本尤其是专用性人力资本的积累影响企业的创新绩效。③ 基于此，施特雷克指出在技术和经济因素变化不定的市场，职业技能是构成企业竞争优势的关键因素，市场的逐利动机会鼓励企业系统投资培训它们所需要的技能人才。刘方龙和吴能全指出，人力资本积累影响了企业的产出和绩效，企业参与校企合作是企业积累人力资本的主要方式之一。④ 就高职校企合作育人而言，企业和高职院校主要以技能型人力资本积累为纽带达成共同合作的意向，企业对专用性技能人才的需求程度决定了企业参与校企合作育人的程度。本书沿袭并发展了这一假设，认为企业专用技能需求程度的差异决定了校企合作与产教融合发展的差异，而专用技能需求程度的差异取决于企业的特性（如企业规模、生产要素等）。

---

① 舒尔茨认为，劳动者生产能力的提升包括正式学校教育、在职培训、健康教育等，对这些活动的投资可以形成人力资本的积累。

② Schultz T. W. Investment in Human Capital [J], The American Economic Review, 1961, 51 (01): 1-17; Gary S. Becker. Investment in Human Capital: A Theoretical Analysis [J], Journal of Political Economy, 1962, Vol. 70: 9-49; 李良华、杨姗姗、李雪：《人力资本积累、经济结构转型与高等教育发展》，《财经科学》2020 年第 11 期，第 122—132 页。

③ 王少国、潘恩阳：《企业创新与人力资本积累互动机制研究》，《经济社会体制比较》2018 年第 1 期，第 151—159 页；吴爱华、苏敬勤：《人力资本专用性、创新能力与新产品开发绩效——基于技术创新类型的实证分析》，《科学学研究》2012 年第 6 期，第 11 页。

④ 刘方龙、吴能全：《"就业难"背景下的企业人力资本影响机制：基于人力资本红利的多案例研究》，《管理世界》2013 年第 12 期，第 145—159 页。

第四，院校发展逻辑影响技能合作的广度。院校发展逻辑指高职院校吸引企业参与技能合作时需要遵循的规则和机制，具体表现为组织声誉的影响。本书组织声誉指的是院校专业匹配度与社会认可度的统一。就高职校企合作育人理论与实践而言，高职校企合作育人首先要建立在院校的专业设置与企业所需工作岗位匹配度的基础上；其次要考虑院校本身以及其相应专业的社会认可度（市场声誉），比如高职院校是否为双高院校、示范性高职、骨干高职和国家级试点培育单位，以及高职院校相应专业培养学生的质量、就业率等；只有当院校专业匹配度高同时社会认可度高时，院校的组织声誉水平才高，反之则不然。高职院校系统具有自己的声誉等级结构，处于较高声誉等级的高职院校预示着具有更强的竞争力，来自这些较高声誉等级的高职院校更容易获取政府资源、社会资源和优质学生资源等，反过来这些资源又巩固和增强了高职院校的地位；与此同时，企业借助高职院校的声誉，一方面能在较短时间内获得社会的信任，另一方面更容易得到政府的关注与支持，其与政府的沟通渠道得到拓展，政府青睐、社会信任，以及与高职院校有效合作是大多数企业所渴望的[1]。简言之，组织声誉越高，往往会吸引更多的更优质的合作伙伴。组织声誉和政策引导相互作用，影响着校企合作的网络规模。该结论验证了本书命题4。

命题4：高职院校的组织声誉影响了企业和高职院校合作的网络规模，进而导致高职校企合作育人转向大规模合作模式，在解决中国技能人才短缺问题上，为之提供更多的技能人才。

与经济学理论强调声誉是解决信息不对称问题的重要手段、社会网络理论强调声誉取决于社会网络地位不同[2]，制度主义理论强调声誉是建立在合法性机制的基础上。声誉制度的两大理论命题分别为：一是声誉的分布和有效性取决于一个社会领域中合法性基础的开放程度[3]。若通向理性、自然的门槛越高，限制性越强，被社会承认越困

---

[1] 郭建如：《声望·产权与管理：中国大学的校企之谜》，社会科学文献出版社2010年版，第7—9页。
[2] 周雪光：《组织社会学十讲》，社会科学文献出版社2003年版，第250—283页。
[3] 周雪光：《组织社会学十讲》，社会科学文献出版社2003年版，第250—283页。

难，统一的声誉市场越容易产生，声誉制度也越稳定。① 二是不同领域中声誉的分布和有效性与领域内部的组织能力有着正相关的关系②。本书沿袭并发展了这一假设，强调高职院校的组织声誉越高，其合法性越强，越能吸引更多的更优质的合作伙伴参与合作，由此形成良性循环。也就是说，院校组织声誉的差异影响了校企合作与产教融合发展模式的差异。

第五，多重制度逻辑的互动与技能合作制度的发展。制度逻辑指某一领域中稳定存在的制度安排和相应的行动机制，组织场域中的行动通常被两种及其以上的行动逻辑所共同驱动③。借用社会学家蒂利的话来说，多重制度逻辑是一些重复再现的动因，他们在不同的情形和次序排列组合中相互作用，将会导致相去甚远但又循迹可查的结果④。基于此，本书在多重制度逻辑的框架下探析高职校企合作育人模式及其形成机制。本书认为，多重制度逻辑影响下的高职校企合作育人模式复杂多变，合作模式的形成及其产出成效是政府、学校与企业三方不同行为逻辑相互叠加与互动的结果（参见图8-6）。具体为：(1) 在政策引导下，当政府条块协同度高而问责风险低，且企业专用技能需求程度高与高职院校组织声誉高时，意味着多元主体之间高度的协调和各方的高水平的专用性技能投资，高职院校和企业之间则会形成一种大规模紧密关联型合作育人模式。该模式在解决中国技能人才短缺问题上，为之提供了大量的专用性技能人才。(2) 在政策引导下，当政府条块协同度高、问责风险低、企业专用技能需求程度高，但是政策许可度偏向"一对一合作"，且高职院校组织声誉仍待提升时，意味着参与各方的高水平的专用性技能投资和小范围的合作，高职院校和企业之间则会形成一种小规模紧密关联型合作育人模式。该模式在解决中国技能人才短缺问题上，为之提供了少量的专用性技能人才。(3) 在政策引导下，当政府条块协同度低、

---

① 周雪光：《组织社会学十讲》，社会科学文献出版社2003年版，第250—283页。
② 周雪光：《组织社会学十讲》，社会科学文献出版社2003年版，第250—283页。
③ Scott, W. Richard. Institutions and Organizations: Ideas, Interests, and Identities [J], Copenhagen Journal of Asian Studies, 2015, Vol. 32 (02): 136-139.
④ Tilly, Charles. To Explain Political Processes [J], The American Journal of Sociology, 1995, Vol. 100 (06): 1594-161.

问责风险高、企业专用技能需求程度低，但是政策许可度偏向"一对多合作"或者"多对多合作"，且高职院校组织声誉较高时，意味着参与各方的专用性技能投资水平有限和大范围的合作，高职院校和企业之间则会形成一种大规模松散关联型合作育人模式。该模式在解决中国技能人才短缺问题上，提供了大量的通用性技能人才，这类通用性技能人才可以通过"干中学"机制一定程度上替代专用性技能人才。（4）在政府偏向于引入市场机制来推行校企合作育人的情况下，校企双方按照市场协议价格进行技能的"生产"与"购买"，意味着参与各方的专用性技能投资水平有限和小范围的合作，高职院校和企业之间则会形成一种小规模松散关联型合作育人模式。该模式实在难以解决中国技能人才短缺问题。以上结论验证了本书命题5。

命题5：多重制度逻辑影响下的高职校企合作育人模式复杂多变，合作模式的形成及其产出成效是政府、学校和企业三方不同行为逻辑相互叠加与互动的结果。

本书主要从三方面推进现有研究。

第一，与交易成本理论强调校企究竟选择何种关系（模式）主要取决于交易成本，国家技能形成理论强调国家间技能发展模式的差异主要取决于制度匹配，三螺旋理论强调政校企在人才培养方面的互动及校企合作制度创新等研究不同。本书建构的多重制度逻辑的分析框架，更加注重多重制度逻辑之间的张力对高职校企合作育人模式的形塑作用。换言之，校企究竟选择何种关系（模式）取决于行政科层逻辑、政治监管逻辑、企业市场逻辑和院校发展逻辑的组合及其相互作用。本书并不囿于刻画和描述高职校企合作育人模式的类型学特征及意义[①]，而是将其置于多重制度逻辑的框架下加以系统性审视，从多重制度、多种模式和多元效果的关系中，探讨有效校企合作育人的特征、吸引企业和高职院校有效参与技能合作的条件。同时，笔者认为将其中任何一种制度逻辑单独抽离出来，都可能导致对高职校企合作育人所处制度环境的片面解读，难以准确捕捉到高职校企合作育人背后蕴含的机制。

[①] 谭海波、赵雪娇：《"回应式创新"：多重制度逻辑下的政府组织变迁》，《公共管理学报》2016年第4期，第16—29、152页。

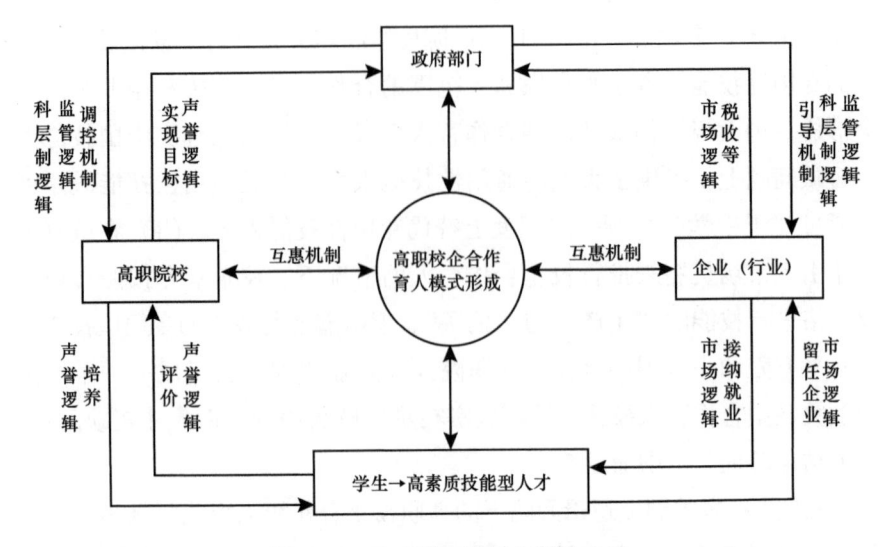

```
                          政府部门
   科 监   调  实 声              市 税   引 监 科
   层 管   控  现 誉              场 收   导 管 层
   制 逻   机  目 逻              逻 等   机 逻 制
   逻 辑   制  标 辑              辑 逻   制 辑 逻
   辑                                    辑   辑
                  ┌─────────┐
   高职院校  互惠机制  高职校企合作  互惠机制  企业（行业）
                  育人模式形成
                  └─────────┘
      培  声 声                  市 接   留 市
      养  评 誉                  场 纳   任 场
      逻  价 逻                  逻 就   企 逻
      辑  逻 辑                  辑 业   业 辑
          辑
                     学生→高素质技能型人才
```

图 8-6　多重制度逻辑之间的关系

第二，回应了多重制度逻辑分析框架的三个命题，促进多学科知识在该领域的理论对话。本书通过对高职校企合作育人模式及形成机制的分析，回应了周雪光提出的三个命题：（1）集体行动的产生是多种制度逻辑相互作用的结果。高职校企合作育人模式的形成及其产出成效是行政科层逻辑、政治监管逻辑、企业市场逻辑和院校发展逻辑相互叠加与互动的结果，而单一的制度逻辑是无法产生令人满意的解释力的。（2）制度是诱发和塑造微观行为的根本，多重制度逻辑的研究催生一些看似相去甚远却重复再现的动因，通过探析高职校企合作育人模式及形成机制，可以帮助我们对校企合作育人过程中各育人主体可能产生的行为做出合理解读和预判。（3）注重内生性发展过程，多重制度逻辑在不同情景下的次序组合，将会产生不同的结果，这也是本书解释校企合作育人模式及产生成效出现差异的关键。此外，本书打破了传统研究单一的理论视角和学科藩篱，促进了经济学、公共管理学、社会学、教育学等多学科知识在该领域的理论对话。

第三，有助于推进中国技能合作制度的发展。基于本书理论和实践层面的分析，可以解析出中国技能短缺问题的制度根源：（1）国家缺乏配套性的制度安排，地方官员面对的激励机制和任务环境"弱"，① 在这种情况下，地方政府是否提供地方化产权保护取决于地方政治精英们的认知与态度，具有企业家精神的地方政治精英可以利用中央政府的资源、现有的本地企业间关系，以及政企关系，② 解决在职业教育发展与改革过程中遇到的各种问题，反之则不然。（2）校企合作产权归属、国有资产保值与增值标准等关键性制度问题不明晰，制约了校企合作育人的实质性发展，进而对中国政府解决技能人才短缺问题产生消极影响。虽然在合作育人初期，育人主体之间可以采取一系列策略来规避问责风险，但是从长远发展看，该因素仍对高职校企合作育人的可持续性发展产生巨大的消极影响。在这种情况下，需要国家层面出台相关的政策法规予以激励。（3）企业参与技能人才培养的激励机制缺乏，企业的合法权益得不到有效的保障；与此同时，因为缺乏硬性考核标准，职业院校"做好做坏"没有依据，导致职业院校不作为现象突出。为此，技能短缺的治理依赖于国家和地方技能形成体制的革新，需重建多重制度逻辑与职业教育之间的协调关系③。

第三节 本章小结

本章的主要任务是回溯理论框架和研究命题，展现本书的理论贡献，推进相关理论对话。

首先，本章在总结前文理论与经验分析结果的基础上再次进行充分讨论，指出：人力资产专用性和网络规模是两个不可忽视的解释变量。在人力资产专用性和网络规模相互作用下，高职校企合作育人模式呈现

---

① 周雪光、艾云：《多重逻辑下的制度变迁：一个分析框架》，《中国社会科学》2010年第4期，第132—150、223页；高楠、梁平汉：《为什么政府机构越来越膨胀？——部门利益分化的视角》，《经济研究》2015年第9期，第30—43页。

② Emmenegger, Patrick; Graf, Lukas; Trampusch, Christine. The Governance of Decentralised Cooperation in Collective Training Systems: a Review and Conceptualisation [J], Journal of Vocational Education & Training, 2019, Vol. 71（01）: 21-45.

③ 杨伟国、代懋：《中国技能短缺治理》，复旦大学出版社2011年版，第4—10页；杨钋、王星、刘云波：《中国制造业2025与技能短缺治理》，《中国教育财政政策咨询报告补充版（2015—2019）》，2021年。

的是动态转化而非单一静态的特征。且从小规模松散关联型合作走向大规模紧密关联型合作,是提升高职校企合作育人成效的关键所在。从而回答了高职校企合作育人模式可以划分为哪几种类型,以及高职校企合作育人模式何以形成这一问题。同时讨论验证了本书提出的五个命题,并指出多重制度逻辑影响下的高职校企合作育人模式复杂多变,合作模式的形成及其产出成效是政府、学校与企业三方不同行为逻辑相互叠加与互动的结果。从而回答了高职校企合作育人模式何以有效这一问题。

其次,本章总结了本书对现有研究的边际贡献,解析了中国技能短缺问题的制度根源,为下文高职校企合作育人提出政策建议奠定了基础。

最后,本章推进了经济学、公共管理学、社会学、教育学等多学科知识在该领域的对话,其中高职校企合作育人模式的类型划分对话了资产专用性和社会网络理论,行政科层逻辑对话了技能政治经济学中的国家技能形成理论,政治监管逻辑对话了新制度主义经济学的产权理论,企业市场逻辑对话了经济学的人力资本积累理论,院校发展逻辑对话了组织社会学的声誉制度理论,整体的理论框架对话了制度主义理论。

第九章

结论与建议

第一节 研究结论

本书剖析了中国职业教育校企合作政策发展历程和不同阶段育人模式,并以 GD 省高职院校为研究对象,主要采用正负面案例比较的跨案例分析(cross-case analysis)与正负面案例转换的案例内分析(within-case analysis)相结合的研究设计,通过参与式观察、深入访谈等方法,探析高职校企合作育人四种模式的特征及其影响机制。本书的主要发现包括三个方面:第一,在人力资产专用性和网络规模相互作用下,高职校企合作育人模式呈现的是动态转化而非单一静态的特征。第二,从小规模松散关联型合作走向大规模紧密关联型合作,是提升高职校企合作育人成效的关键所在。第三,在政策引导下,行政科层逻辑(条块关系)和政治监管逻辑(问责风险)对高职校企合作育人模式的形成影响更大,而企业市场逻辑(专用技能需求程度)和院校发展逻辑(组织声誉)的影响次之。这些发现整体上表明:多重制度逻辑影响下的高职校企合作育人模式复杂多变,合作模式的形成及其产出成效是政府、学校与企业三方不同行为逻辑相互叠加与互动的结果。具体表现如下:(1)在政策引导下,当政府条块协同度高而问责风险低,企业专用技能需求程度高同时高职院校组织声誉也高时,高职院校和企业之间则会形成一种大规模紧密关联型合作育人模式。该模式为解决技能人才短缺问题提供了新的视角。(2)在政策引导下,当政府条块协同度高而问责风险低,企业专用技能需求程度高而政策许可度偏向"一对一合作",且高职院校组织声誉仍待提升时,高职院校和企业之间则会形成一种小规模紧密关联型合作育人模式。该模式为解决技能人才短缺问题提供了新的启示。(3) 在政策引导下，当政府条块协同度低而问责风险高，企业专用技能需求程度低而政策许可度偏向"一对多合作"或者"多对多合作"，且高职院校组织声誉较高时，高职院校和企业之间则会形成一种大规模松散关联型合作育人模式。该模式提供了大量的通用性技能人才，这类通用性技能人才可以通过"干中学"机制一定程度上替代专用性技能人才，为解决技能人才短缺问题提供新的路径。(4) 在政府偏向于引入市场机制来推行校企合作育人的情况下，校企双方按照市场协议价格进行技能的"生产"与"购买"，意味着参与各方的专用性技能投资水平有限并且合作范围小，高职院校和企业之间则会形成一种小规模松散关联型合作育人模式。该模式实在难以解决中国技能人才短缺问题。

  本书的理论贡献主要体现在三个方面：第一，从人力资产专用性和网络规模角度建构了高职校企合作育人模式的类型学，拓展了高职校企合作育人模式的类型学研究。现有文献对微观层面校企合作育人模式的类型学及其深层次原因的探究相当有限，而笔者在总结已有研究的基础上，从人力资产专用性和网络规模组合的角度展示中国职业教育校企之间丰富多样的关系，并给予具体的分析和界定。第二，提出了在人力资产专用性和网络规模的相互作用下，高职校企合作育人模式呈现的是动态转化而非单一静态的特征。这一动态的特征提醒研究者们，高职校企合作育人的模式会随着时间和空间的变化而有机地演绎为互相演化的系统。第三，构建了多重制度逻辑下的高职校企合作育人影响机制的分析框架，为理解中国如何应对技能人才短缺问题提供有益的视角。与已有研究强调校企选择何种合作模式主要取决于交易成本以及政企参与程度不同，本书建构的多重制度逻辑的分析框架，意在提供一个行政科层逻辑、政治监管逻辑、企业市场逻辑和院校发展逻辑及其相互作用的理论解释，借此我们可以更为全面和深入地把握高职校企合作育人的特征以及影响高职校企合作育人有效性的因素及其机制。

  本书研究的实践贡献主要体现在三个方面：第一，指明了高职校企合作育人未来的发展方向。本书通过跨案例比较与案例内比较分析，明确了大规模紧密关联型合作育人模式是我国职业教育改革与发展的政策方向。在今后的政策优化和完善中，我们不仅需要关注高技能人才培养的"质"，而且需要关注在"质"基础上的"量"的拓展；不仅需要关注行业龙头企业、国有企业和大型民营企业等，而且还需要关注大量的中小型企业在推进高职校企合作育人过程中的重要作用。第二，廓清了多重制度逻辑及其互动与技能合作制度发展之间的关系。基于本书理论和实践层面的分析，解析出中国技能短缺问题的制度根源。并指出了中国技能人才短缺的治理依赖于国家和地方技能形成体制的革新。第三，回应了多重制度逻辑分析框架的三个命题，促进了经济学、公共管理学、社会学、教育学等多学科知识在该领域的理论对话。其中高职校企合作育人模式的类型划分对话了资产专用性和社会网络理论，行政科层逻辑对话了技能政治经济学中的国家技能形成理论，政治监管逻辑对话了新制度主义经济学的产权理论，企业市场逻辑对话了经济学的人力资本积累理论，院校发展逻辑对话了组织社会学的声誉制度理论，整体的理论框架对话了制度主义理论。

第二节　政策建议

基于上述发现与讨论，本书提出四个方面的政策建议。

第一，从分割到协同：通过地方化产权保护重塑条块关系。地方化产权保护的差异导致高职校企合作育人模式形塑路径的差异。例如，在大规模紧密关联型合作育人模式的案例中，地方政府通过认可、激励、协调和参与的方式[①]促成了技能形成领域的大规模紧密关联型合作模式的形成。在小规模紧密关联型合作育人模式的案例中，地方政府通过组建领导小组，由副市长担任组长，促使了技能形成领域的小规模紧密关联型合作模式的形成。地方化产权保护是指在缺乏国家层面明晰制度支持的条件下，地方政府可以出台替代性的政策，由地方政府发挥中介组织

---

① 杨钋：《技能形成与区域创新：职业教育校企合作的功能分析》，社会科学文献出版社2020年版，第172—175页。

的协调作用来促成技能形成领域的集体行动。① 地方化产权保护的具体策略为：（1）认可。各级地方政府需因地制宜，出台校企合作育人的地方化方案并纳入硬性考核，这在一定程度上为校企深度合作育人和跨企业的规模化合作提供合法性。（2）激励。各级地方政府在给定的激励和约束的条件下，给企业提供"金融+财政+土地+信用"的组合式激励、税收补贴等优惠政策，并使其真正落地；给高职院校提供企业（行业）导师的教师编制、高层次人才引进标准、待遇及职称评定等针对性政策。（3）协调。各级地方政府可以成立校企合作领导小组，由副省长或者副市长担任领导小组组长，各厅局级领导担任领导小组成员，通过领导小组重塑条块关系，实现地方政府条块关系的优化。②（4）参与。基于三螺旋互动理论，各级地方政府直接参与到育人过程中来促进技能合作。

第二，制定负面清单：建立公办职业教育国有资产运营管理、评估与退出机制。公办职业教育国有资产运营管理（产权归属）、评估（国有资产增值与保值标准）和退出机制等关键性问题不明晰，是制约高等职业教育校企合作与产教融合实质性推进的最大政策障碍③。针对此问题，建议：（1）立法先行。推进校企合作与产教融合立法，厘清高职校企合作育人中的产权归属问题，注重对校企合作产权的保护和重组，这需要国家在顶层设计层面进行统筹。（2）制定公办职业教育领域国有资产流失的评估标准。本书分析表明，问责风险高的根源在于教育办学单纯算

---

① Remington T. F., Marques I. The Reform of Skill Formation in Russia: Regional Responses [J], Higher School of Economics Research Paper No. WP BRP, 2014, 19；章奇、刘明兴：《权力结构、政治激励和经济增长——基于浙江民营经济发展经验的政治经济学分析》，格致出版社 2016 年版，第 116—128 页；托马斯·F. 雷明顿、曲垠娇：《职业教育与培训中的企业——政府合作：俄罗斯的"双元制"教育实验》，《北京大学教育评论》2016 年第 3 期，第 34—58、189—190 页；陈博、耿曙：《政治经济学与社会学视角下的中国民营经济增长——评〈权力结构、政治激励和经济增长：基于浙江民营经济发展经验的政治经济学分析〉》，《社会发展研究》2021 年第 1 期，第 226—240、246 页。

② 罗湖平、郑鹏：《从分割到协同：领导小组重塑条块关系的实践机制》，《中国行政管理》2021 年第 12 期，第 121—125 页；周振超：《打破职责同构：条块关系变革的路径选择》，《中国行政管理》2005 年第 9 期，第 103—106 页；[美] 李侃如：《治理中国：从革命到改革》，胡国成、赵梅译，中国社会科学出版社 2010 年版，第 188—190 页。

③ 王新波等：《2021 职业教育改革与发展报告》，《中国教育报》2022 年 1 月 4 日。

经济账。政府监管部门认为规则是最重要的，而高职院校认为，培养学生是最重要的，政府监管部门的规则逻辑与高职院校的公益性逻辑冲突明显。为此，制定公办职业教育领域国有资产流失的评估标准非常重要。（3）制定负面清单制度，实施负面清单管理。国有资产运营管理（产权归属）、评估（国有资产增值与保值标准）和退出机制等关键性问题，都可以采用负面清单的管理方式。

第三，分类与分层激励：激发企业参与积极性。企业专用技能需求程度的差异导致了高职校企合作育人模式形塑路径的差异。例如，在大规模紧密关联型合作育人模式的案例中，行业企业需要大量的专用技能人才，且采用专用性技能投资策略和高职院校开展实质性合作，大大缩短了行业企业二次培养的周期，提升了行业企业的竞争力。在小规模紧密关联型合作育人模式的案例中，医学美容行业人才紧缺，企业需要大量的专用技能人才，且采用专用性技能投资策略和高职院校开展校企一体化的合作，产生了良好的效果。一是企业获得学徒的使用权和收益分配权；二是企业获得了政府专项经费支持、税收优惠、荣誉等；三是企业提升了社会影响力。但是因企业专用技能需求的程度受企业所属行业、规模、生产要素等性质的影响，因此要对企业进行分类与分层，按照不同类型、不同层次的企业进行不同类型和不同层次的校企合作育人，才能培养出供给与需求相匹配的技能人才。具体建议：（1）不同规模的企业。对于中小微企业，降低补贴门槛，简化补贴流程，吸引企业参与校企合作育人；对于深度参与校企合作育人的大型企业，给予其经济和社会荣誉的奖励。（2）不同生产要素的企业。对于劳动密集型的企业，该类型企业的生存取决于人力资本的可得性，因此更倾向于选择与高职院校签订双边协议，进行实质性的校企合作，在政策设计上可以采用强制性政策；对于知识密集型企业，企业参与校企合作意愿较低，政府可以采取引导、非强制性的政策；对于技术密集型企业，因为人才需求是"金字塔"式，政府在政策设计上可以采用诱致性和强制性相结合的政策。（3）不同性质的企业。对于国有企业，建立行业主管部门教育职能问责制；对于民营企业，完善企业社会责任评价体系，纳入企业信用评分。①

最后，多措并举：多措并举提升高职院校的办学实力。高职院校系统有自己的声誉等级，处于较高声誉等级的高职院校预示着具有更强的竞争力，来自这些较高声誉等级的高职院校更容易获取政府资源、社会资源与优质学生资源等，反过来这些资源又巩固和增强了高职院校的地位；与此同时，企业借助高职院校的声誉，一方面能在较短时间内获得社会的信任，另一方面更容易得到政府的关注与支持，这样与政府的沟通渠道得到拓展，政府青睐、社会信任，以及与高职院校有效合作是大多数企业所渴望的。② 也就是说组织声誉越高，合法性越强，也往往能够吸引更多的更优质的合作伙伴。③ 组织声誉和政策引导相互作用，影响了高职校企合作育人的网络规模。因此，在政策设计的过程中，要注意提升高职院校的办学实力，逐步推进高职院校由"行政依赖"向"自主造血能力提升"转变。具体建议是，加大对高职院校评估：(1)评估主体：政府授权第三方评估机构对高职校企合作育人情况进行监控和评估；(2)评估模式：建立协商式的监控和评估模式；(3)评估方式：采用强制性和诱致性相结合的评估方式；(4)注重评估结果的运用，建立与评估结果相对应的奖惩机制和问责机制，使评估的整个过程"威胁可信"，以保障高职院校的自主发展。

此外，还要促进行业组织的发展，通过构建行业内企业与高职院校之间的合作网络来实现技能的有效供给。在此基础上，建立国家职业资格框架，以推进技能合作深度和广度的职业技术教育体系建设。

---

① 沈剑光、叶盛楠、张建君：《多元治理下校企合作激励机制构建研究》，《教育研究》2017年第10期，第69—75页；朱晓进：《关于推进职业教育校企合作高质量发展的建议》，《人民政协网》，http://www.rmzxb.com.cn/，2022年3月7日。

② 郭建如：《声望·产权与管理：中国大学的校企之谜》，社会科学文献出版社2010年版，第7—9页。

③ Agrawal A. Engaging the Inventor: Exploring Licensing Strategies for University Inventions and the Role of Latent Knowledge [J], Strategic Management Journal, 2006 (01): 63 - 79; Bergebal-Mirabent J., Lafuente E. and Sole F. The Pursuit of Knowledge Transfer Activities: an Efficiency Analysis of Spanish Universities [J], Journal of Business Research, 2013 (10): 2051 - 2059.

第三节 研究展望

本书还存在以下几点不足,这些不足将是进一步研究的方向。

第一,研究发现的一般化(generalization)问题。本书的发现是基于 GD 省公办高职院校的案例分析,因此,本书的发现在一般化上可能存在两个方面的局限。一方面,GD 省经济水平高,各项改革走在全国前列,高职校企合作育人也积累了较多的典型经验,由此形成的结论对于全国其他省(市)有多大的启示,仍然有待证明。未来的研究将力求打破地域局限,着重探析我国东部、中部和西部不同地区的差异化属性,对已有研究结论进行进一步的验证与拓展,得出更具普适性的结论。另一方面,本书选取公办高职院校以及与之合作的企业为研究对象,不一定能够推广至民办高职院校。未来的研究将进一步探析本书的理论框架对民办高职院校的适用性,对已有研究结论进行进一步的验证与拓展。

第二,行业协会的影响。虽然本书一直强调促进行业组织的发展,并期冀通过构建行业内企业与高职院校之间的合作网络来实现技能的有效供给。但因行业组织受政府机构改革等多种因素的影响,行业组织在发展职业教育中的作用明显弱化,其对高职校企合作育人模式的影响有待进一步论证。未来的研究将进一步关注行业协会对高职校企合作育人模式多样性的影响,对已有研究结论进行进一步的验证与拓展。

第三,本书采用跨案例和案例内比较相结合的研究设计,具有一定的价值。但是在此基础上,仍可以采用定量分析方法对关键变量进行度量。未来的研究将从定量数据入手,进一步论证主要变量之间的因果关系,对已有研究结论进行进一步的验证与拓展。

附录 I

政策文件来源说明

表1　　　　职业教育校企合作政策文件来源说明

来源类别	政策文件来源说明	政策文本数量
教育部工作要点	对1987—2021年的教育部工作要点文本进行梳理。材料来源于中华人民共和国教育部政府门户网站	共32份
全国职业技术教育工作会议讲话精神	对1978—2021年召开的8次全国职业技术教育工作会议文件进行梳理,其中8次全国职业技术教育工作会议的时间分别为1986年、1991年、1996年、2002年、2004年、2005年、2014年、2021年。材料来源于中华人民共和国教育部官网和中华人民共和国中央人民政府官网	共8份
与高等职业教育校企合作相关的政策文本	对1978—2021年与高等职业教育校企合作相关的政策文件进行梳理。 具体获取步骤:①以国家教委等部门编写的职业技术教育政策法规等相关书籍为指导,主要参考《职业技术教育文件汇编(1978—1988年)》(1989年国家教育委员会职业技术教育司编)、《职业技术教育政策法规(1989—1992年)》(国家教育委员会职业技术教育司编)、《职业教育政策法规(1992—1996年)》(国家教育委员会职业技术教育司编)、《职业教育法律法规文件选编(1996—2009年)(国家教育行政学院编)》等材料;②通过国务院及各部委网站搜集1978年至今的与高等职业教育校企合作相关的政策文本;③对所有职业教育相关政策文本进行阅读,剔除与高等职业教育校企合作无关政策文本	共91份
合计		131份

附录 Ⅱ

1978—2021 年高职校企合作育人形式词频统计

表1　1978—2021 年高职校企合作育人形式的词频统计结果

合作育人形式［频次］	时间	涉及政策文件	政策文件内容
现代学徒制［39］	1989 年	《教育部工作要点》	开展"双元制"试点
	1994 年	《教育部工作要点》	总结和研究"双元制"试点工作
	2012 年	《教育部工作要点》	开展现代学徒制试点
	2013 年	《教育部工作要点》	启动现代学徒制试点
	2014 年	《教育部工作要点》	全面推进现代学徒制试点
	2014 年	《国务院关于加快发展现代职业教育的决定》	开展联合招生、联合培养的现代学徒制试点
	2014 年	《现代职业教育体系建设规划（2014—2020 年）》	开展校企联合招生、联合培养的现代学徒制试点
	2014 年	《教育部关于开展现代学徒制试点工作的意见》	提出开展现代学徒制试点工作的意见
	2015 年	《教育部工作要点》	加快推进现代学徒制制度试点
	2015 年	《关于公布首批现代学徒制试点单位的通知》	教育部公布首批现代学徒制试点单位

续表

合作育人形式［频次］	时间	涉及政策文件	政策文件内容
现代学徒制［39］	2015 年	《中国制造 2025》	现代学徒制被列为中国制造 2025 的支撑和保障措施之一
	2015 年	《高等职业教育创新发展行动计划（2015—2018 年）》	扶持企业与高等职业院校联合开展现代学徒制培养试点
	2016 年	《教育部工作要点》	推进现代学徒制试点
	2017 年	《教育部 2017 年工作要点》	启动第二批中国特色现代学徒制试点
	2017 年	《关于做好 2017 年度现代学徒制试点工作的通知》	提出做好现代学徒制试点工作的意见
	2017 年	《教育部办公厅公布第二批现代学徒制试点工作方案》	制订第二批现代学徒制试点工作方案
	2017 年	《教育部办公厅关于公布第二批现代学徒制试点和第一批试点年度检查结果的通知》	公布第二批现代学徒制试点和首批现代学徒制试点检查结果
	2017 年	《中共中央 国务院关于开展质量提升行动的指导意见》	明确提及要推广现代学徒制
	2017 年	《国务院办公厅关于深化产教融合的若干意见》	全面推行现代学徒制
	2018 年	《教育部工作要点》	总结现代学徒制试点经验
	2018 年	《教育部关于做好现代学徒制试点工作的通知》	启动第三批现代学徒制试点
	2018 年	《教育部办公厅公布第三批现代学徒制试点工作方案》	制订第三批现代学徒制试点工作方案
	2018 年	《关于公布第三批现代学徒制试点单位的通知》	公布第三批现代学徒制试点

续表

合作育人形式[频次]	时间	涉及政策文件	政策文件内容
现代学徒制[39]	2018年	《职业学校校企合作促进办法》	鼓励职业学校与企业合作开展学徒制培养
	2019年	《教育部工作要点》	总结现代学徒制试点经验，全面推广现代学徒制
	2019年	《中华人民共和国职业教育法》修订草案	国家推行学徒制度
	2019年	《关于印发国家产教融合建设试点实施方案的通知》	全面推行现代学徒制
	2019年	《关于印发职业技能提升行动方案（2019—202年）的通知》	全面推行现代学徒制
	2019年	《教育部办公厅关于全面推进现代学徒制工作的通知》	全面推进现代学徒制
	2019年	《关于实施中国特色高水平高职学校和专业建设计划的意见》	施行校企联合培养、双主体育人的中国特色现代学徒制
	2019年	《关于做好2019年现代学徒制试点年度检查和验收工作的通知》	现代学制试点年度监控
	2019年	《关于公布现代学徒制第二批试点验收结果和第三批试点检查情况的通知》	第二批和第三批现代学徒制试点验收与检查
	2019年	《国务院关于印发国家职业教育改革实施方案的通知》	总结现代学徒制试点经验
	2019年	《建设产教融合型企业实施办法（试行)》	承担现代学徒制试点任务是遴选产教融合企业的基本条件之一

续表

合作育人形式[频次]	时间	涉及政策文件	政策文件内容
现代学徒制[39]	2019年	《试点建设培育国家产教融合型企业工作方案》	开展现代学徒制试点是申请试点建设培育国家产教融合型企业的基本条件
	2019年	《关于印发中国特色高水平高职学校和专业建设计划项目遴选管理办法（试行）的通知》	承担现代学徒制试点且成效明显是遴选中国特色高水平高职学校和专业建设的基本条件之一
	2020年	《关于印发职业教育提质培优行动计划（2020—2023年）的通知》	全面推行现代学徒制
	2021年	《教育部工作要点》	探索中国特色学徒制
	2021年	《第八次全国职业教育工作会议精神》	探索中国特色学徒制
企业新型学徒制[12]	2015年	《关于开展企业新型学徒制试点工作的通知》	启动企业新型学徒制试点
	2015年	《企业新型学徒制试点工作方案》	提出企业新型学徒制试点工作方案
	2016年	《关于开展第二批企业新型学徒制试点工作的通知》	开展第二批企业新型学徒制试点
	2017年	《国务院办公厅关于深化产教融合的若干意见》	全面推行企业新型学徒制
	2017年	《中共中央 国务院关于开展质量提升行动的指导意见》	明确提及要推广企业新型学徒制
	2018年	《人力资源社会保障部 财政部关于全面推行企业新型学徒制的意见》	全面推行企业新型学徒制
	2019年	《建设产教融合型企业实施办法（试行）》	鼓励开展企业新型学徒制试点

续表

合作育人形式[频次]	时间	涉及政策文件	政策文件内容
企业新型学徒制[12]	2019年	《试点建设培育国家产教融合型企业工作方案》	鼓励开展企业新型学徒制试点
	2019年	《关于印发国家产教融合建设试点实施方案的通知》	全面推行企业新型学徒制
	2019年	《国务院办公厅关于印发职业技能提升行动方案（2019—2021年）的通知》	全面推行企业新型学徒制
	2019年	《国务院关于印发国家职业教育改革实施方案的通知》	总结企业新型学徒制试点经验
	2020年	《教育部等九部门关于印发职业教育提质培优行动计划（2020—2023年）的通知》	全面推行企业新型学徒制
职教集团[34]	2002年	《第四次全国职业教育工作会议精神》	协调和鼓励规模化、集团化、连锁化办学
	2004年	《关于进一步加强职业教育的若干意见》	探索规模化、集团化、连锁式发展模式
	2004年	《教育部关于以就业为导向 深化高等职业教育改革的若干意见》	组建职教集团
	2005年	《国务院关于大力发展职业教育的决定》	推动公办职业学校规模化、集团化、连锁化办学
	2006年	《教育部工作要点》	推动公办职业学校规模化、集团化、连锁化办学
	2009年	《教育部工作要点》	加快推进职业教育集团化办学
	2010年	《国家中长期教育改革和发展规划纲要（2010—2020年）》	支持一批示范性职业教育集团学校建设
	2010年	《教育部工作要点》	推进集团化办学和职业教育园区建设

续表

合作育人形式［频次］	时间	涉及政策文件	政策文件内容
职教集团［34］	2011 年	《教育部工作要点》	启动职业教育集团化办学的产权制度改革试点
	2012 年	《教育部工作要点》	研究制定推进集团化办学意见，支持职业院校与行业、企业组建职业教育集团
	2013 年	《教育部工作要点》	印发推进职业教育集团化办学的指导意见
	2014 年	《第七次全国职业教育工作会议精神》	持续推动集团化办学
	2014 年	《国务院关于加快发展现代职业教育的决定》	鼓励多元主体组建职业教育集团
	2014 年	《关于做好全国职业教育集团化办学统计工作的通知》	积极推进职业教育集团化办学
	2014 年	《教育部关于学习贯彻习近平总书记重要指示和全国职业教育工作会议精神的通知》	探索通过集团化办学等形式
	2014 年	《现代职业教育体系建设规划（2014—2020 年）》	推动职业教育集团化发展，创新职业教育集团的发展机制
	2015 年	《高等职业教育创新发展行动计划（2015—2018 年）》	推动职业教育集团化发展，支持高职院校成立连锁型职业教育集团
	2015 年	《教育部关于深入推进职业教育集团化办学的意见》	深入推进职业教育集团化办学
	2015 年	《教育部关于做好 2015 年全国职业教育集团化办学统计工作的通知》	建立全国职业教育集团化办学统计与公共服务平台
	2017 年	《关于开展 2016 年度全国职业教育集团化办学统计工作的通知》	统计 2016 年全国职业教育集团办学情况

续表

合作育人形式[频次]	时间	涉及政策文件	政策文件内容
职教集团[34]	2018年	《关于开展2017年度全国职业教育集团化办学统计工作的通知》	统计2017年全国职业教育集团办学情况
	2017年	《国务院办公厅关于深化产教融合的若干意见》	鼓励区域、行业骨干企业联合职业学校、高等学校共同组建产教融合集团（联盟）
	2017年	《教育部工作要点》	建立一批示范性职业教育集团
	2018年	《教育部工作要点》	建设一批示范性职业教育集团
	2019年	《中华人民共和国职业教育法》修订草案	职业院校通过组建职业教育集团等多种形式，与行业组织、企业、事业组织等开展合作
	2019年	《国务院关于印发国家职业教育改革实施方案的通知》	初步建成300个示范性职业教育集团（联盟），带动中小企业参与
	2019年	《教育部 财政部关于实施中国特色高水平高职学校和专业建设计划的意见》	牵头组建职业教育集团，推进实体化运作，实现资源共建共享
	2019年	《试点建设培育国家产教融合型企业工作方案》	牵头设立实体化运作的行业性产教融合集团（联盟）是申请试点建设培育国家产教融合型企业的基本条件之一
	2019年	《建设产教融合型企业实施办法（试行)》	参与组建行业性或区域性产教融合（职业教育）集团是遴选产教融合型企业的基本条件之一

续表

合作育人形式［频次］	时间	涉及政策文件	政策文件内容
职教集团［34］	2019年	《教育部 财政部关于印发中国特色高水平高职学校和专业建设计划项目遴选管理办法（试行）的通知》	高职院校牵头组建实体化运行的职业教育集团，是遴选中国特色高水平高职学校和专业建设的必须具备基本条件
	2019年	《关于开展示范性职业教育集团（联盟）建设的通知》	开展示范性职业教育集团（联盟）建设工作
	2020年	《关于公布第一批示范性职业教育集团（联盟）培育单位名单的通知》	公布第一批示范性职业教育集团（联盟）培育单位
	2020年	《教育部等九部门关于印发职业教育提质培优行动计划（2020—2023年）的通知》	发挥职教集团推进企业参与职业教育办学的纽带作用，打造500个左右实体化运行的示范性职教集团（联盟）
	2021年	《关于公布第二批示范性职业教育集团（联盟）培育单位名单的通知》	公布第二批示范性职业教育集团（联盟）培育单位
	2021年	《教育部工作要点》	推进示范性职业教育集团（联盟）建设
股份与混合所有制［12］	2004年	《关于进一步加强职业教育的若干意见》	实行多元投资并举的办学体制
	2014年	《第七次全国职业教育工作会议精神》	探索发展股份制、混合所有制职业院校
	2014年	《教育部关于学习贯彻习近平总书记重要指示和全国职业教育工作会议精神的通知》	发展股份制、混合所有制职业院校
	2014年	《国务院关于加快发展现代职业教育的决定》	探索发展股份制、混合所有制职业院校

续表

合作育人形式［频次］	时间	涉及政策文件	政策文件内容
股份与混合所有制 ［12］	2014 年	《现代职业教育体系建设规划（2014—2020 年）》	探索发展股份制、混合所有制职业院校
	2015 年	《高等职业教育创新发展行动计划（2015—2018 年）》	探索发展股份制、混合所有制高等职业院校，鼓励校企合作举办具有混合所有制特征的二级学院
	2019 年	《国务院关于印发国家职业教育改革实施方案的通知》	鼓励发展股份制、混合所有制等职业院校和各类职业培训机构
	2019 年	《中华人民共和国职业教育法》（草案）	地方各级人民政府及行业主管部门可以依法支持社会力量、民间资金参与举办股份制、混合所有制职业学校、职业培训机构
	2020 年	《教育部办公厅转发山东省关于推进职业院校混合所有制办学的指导意见（试行）的通知》	深入推进职业院校混合所有制改革，以"混"促"改"，推动形成多元办学格局
	2021 年	《教育部工作要点》	探索混合所有制改革
产业学院 ［2］	2019 年	《教育部 财政部关于实施中国特色高水平高职学校和专业建设计划的意见》	提升校企合作水平，吸引企业联合建设产业学院
	2020 年	《教育部办公厅 工业和信息化部办公厅关于印发现代产业学院建设指南（试行）的通知》	推进现代产业学院的建设工作

续表

合作育人形式［频次］	时间	涉及政策文件	政策文件内容
校办产业，办好生产实习基地［4］	1991年	《国务院关于大力发展职业技术教育的决定》	积极发展校办产业，办好生产实习基地
	1993年	《中国教育改革和发展纲要》	利用贷款发展校办产业，逐步做到以厂（场）养校
	1994年	《国务院关于中国教育改革和发展纲要的实施意见》	国家支持学校发展校办产业，职业学校要走产教结合的路子
	1996年	《中华人民共和国职业教育法》	加强职业教育生产实习基地的建设
校中厂和厂中校模式［5］	2005年	《国务院关于大力发展职业教育的决定》	推动校企合作办学，形成前校后厂（场）、校企合一的办学实体
	2006年	《教育部关于职业院校试行工学结合、半工半读的意见》	积极推进"校企合一"，鼓励"前厂（店）后校"或"前校后厂（店）"
	2010年	《教育部 财政部关于进一步推进"国家示范性高等职业院校建设计划"实施工作的通知》	探索建立"校中厂""厂中校"实习实训基地
	2011年	《教育部关于推进高等职业教育改革创新引领职业教育科学发展的若干意见》	探索建立校中厂和厂中校等形式的实践教学基地
	2014年	《现代职业教育体系建设规划（2014—2020年）》	探索引校进厂、引厂进校和前店后校等校企一体化的合作形式
产教融合实训基地［4］	2019年	《国务院关于印发国家职业教育改革实施方案的通知》	推动建设300个具有辐射引领作用的高水平专业化产教融合实训基地
	2019年	《建设产教融合型企业实施办法（试行）》	以校企合作等方式共建产教融合实训基地

续表

合作育人形式[频次]	时间	涉及政策文件	政策文件内容
产教融合实训基地[4]	2019年	《国务院办公厅关于印发职业技能提升行动方案（2019—2021年）的通知》	鼓励校企共建实训中心、教学工厂等，积极建设和培育一批产教融合型企业
	2020年	《教育部等九部门关于印发职业教育提质培优行动计划（2020—2023年）的通知》	推动建设300个左右具有辐射引领作用的高水平专业化产教融合实训基地
职业教育实训基地[3]	2004年	《教育部等七部门关于进一步加强职业教育工作的若干意见》	加快职业教育实训基地的建设
	2004年	《关于组织制订推进职业教育发展专项建设计划指导意见》	加快职业教育实训基地建设
	2018年	国家发展改革委、教育部、人力资源社会保障部、国家开发银行联合印发《关于加强实训基地建设组合投融资支持的实施方案》	加强实训基地建设组合投融资支持
订单式模式[9]	2002年	《国务院关于大力推进职业教育改革与发展的决定》	企业要和职业学校加强合作，实行多种形式联合办学，开展"订单"培训
	2002年	《关于进一步发挥行业、企业在职业教育和培训中作用的意见》	组织开展订单式培训
	2004年	《教育部工作要点》	大力推广订单式培养模式，进一步促进产学研结合
	2004年	《教育部、建设部关于实施职业院校建设行业技能型紧缺人才培养培训工程的通知》	实行用人订单式教育与培训的新模式

续表

合作育人形式［频次］	时间	涉及政策文件	政策文件内容
订单式模式［9］	2004年	《教育部关于以就业为导向 深化高等职业教育改革的若干意见》	高等职业院校要大力开展订单式培养，各省级教育行政部门要积极支持高等职业院校开展订单式培养
	2004年	《教育部等七部门关于进一步加强职业教育工作的若干意见》	推动产教结合，加强校企合作，积极开展"订单式"培养
	2006年	《教育部工作要点》	继续推广"订单"培养
	2007年	《国家教育事业发展"十一五"规划纲要》	坚持以就业为导向，积极开展订单式培养模式
	2019年	《建设产教融合型企业实施办法》	通过订单班等形式开展校企合作

注：频次指节点被提及的次数，亦指涉及的文件数。

附录 Ⅲ

高职校企合作育人政策措施细节

表1　　　　1978年以来中国多元主体参与办学的政策表述

发布时间	政策名称	政策内容
2002年8月24日	《国务院关于大力推进职业教育改革与发展的决定》	形成政府主导、依靠企业、充分发挥行业作用、社会力量积极参与的多元办学格局
2005年10月28日	《关于大力发展职业教育的决定》	推动公办职业院校与企业合作办学，推动公办职业院校资源整合和重组
2010年7月29日	《国家中长期教育改革和发展规划纲要（2010—2020）》	建立健全政府主导、行业指导、企业参与的办学机制，推进校企合作制度化
2014年5月2日	《国务院关于加快发展现代职业教育的决定》	国家层面上第一次明确提出企业作为职业教育的重要办学主体
2014年6月16日	《现代职业教育体系建设规划（2014—2020）》	提出建立校企合作治理机制，使人才培养融入企业生产服务流程和价值创造过程
2016年3月21日	《关于深化人才发展体制机制改革的意见》	政策文件中第一次明确提出"校企双主体"育人的概念
2017年12月19日	《关于深化产教融合的若干意见》	强化企业重要主体作用，形成政府、企业、学校、行业、社会协同推进的工作格局
2018年2月12日	《职业学校校企合作促进办法》	发挥企业的重要办学主体作用，实行校企主导、政府推动、行业指导、学校企业"双主体"实施的合作机制

续表

发布时间	政策名称	政策内容
2019年2月13日	《国家职业教育改革实施方案》	健全多元化办学格局,发挥企业重要办学主体作用,推动企业深度参与协同育人
2019年4月1日	《关于实施中国特色高水平高职学校和专业建设计划的意见》	推动高职学校和行业企业形成命运共同体,为加快建设现代产业体系,增强产业核心竞争力提供有力支撑
2019年5月8日	《关于深入学习贯彻〈国家职业教育改革实施方案〉的通知》	引导企业深度参与,形成"校企命运共同体"
2020年9月23日	《职业教育提质培优行动计划(2020—2023)》	深化校企合作协同育人模式改革,鼓励企业利用资本、技术、知识、设施、设备和管理等要素参与校企合作
2022年5月1日	《中华人民共和国职业教育法》	发挥企业重要办学主体作用,职业教育实行政府统筹、分级管理、地方为主、行业指导、校企合作、社会参与

资料来源:根据有关职业教育政策整理。

表2　　　　　1978年以来中国高职院校的管理体制

发布时间	政策名称	政策内容
1996年9月1日	《中华人民共和国职业教育法》	在国务院领导下,县级以上地方各级政府负责本行政区域内职业教育的领导、统筹协调和督导评估
1999年1月11日	《试行按新的管理模式和运行机制举办高等职业技术教育的实施意见》	在国务院领导下,进一步扩大省级政府发展高等职业教育的决策权和统筹权
1998年8月29日 2015年12月27日 2018年12月29日	《中华人民共和国高等教育法》	在国务院领导下,省级政府负责统筹协调和管理本行政区域内高等教育事业
2002年8月24日	《关于大力推进职业教育改革与发展的规定》	国务院首次提出建立职业教育管理体制,即"在国务院领导下,分级管理、地方为主、政府统筹、社会参与"

续表

发布时间	政策名称	政策内容
2010年7月29日	《国家中长期教育改革和发展规划纲要（2010—2020年）》	中央政府统一领导和管理国家教育事业，进一步加强省级政府教育统筹
2014年5月2日	《国务院关于加快发展现代职业教育的决定》	在国务院领导下，地方政府要切实承担实际推进职业教育改革与发展的主要责任
2014年6月16日	《现代职业教育体系建设规划（2014—2020年）》	在国务院领导下，加强省级政府和地市级政府对区域内职业教育的统筹规划与管理
2015年9月1日	《职业院校管理水平提升行动计划（2015—2018年）》	教育部负责行动计划的顶层设计，省级教育行政部门研究制订行动计划实施方案并细化工作安排，职业院校是具体落实行动计划的责任主体
2015年10月19日	《高等职业教育创新发展行动计划（2015—2018年）》	教育部负责行动计划的顶层设计，省级政府是实施行动计划的责任主体
2018年2月12日	《职业学校校企合作促进办法》	校企合作实行校企主导、政府推动、行业指导、学校企业双主体实施的合作机制。在国务院领导下，县级以上地方人民政府教育行政部门负责本行政区域内校企合作工作的统筹协调、规划指导、综合管理和服务保障
2019年12月5日	《中华人民共和国职业教育法修订草案》（征求意见稿）	第十条 职业教育实行在国务院领导下，分级管理、地方为主、政府统筹、行业指导、社会参与的管理体制。省、自治区、直辖市人民政府领导区域内职业教育工作
2019年4月1日	《关于实施中国特色高水平高职学校和专业建设计划的意见》	国家有关部门负责顶层设计，各地方政府要加强政策支持和经费保障

续表

发布时间	政策名称	政策内容
2020年9月23日	《职业教育提质培优行动计划（2020—2023年）》	国务院职业教育工作部际联席会议加强对"行动计划"实施工作的指导，教育部负责实施工作的统筹协调，"行动计划"执行情况作为省级政府履行教育职责的重要内容

资料来源：根据有关职业教育政策整理。

附录 Ⅳ

访谈材料及编码规则

一 调查对象及代号

（一）简单分类

1. 高职院校的决策者：G

2. 合作企业的决策者：Q

3. 政府行政管理人员：Z

（二）详细分类

1. 高职院校的决策者：公办高职院校的校长与副校长、二级学院的院长与副院长、校企合作处处长、教务处处长、校长办公室主任、二级学院办公室主任等。

2. 合作企业的决策者：董事长、总经理与副总经理、人力资源中心总监等。

3. 政府的负责人：教育厅处长与副处长、教育局职成教科科长与副科长、审计厅工作人员、人力资源与社会保障部门的工作人员等。

4. 政府文件、会议记录、统计资料、内部资料、干部讲话等。

二 半结构化访谈提纲（以开发区科学城现代产业学院为例）

（一）高职院校决策者

1. 基本情况了解：请从管理主体、办学规模、院校综合实力（包括排名）等方面介绍学校的基本情况。

2. 基本情况了解：请您谈一下学校推进开发区科学城现代产业学院的背景，主要是何种因素促使学校选择开发区科学城现代产业学院这种合作模式。

3. 基本情况了解：请从组织机构、合作流程、合作保障、合作监控等方面详细介绍开发区科学城产业学院的运行情况，在整个过程中，谁主导、谁支付、谁受益、谁管理等。

4. 产业学院主要特征了解：您认为开发区科学城现代产业学院与企业冠名二级学院、高职院校自身的二级学院、现代学徒制，以及订单式培养的区别是什么？其优势是什么？劣势是什么？

5. 校企双方技能投资成本了解：该模式运行过程中，企业参与技能投资的成本主要集中在哪些方面（人力、物力、财力等）？学校自身又进行了哪方面的技能投资，具体体现在哪些方面？您认为影响企业参与技能投资程度的因素是什么？

6. 校企合作规模了解：该模式运行过程中，合作的企业有哪些？请详细介绍一下合作企业的基本情况，学校是如何找到潜在合作企业的？是主动找、政府推荐还是等企业上门找？学校预期的合作伙伴是怎样的？您认为影响现代产业学院规模化发展的因素有哪些？

7. 政校企行角色了解：该模式运行过程中，政府在推进开发区科学城现代产业学院中扮演什么角色？有何支持？具体体现在哪些方面？企业在推进开发区科学城现代产业学院中扮演什么角色？学校本身在推进开发区科学城现代产业学院中扮演什么角色？行业在推进开发区科学城现代产业学院中扮演什么角色？有何作为？你们之间是如何互动的？

8. 存在问题与未来发展趋势了解：在整个合作过程中，遇到哪些困境？究竟是什么因素导致的？关于以上困境学校是怎么处理的？企业是如何回应的？政府是如何作为的？结果如何？

9. 开放式问题：请您谈一下在推进开发区科学城现代产业学院的过程中，您最深的感受是什么？

（二）企业决策者

1. 基本情况了解：请您介绍一下企业的基本情况，包括企业的产权属性、规模、核心生产要素等？

2. 基本情况了解：企业一般是通过什么渠道寻找合作伙伴的？是企业主动找、政府推荐，还是等职业院校上门找？企业预期的合作伙伴是什么样的？

3. 基本情况了解：请介绍一下企业与 A 院校合作共建开发区科学城现代产业学院的背景？企业以前与 A 院校合作的是什么？现在的合作形式是什么？主要是何种因素促使企业选择开发区科学城现代产业学院这种合作模式？

4. 基本情况了解：请从组织机构、合作流程、合作保障、合作监控等方面详细介绍开发区科学城产业学院的运行情况，在整个过程中，谁主导、谁支付、谁受益、谁管理等。

5. 产业学院主要特征了解：您认为开发区科学城现代产业学院与企业冠名二级学院、高职院校自身的二级学院、现代学徒制，以及订单式培养的区别是什么？其优势是什么？劣势是什么？

6. 校企双方技能投资成本了解：该模式运行过程中，企业参与技能投资的成本主要集中在哪些方面（人力、物力、财力等）？学校又进行了哪方面的技能投资？您认为影响企业自身参与技能投资程度的因素是什么？

7. 校企合作规模了解：该模式运行过程中，企业合作的范围是什么？是采用一对一合作方式，还是一对多或者多对多的合作方式？

8. 政校企行角色了解：该模式运行过程中，政府在推进开发区科学城现代产业学院中扮演什么角色，有何支持，具体体现在哪些方面？企业在推进开发区科学城现代产业学院中扮演什么角色？学校本身在推进开发区科学城现代产业学院中扮演什么角色？行业在推进开发区科学城现代产业学院中扮演什么角色，有何作为？你们之间是如何互动的？

9. 存在问题与未来发展趋势了解：在整个合作过程中，遇到哪些困境？究竟是什么因素导致的？关于以上困境学校是怎么处理的？企业是如何回应的？政府是如何作为的？结果如何？

10. 开放式问题：请您谈一谈在推进开发区科学城现代产业学院的过程中，您最深的感受是什么？

（三）政府行政管理人员

1. 基本情况了解：在推进高职校企合作育人的过程中，政府推出了一系列的激励措施，您认为哪些方面做得比较好？哪些方面做得不够好？遇到了哪些限制，这些限制点在哪里？政府部门又是如何处理与化解以上限制的？

2. 基本情况了解：在推进高职校企合作育人的过程中，您最深的体会是什么？

3. 条块关系了解：中央政府、省级政府、市地级政府在推进高职校企合作育人的过程中各自扮演什么角色？其高等职业教育管理权限与责任如何分配？

4. 条块关系了解：教育行政管理部门与人力资源社会保障部门、发展改革委部门、工业和信息化部门、科技部门、财政、税务部门、国有企业监管部门、组织部门等职业院校管理主体之间如何协调？遇到什么困难？为什么？

5. 条块关系了解：省级教育行政部门举办的省属高职院校、地市级政府举办的市属高职院校、行业部门举办的行业高职院校，以及大型国有企业（集团）举办的企业高职院校之间的发展态势是什么？

6. 国有资产流失问题了解：您认为影响高职校企合作育人深度和广度发展的因素有哪些？您如何看待校企合作过程中出现的"国有资产流失问题"？其造成了什么影响？破解的难点在哪儿？

三 编码规则

（一）访谈材料的编码规则

1. 案例访谈类（主要是案例访谈中获得的材料的整理文档）

根据访谈对象（Q 代表企业、G 代表高职院校、Z 代表政府）和案例类别（案例 A、案例 B、案例 C、案例 D）两个维度进行大类划分，然后注明访谈日期、具体人物的姓氏首字母，以及文档序号和该序号文档内的具体页码。具体而言：

材料序号，统一编号（代号—访谈时间—姓氏首字母），文档序号—页码

例如：访谈 01，AQ20211226 - L，01 - PP：9

2. 其他访谈类（主要是其他访谈中获得的材料的整理文档）

根据访谈对象（Q 代表企业、G 代表高职院校、Z 代表政府）进行大类划分，然后注明访谈日期、具体人物的姓氏首字母，以及文档序号和该序号文档内的具体页码。具体而言：

材料序号，统一编号（代号—访谈时间—姓氏首字母），文档序号—

页码

例如：访谈 26，G20190622 - Y，06 - PP：7

（二）收集材料的编码规则

3. 收集类（主要是收集到的政府文件、统计资料、高职院校提供的内部资料、企业提供的内部资料、平台资源等材料）

根据数据来源（R 代表报告资料，P 代表平台获取，Z_W 代表其他外部资料，Z_N 代表其他内部资料）和案例类别（案例 A、案例 B、案例 C、案例 D）两个维度进行大类划分，然后注明日期、具体材料名称，以及文档序号和该序号文档内的具体页码。具体而言：

材料序号，统一编号（代号—时间—具体材料名称），文档序号—页码

例如：收集 01，AZ_W2021 - 企业参与人才培养治理报告，01 - PP：9。

（三）观察材料的编码规则

4. 观察类（主要是实地观察的事件的记录），具体而言：

材料序号，统一编号（代号—时间—观察地点名称）

例如：观察 01，Obs20200716 - 省教育厅会议室

四 调研材料汇总

案例	资料类型	调研对象	编码份数	字数
大规模紧密关联型合作育人模式：A 高职院校现代产业学院	访谈类	高职院校校长、校长办公室主任、教务处处长、企业董事长、政府行政人员访谈等	13 份记录	93534 字
	收集类	政府文件、高职院校提供的内部资料、企业提供的内部资料、平台资源等材料	29 份数据	—
	观察类	会议、活动、行为以及对话等记录	2 份记录	—

续表

案例	资料类型	调研对象	编码份数	字数
小规模紧密关联型合作育人模式：B高职院校医学美容技术专业现代学徒制	访谈类	高职院校校长、党委书记、二级学院院长、省现代学徒制秘书长、企业董事长、政府行政人员访谈等	14 份记录	113634 字
	收集类	政府文件、高职院校提供的内部资料、企业提供的内部资料、平台资源等材料	23 份数据	—
	观察类	会议、活动、图片、行为以及对话等记录	2 份记录	—
大规模松散关联型合作育人模式：C高职院校示范性职业教育集团	访谈类	高职院校校长、校企合作处处长、项目管理科科长、企业副书记兼人力资源总监等	16 份记录	127479 字
	收集类	政府文件、高职院校提供的内部资料、企业提供的内部资料、平台资源等材料	59 份数据	—
	观察类	会议、活动、行为以及对话等记录	2 份记录	—
小规模松散关联型合作育人模式：D高职院校与企业T的订单式培养	访谈类	高职院校副校长、二级学院副院长、企业人力资源总监、政府行政人员访谈等	23 份记录	170901 字
	收集类	政府文件、高职院校提供的内部资料、企业提供的内部资料、平台资源等材料	29 份数据	—
	观察类	会议、活动、行为以及对话等记录	4 份记录	—

续表

案例	资料类型	调研对象	编码份数	字数
正负面转换案例：E高职院校"专业镇"产业学院	访谈类	二级学院院长、校长办公室主任、研究所教授、企业人力资源总监、企业总经理、政府行政人员访谈等	10份记录	92015字
	收集类	政府文件、高职院校提供的内部资料、企业提供的内部资料、平台资源等材料	22份数据	—
	观察类	会议、活动、行为以及对话等记录	1份记录	—
正负面转换案例：F高职院校与京东集团合作	访谈类	高职院校副校长、二级学院院长、校企合作处处长、企业总经理、政府行政人员访谈等	10份记录	106931字
	收集类	政府文件、高职院校提供的内部资料、企业提供的内部资料、平台资源等材料	21份数据	—
	观察类	会议、活动、行为以及对话等记录	1份记录	—
合计			281份	630231字

附录 V

案例背景介绍

一 案例1：A 高职院校现代产业学院

A 高职院校产业学院的建设可以划分为三个阶段：一是产业学院起步阶段。2017 年学院谋划筹备产业学院；2018 年 5 月，GZ 市教育局与广州市开发区合作共建"产教融合示范区"，①A 高职院校"动漫游戏产业学院"项目立项，成为广州市首批立项的 7 个产业学院之一；2018 年 9 月，学院 11 个专业 733 名学生进驻产教融合示范区，按照专业群对接开发区产业链的模式开展"动漫游戏产业学院"的建设。二是产业学院快速发展阶段。2019 年 8 月，A 高职院校科学城现代产业学院正式成立，学院 24 个专业 1200 多名学生进驻产教融合示范区，按照专业群对接开发区产业链的模式开展开发区科学城现代产业学院的建设、探索和实践工作。截至 2023 年，进园学生规模由原来的 700 多人发展到 1200 人，就业率由原来的 5% 提升到 30%；当年 6 家企业一次性投入 2000 余万元推进现代产业学院建设，实现政府、行业、企业与学校四方有机融合。三是产业学院优化提升与建设模式推广阶段。具体为：（1）A 高职院校现代产业学院建设提升阶段。该阶段总结前期产业学院建设经验，积极推进广州产教融合型城市建设，产业学院学生规模实现再翻番，达至 2500 人。②（2）粤港澳大湾区现代产业学院联盟形成阶段。2020 年 12 月 25 日，由 A 高职院校牵头的"粤港澳大湾区现代产业学院职教联盟"成立，

---

① 郑荣奕、蒋新革：《现代产业学院建设：发展历程、组织特征与改革路径》，《职业技术教育》2021 年第 30 期，第 14—19 页。

② 蒋新革等：《新时代高职产教融合路径研究——以"入园建院、育训结合"为特征的产业学院育人模式》，中山大学出版社 2021 年版，第 313—315 页。

该联盟共有126家成员单位。(3) A高职院校现代产业学院建设模式推广阶段。成果经过四年的检验，在推动试点规模扩大和质量提升、产教融合平台打造和协同育人机制构建等方面起到了重要促进作用。师生获国家和省级竞赛奖项300余项、专利授权122项、服务年产值1.2亿元；出版专著2部和论文21篇，丰富了产业学院办学理论；成果负责人多次在全国产教融合论坛作经验推广，中国教科院、河北省政府等28个省市区和港澳台216家单位前来交流，获得广泛肯定，中国教育报、光明日报等媒体专题报道，示范效应显著。

A高职院校现代产业学院的运行模式为"入园建院、育训结合"（参见图1）。其创新之处在于：

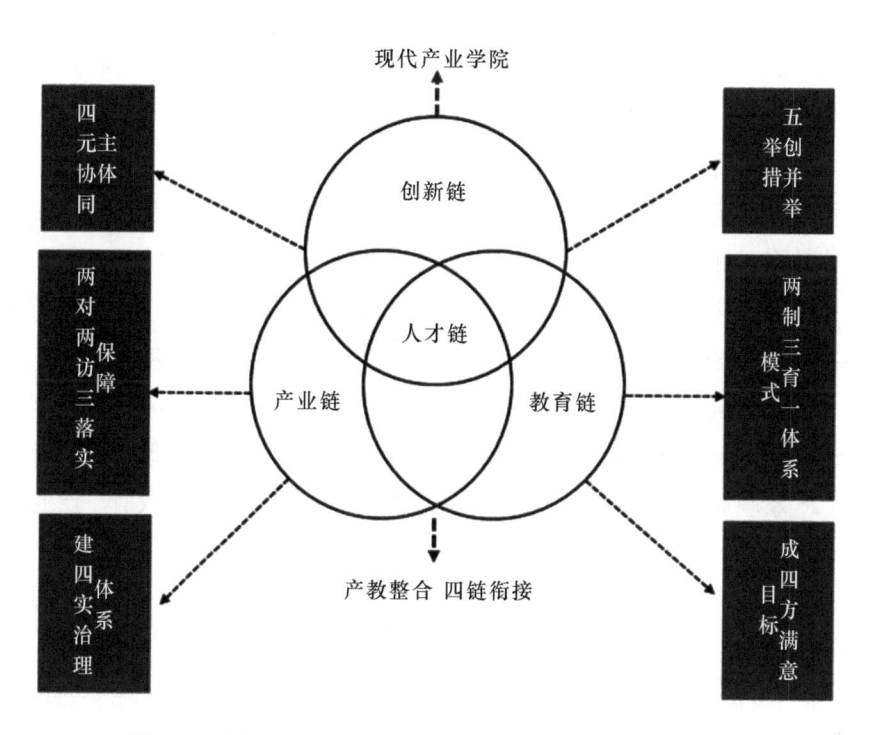

图1 "入园建院、育训结合"为特征的产业学院育人模式

资料来源：学校提供的内部资料。

第一，四元协同共建科学城现代产业学院。"四元"是指政府、行业、企业与职业院校。A高职院校产业学院建设依托美国学者弗里曼提

出的利益相关者理论（stakeholder corporate governance theory），构建受章程约束的政府、学校、行业企业及社会专家等利益相关者参加的理事会共同治理架构。① 该运行模式让企业成为学校人才培养的主体，直接参与从计划、招生、培养到考核的全过程，并通过政府指导和市场调节形成了稳定互惠的协同育人的运行机制，促进校企紧密联结。

第二，开展"两对接两访问三落实"活动和"两制三育一体系"的教学模式改革。"两对接两访问三落实"活动目的是将企业优质资源、项目开发任务、产业岗位技术师傅等落实到人才培养的教学活动中。② 目前产业学院共访问企业 201 家，落实合作项目 67 个，合作开发课程 82 门，共同编写教材 21 部，聘请兼职企业教师 122 位，17 个专业获得"1+X"证书试点。③ "两制三育一体系"教学模式改革目的是提升校企合作、产教融合成效。其中"两制"指学分制和现代学徒制；"三育"指落实培养对接产业发展的专业技能、促进产业转型的创新创业能力，以及学生长远发展的综合素质；④ "一体系"指建立多元主体参与的人才培养质量评价体系，制定学院教学诊断与改进实施办法，落实学校、企业、行业及社会的多元评价机制，推动人才培养质量的全面提升。⑤

第三，构建"四实"治理体系提升治理能力。"四实"指做实（问题导向）、夯实（依据章程）、抓实（制度安排）、落实（执行效果）的统一。学校遵循美国学者弗里曼提出的利益相关者理论（stakeholder corporate governance theory），创建粤港澳大湾区现代产业学院职教联盟，推动 126 家职业院校和行业企业形成命运共同体；构建由地方政府、产业园

---

① 焦磊：《高等教育利益相关者理论研究的进路》，《高教发展与评估》2018 年第 4 期，第 1—8 页；胡赤弟、田玉梅：《高等教育利益相关者理论研究的几个问题》，《中国高教研究》2010 年第 6 期，第 15—19 页。

② 蒋新革：《现代产业学院建设内涵辨析与实践》，《广东轻工职业技术学院学报》2021 年第 1 期，第 39—44 页。

③ 蒋新革：《现代产业学院建设内涵辨析与实践》，《广东轻工职业技术学院学报》2021 年第 1 期，第 39—44 页。

④ 蒋新革：《现代产业学院建设内涵辨析与实践》，《广东轻工职业技术学院学报》2021 年第 1 期，第 39—44 页。

⑤ 蒋新革：《现代产业学院建设内涵辨析与实践》，《广东轻工职业技术学院学报》2021 年第 1 期，第 39—44 页。

区管委会、支柱行业企业和高职院校相关利益群体共同参与的产业学院治理结构，建立由各方代表组成的理事会；建立健全从建设到运行有利于突出企业主体作用、发挥企业实践育人长处、激发企业能工巧匠内在动力，落实人才培养质量的20余项产业学院制度体系，形成多方共赢的产教融合治理环境与治理能力。①

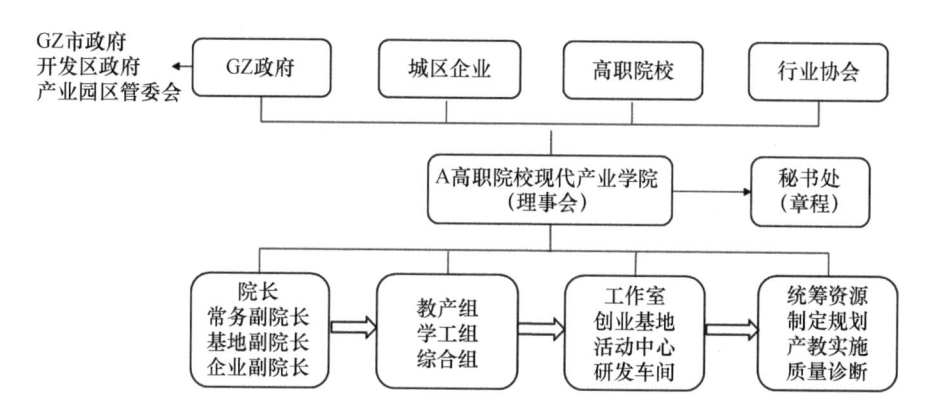

图2　A高职院校现代产业学院理事会组成架构

资料来源：学校提供的内部资料。

第四，五创并举助推科学城现代产业学院建设成效。"五创"指树立政、校、行、企共建共治共赢理念；要面向产业，提高育人质量；要针对建设中的难点问题，进行科研研究；建构多元评价的保障体系；兼顾利益相关各方不同属性，创新科学城现代产业学院党团组织模式。②

第五，科学城现代产业院校达成四方满意成效（参见图3）。通过对接区域产业链上游、中游、下游的设计、制作，以及产品服务，达成政府、学校、行业与企业四方满意的聚集成效。③

---

① 蒋新革等：《新时代高职产教融合路径研究——以"入园建院、育训结合"为特征的产业学院育人模式》，中山大学出版社2021年版，第50—51页。

② 蒋新革等：《新时代高职产教融合路径研究——以"入园建院、育训结合"为特征的产业学院育人模式》，中山大学出版社2021年版，第50—51页。

③ 蒋新革等：《新时代高职产教融合路径研究——以"入园建院、育训结合"为特征的产业学院育人模式》，中山大学出版社2021年版，第50—51页。

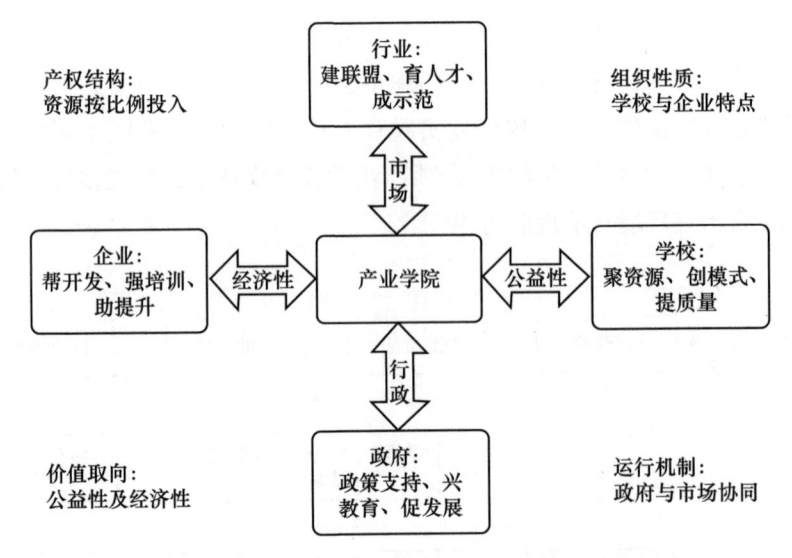

```
                          行业：
                       建联盟、育人才、
                         成示范
                            ↑
产权结构：                   │                  组织性质：
资源按比例投入                市                 学校与企业特点
                            场
                            │
                            ↓
  企业：          经济性              公益性       学校：
帮开发、强培训、 ←————— 产业学院 —————→  聚资源、创模式、
  助提升                                          提质量
                            ↑
                            │
                            行
                            政
                            │
                            ↓
价值取向：                政府：               运行机制：
公益性及经济性           政策支持、兴          政府与市场协同
                         教育、促发展
```

图 3　"政校企行"共建科学城现代产业学院的职能

资料来源：参照蒋新革等[①]著作中的图 2—5。

二　案例 2：B 高职院校医学美容技术专业现代学徒制

B 高职院校医学美容技术专业现代学徒制的产生与发展。2009 年，GD 伊利汇美容科技有限公司作为 GD 省知名的大型美容企业，开始与 B 高职院校医疗美容技术专业合作，探索具有现代学徒制特征的人才培养模式；2011 年，在医学美容行业协会的指导下，校企共同完成了"医学美容专业现代学徒制"人才培养方案的研制；2012 年，GD 省教育厅批准 B 高职院校医疗美容技术专业和机电一体化专业为现代学徒制试点专业，正式开启了学校的现代学徒制人才培养模式的实践；2013 年，开始推广应用到学校的其他专业；2014 年，校企共同完成了研究实践的第一轮循环，首届学徒毕业；2017 年，"点对点"校企合作的"伊丽莎白学徒制班"，已有四届毕业生，与此同时，"雅姬乐学徒制班"开始招生。截至 2019 年，医学美容技术专业连续 7 年招生，从专业教学标准建设、"双主体"育人等内涵建设方面，为我国现代学徒制专业提供了典型实施范例。医学美容技术专业现代学徒制探索与实践成

---

① 蒋新革等：《新时代高职产教融合路径研究——以"入园建院、育训结合"为特征的产业学院育人模式》，中山大学出版社 2021 年版，第 50—51 页。

果获得2017年GD省教育教学成果一等奖和2018年国家职业教育教学成果一等奖。

B高职院校医学美容专业现代学徒制的运行模式校企"一体化"育人模式（参见图4）。其创新之处在于：

```
在培养目标上强调   →   素质为先、能力为本
在主体对象上强调   →   双元育人、双重身份   →   校企"一体化"育人
在教学组织上体现   →   交互训教、工学交替
在成才方式上突现   →   岗位培养、在岗成才
```

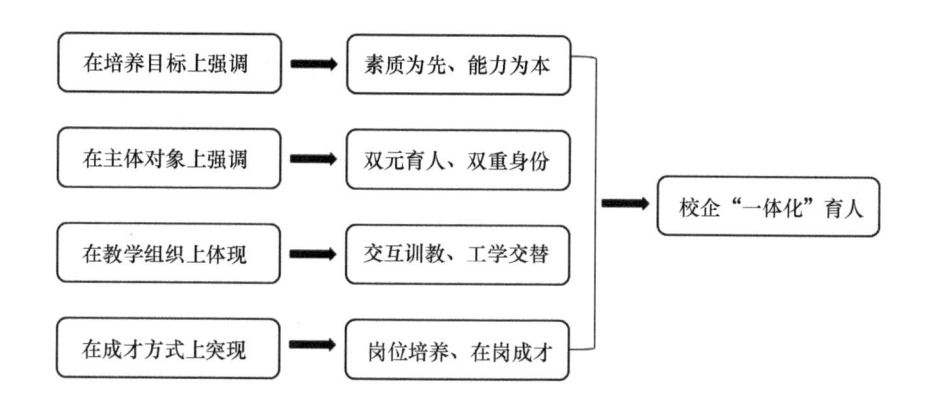

图4　B高职院校医学美容专业现代学徒制校企"一体化"育人模式

资料来源：参照赵鹏飞①著作中的图2。

第一，在培养目标上强调"素质为先、能力为本"，通过典型工作任务，实现学生职业道德、职业素养，以及综合应用能力的全面发展。②

第二，在培养对象上强调"双元育人、双重身份"。具体做法为：（1）校企共同制订和实施招工招生方案，B高职院校现代学徒制的招生生源主要分为两大类，职前学生（应届高中毕业生、应届中职毕业生和

---

① 赵鹏飞：《现代学徒制"广东模式"的研究与实践》，广东高等教育出版社2015年版，第20—60页；赵鹏飞：《中国特色现代学徒制试点探索与实践》，复旦大学出版社2021年版，第35—39、66—72、171—182页；广东省教育厅、广东省教育研究院：《广东特色现代学徒制理论与实践探索》，广东高等教育出版社2017年版，第219—228页。

② 赵鹏飞：《现代学徒制"广东模式"的研究与实践》，广东高等教育出版社2015年版，第20—60页；赵鹏飞：《中国特色现代学徒制试点探索与实践》，复旦大学出版社2021年版，第35—39、66—72、171—182页；广东省教育厅、广东省教育研究院：《广东特色现代学徒制理论与实践探索》，广东高等教育出版社2017年版，第219—228页。

尚未就业的往届学生）和企业在职员工。① 招生的方式有三种，应届高中毕业生，即先招生后招工；应届中职毕业生即招生即招工；面向企业员工招生即先招工后招生。（2）根据不同类型的生源，实行多种招生考试办法。

第三，在教学组织上体现"交互训教、工学交替"。具体做法：根据不同类型企业的差异需求，形成不同的现代学徒制合作培养形式；在双场合，交互训教组织教学；采用"任务训练、集中授课、企业培训、岗位培养"等不同教学方式，并把具体教学任务分解到校企导师、训练场所和岗位（参见表1）。

表1　　医学美容技术专业"交互训教"的授课方式

课程名称	课时	集中授课学时	企业培训学时	任务训练学时	岗位培养学时
经络美容	76	18	8	40	10
专业面部护理	95	9	36	10	40
中医体质辨识与养生	84	36	8	20	20
专业身体护理	95	9	36	10	40

资料来源：参照赵鹏飞②著作中的图表。

第四，在成才方式上体现"岗位培养、在岗成才"的特点。具体做法为：企业和高职院校深入开展供需调研，确定就业岗位及学徒目标岗位；应用职业能力分析方法，明晰岗位工作内容与要求；开发基于岗位工作的教学内容，构建专业课程体系；校企联合编写体现现代学徒制特色的教学标准及课程标准，③具体如图5所示。

---

① 赵鹏飞：《现代学徒制"广东模式"的研究与实践》，广东高等教育出版社2015年版，第20—60页；赵鹏飞：《中国特色现代学徒制试点探索与实践》，复旦大学出版社2021年版，第35—39、66—72、171—182页；广东省教育厅、广东省教育研究院：《广东特色现代学徒制理论与实践探索》，广东高等教育出版社2017年版，第219—228页。

② 赵鹏飞：《现代学徒制"广东模式"的研究与实践》，广东高等教育出版社2015年版，第20—60页。

③ 赵鹏飞：《现代学徒制"广东模式"的研究与实践》，广东高等教育出版社2015年版，第20—60页。

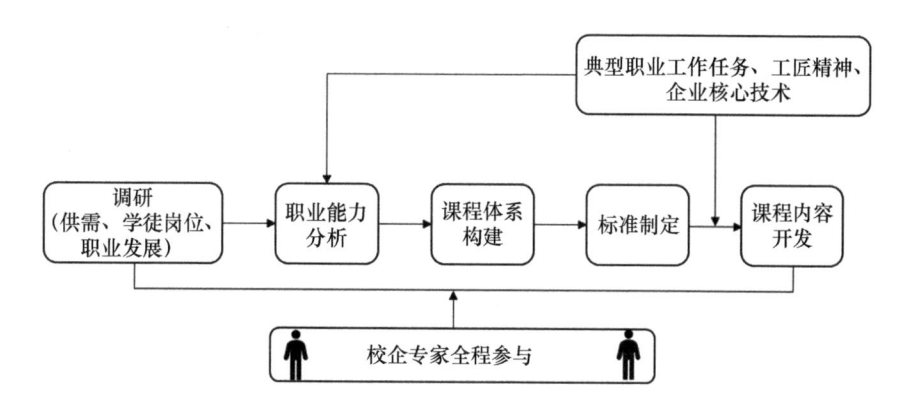

图5　B 高职院校医学美容技术专业现代学徒制教学内容开发路径
资料来源：参照赵鹏飞①著作中的图表。

第五，建立现代学徒制"智学徒"平台。现代学徒制"智学徒"平台最早是依据现代学徒制医学美容技术专业需求与企业合作建设的管理平台。② 该平台分为宣传门户、教学管理、学徒 App 三个功能板块，有效解决了现代学徒制招生报名、教学管理、学徒岗位培养等环节中的难点问题，极大地提高了招生宣传、报名、教学过程管理及学徒的学习效率。完整体现了政、校、行、企和学徒需求。该平台需求报告完成于 2016 年 10 月，2017 年平台建设完成，2018 年 9 月正式投入使用。

三　案例3：C 高职院校示范性职业教育集团

C 高职院校示范性职业教育集团的产生与发展。2011 年 9 月 29 日，C 高职院校示范性职业教育集团由 C 高职院校牵头成立，集团下设教学、技术服务、职业培训、标准化建设、创新创业与就业等五个工作委

---

① 赵鹏飞：《现代学徒制"广东模式"的研究与实践》，广东高等教育出版社 2015 年版，第 20—60 页。

② 赵鹏飞：《现代学徒制"广东模式"的研究与实践》，广东高等教育出版社 2015 年版，第 20—60 页；赵鹏飞：《中国特色现代学徒制试点探索与实践》，复旦大学出版社 2021 年版，第 35—39、66—72、171—182 页。

员会,① 具体如表 2 所示。

表 2　　2011—2020 年 C 高职院校示范性职业教育集团成员数量一览

成员单位类型＼时间	2011 年	2013 年	2015 年	2017 年	2019 年	2020 年
企业	55	77	138	138	145	200
职业院校	13	15	17	17	17	17
行业协会	7	8	11	11	11	11
地方政府部门	1	1	2	2	2	2
研究院（所）	0	0	5	5	5	5
合计（所）	76	101	173	173	180	235

资料来源：学校提供的申报国家级示范性职教集团（联盟）的资料。

C 高职院校示范性职业教育集团构建了服务智能制造的职教集团"机电模式"。其创新之处在于：

第一，强化意识共同体，凝聚共识。（1）建立集团议事机制，搭建集团智能制造产教融合交流合作平台，且由企业轮流担任会长，目前由龙头企业（广州白云电器股份有限公司）担任会长；（2）定期联合行业协会、龙头企业开展集团内主要行业发展前景评估及技术技能人才培养和需求调研，从人才培养源头开始为产业需求把脉。②

第二，夯实利益共同体，激发活力。（1）设计校企合作贡献度评价与激励体系，对集团成员参与产教融合的贡献进行考核，赋予芝麻信用积分，按积分评定等级，分值越高的获得后续项目更多优先权益；（2）开发集团信息平台服务系统，如集团工作管理与服务平台、集团校企合作服务平台、集团产教融合信息服务平台等；（3）共建产教融合育

---

① 王凡：《混合所有制办学的探索与实践——以广东机电职业技术学院为例》，《现代职业教育》2018 年第 21 期，第 222—223 页。
② C 高职院校示范性职业教育集团职业技术学院：《产教融合共同体："价值驱动、利益共享、发展共赢"的机电职教集团建设与应用》，https://pszl.gdmec.edu.cn/gdsjyjxcgjsbwz_2021/jxcgj.htm，2021 年 12 月 16 日。

人载体，如建构"预就业"招聘人才精准供给平台。①

第三，铸就发展共同体，协同发展。（1）建立集团人才培养与使用标准，以培养标准为手段，促进人才培养与产业需求的同频共振，比如《广东机电职教集团人才培养与使用标准》《模具设计与制造专业中级、高级证书标准》等；（2）参与政策顶层设计，为宏观政策制定进言献策；（3）打造企业技术攻关服务团队，突破产教融合落地障碍。

四 案例4：D高职院校与企业T的订单式培养

D高职院校与企业T的订单式培养的产生与发展。订单式培养是当前我国高职院校校企合作育人的主流模式②。这种订单班的契约方式依然是一种市场交易，只不过不是"现货交易"，而是"期货交易"。就D高职院校与企业T的订单式培养而言。2006年5月9日，企业T斥资400万元与D高职院校合作成立企业冠名的订单班，双方开展"订单班"合作至今15年，建立了很好的合作关系。其间2010年下半年因企业负责人调动，停了两年没有安排学生进行合作，2012年恢复正常合作。

D高职院校与企业T的订单式培养的运行模式为"双向融合、三层递进、德技并修、育训一体"的"订单式"人才培养模式（参见图6）。其创新之处在于：

第一，"双向融合"。"双向融合"指依托国际国内的项目，实现优质教育要素、信息与资源融通。

第二，"三层递进"。"三层递进"指建构具有三层递进关系的"专业认知—技能体验—创新实践"校企合作项目贯通的课程体系，为学生

---

① C高职院校示范性职业教育集团职业技术学院：《产教融合共同体："价值驱动、利益共享、发展共赢"的机电职教集团建设与应用》，https://pszl.gdmec.edu.cn/gdsjyjxcgjsbwz_2021/jxcgj.htm，2021年12月16日。

② 裴智民、朱平：《高职院校订单培养"扬利避弊"机制研究》，《中国职业技术教育》2016年第22期，第63—66页；傅俊、刘繁荣：《高职校企合作订单培养项目向现代学徒制转型的障碍与对策》，《中国职业技术教育》2017年第21期，第81—85、96页；罗小秋：《在教改实践中不断深化"订单式"培养管理》，《中国高等教育》2009年第Z1期，第58—59页；袁清武：《高职院校订单式人才培养模式初探——基于教育创新的视角》，《中国教育学刊》2013年第S1期，第6—8页。

提供基于项目实战经验和实践经历的教育背景,[①] 在做中学,学中做,让学生切实体验到职业生涯中经历的问题。

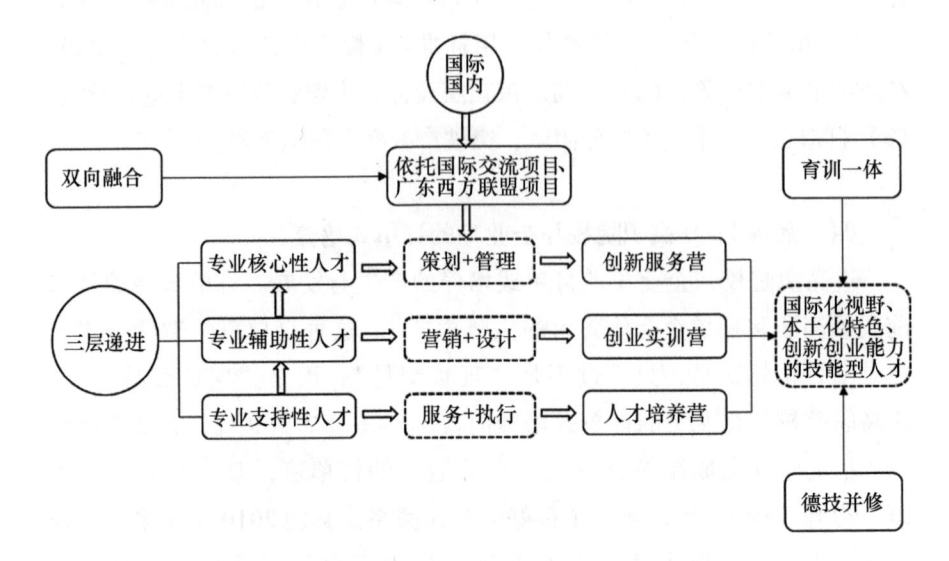

图6　D高职院校与企业T"订单式"人才培养模式

资料来源:学校提供的内部资料。

第三,"德技并修"。"德技并修"指既要让学生掌握就业技能,又要让学生能够适应社会快速变化的需要[②]。

第四,"育训一体"。"育训一体"指把握全球产业发展、国内产业升级的新机遇,教育与培训结合,主动参与酒店供需对接和流程再造。

[①] 李薇:《CDIO对高职会展人才培养方案的启示》,《教育评论》2014年第4期,第22—24页。
[②] 光明教育网站:《"双高计划"引导育训结合、德技并修》,https://edu.gmw.cn/,2019年4月23日。

附录 Ⅵ

案例中涉及的图表

表1　　　　　职业院校与普通本科院校的对比情况

年度（年）	职业院校（所）	本科院校（所）	职业院校与本科院校数量的比例	职业院校在校生（人）	本科在校生（人）	职教生与本科生在校生数的比例
2020	11364	1270	8.94∶1	31229173	18257460	1.71∶1
2019	11501	1265	9.09∶1	28571771	17508204	1.63∶1
2018	11647	1245	9.36∶1	26889639	16973343	1.58∶1
2017	12059	1243	9.71∶1	26974517	16486320	1.64∶1
2016	12252	1237	9.91∶1	26819025	16129535	1.66∶1
2015	12543	1219	10.29∶1	27053144	15766848	1.72∶1
2014	13205	1202	10.99∶1	27619169	15410653	1.79∶1
2002	14668	629	23.32∶1	8342566	5270845	1.58∶1

表2　　　　　高职院校与普通本科院校的对比情况

年度（年）	高职院校（所）	本科院校（所）	高职院校与本科院校数量的比例	高职在校生（人）	本科在校生（人）	高职生与本科生在校生数的比例
2020	1468	1270	1.16∶1	14595488	18257460	0.79∶1
2019	1423	1265	1.12∶1	12807058	17508204	0.73∶1
2018	1418	1245	1.14∶1	11337005	16973343	0.67∶1
2017	1388	1243	1.12∶1	11049549	16486320	0.67∶1
2016	1359	1237	1.10∶1	10828898	16129535	0.67∶1
2015	1341	1219	1.10∶1	10486120	15766848	0.67∶1
2014	1327	1202	1.10∶1	10066346	15410653	0.65∶1
2002	767	629	1.22∶1	3762786	5270845	0.71∶1

表3　　2017—2021年公共就业服务机构市场供求状况分析报告

时间	技能人才求人倍率	高级技师求人倍率	高级技能求人倍率
2017Q3	1.16	1.92	2.09
2017Q4	1.22	1.93	2.18
2018Q1	1.23	2.24	2.39
2018Q4	1.27	2.01	2.39
2019Q1	1.28	2.28	2.35
2019Q3	1.24	2.37	2.14
2019Q4	1.27	2.05	2.27
2020Q1	1.62	2.68	2.67
2020Q3	1.4	2.5	2.34
2020Q4	1.52	2.6	2.54
2021Q1	1.60	3.53	2.55
2021Q2	1.58	3.11	2.68
2021Q3	1.53	3.05	2.51

表4　　中央属和地方属高职院校的基本情况　　（单位：所）

时间（年）	中央属高职院校				地方属高职院校					公办比例（%）
	合计	小计	教育部	其他部门	小计	教育部门	行业部门	企业	民办院校	
2020	1468	4	0	4	1464	565	512	47	337	77
2019	1423	4	0	4	1419	533	513	48	322	77
2018	1418	5	0	5	1413	519	513	49	330	77
2017	1388	5	0	5	1383	495	521	47	320	77
2016	1359	5	0	5	1354	473	517	47	317	77
2015	1341	5	0	5	1336	462	519	45	310	77
2014	1327	3	0	3	1324	449	524	44	307	77

表5　　　　　　　　　　广东省高职院校的基本情况

序号	学校名称	高职院校性质	所在地	公办民办
1	顺德职业技术学院	区属高职院校：区人民政府主管	佛山市	公办
2	广东轻工职业技术学院	省属高职院校：省教育厅主管	广州市	公办
3	广东交通职业技术学院	省属高职院校：省教育厅主管	广州市	公办
4	广东水利电力职业技术学院	省属高职院校：省教育厅主管	广州市	公办
5	深圳职业技术学院	市属高职院校：市人民政府主管	深圳市	公办
6	广东南华工商职业学院	省属高职院校：省总工会主管	广州市	公办
7	广州民航职业技术学院	部属高职院校：交通运输部主管	广州市	公办
8	广州番禺职业技术学院	市属高职院校：市人民政府主管	广州市	公办
9	广东松山职业技术学院	省属高职院校：省教育厅主管	韶关市	公办
10	广东农工商职业技术学院	省属高职院校：农垦集团公司主管	广州市	公办
11	佛山职业技术学院	市属高职院校：市人民政府主管	佛山市	公办
12	广东科学技术职业学院	省属高职院校：省教育厅主管	广州市	公办
13	广东食品药品职业学院	省属高职院校：省教育厅主管	广州市	公办
14	广东行政职业学院	省属高职院校：省教育厅主管	广州市	公办
15	广东体育职业技术学院	省属高职院校：省教育厅主管	广州市	公办
16	广东职业技术学院	省属高职院校：省教育厅主管	佛山市	公办
17	广东建设职业技术学院	省属高职院校：省教育厅主管	广州市	公办
18	广东女子职业技术学院	省属高职院校：省教育厅主管	广州市	公办
19	C高职院校	省属高职院校：省教育厅主管	广州市	公办
20	汕尾职业技术学院	市属高职院校：市人民政府主管	汕尾市	公办
21	罗定职业技术学院	市属高职院校：市人民政府主管	云浮市	公办
22	阳江职业技术学院	市属高职院校：市人民政府主管	阳江市	公办
23	河源职业技术学院	市属高职院校：市人民政府主管	河源市	公办
24	广东邮电职业技术学院	省属高职院校：电信实业公司主管	广州市	公办
25	汕头职业技术学院	市属高职院校：市人民政府主管	汕头市	公办
26	揭阳职业技术学院	市属高职院校：市人民政府主管	揭阳市	公办
27	深圳信息职业技术学院	市属高职院校：市人民政府主管	深圳市	公办
28	B高职院校	市属高职院校：市人民政府主管	清远市	公办
29	广东工贸职业技术学院	省属高职院校：省教育厅主管	广州市	公办
30	广东司法警官职业学院	省属高职院校：省司法厅主管	广州市	公办
31	广东省外语艺术职业学院	省属高职院校：省教育厅主管	广州市	公办

续表

序号	学校名称	高职院校性质	所在地	公办民办
32	广东文艺职业学院	省属高职院校：省教育厅主管	广州市	公办
33	广州体育职业技术学院	省属高职院校：省教育厅主管	广州市	公办
34	广州工程技术职业学院	省属高职院校：省教育厅主管	广州市	公办
35	中山火炬职业技术学院	市属高职院校：市人民政府主管	中山市	公办
36	江门职业技术学院	市属高职院校：市人民政府主管	江门市	公办
37	茂名职业技术学院	市属高职院校：市人民政府主管	茂名市	公办
38	珠海城市职业技术学院	市属高职院校：市人民政府主管	珠海市	公办
39	广东理工职业学院	省属高职院校：省教育厅主管	广州市	公办
40	广州城市职业学院	市属高职院校：市人民政府主管	广州市	公办
41	广东工程职业技术学院	省属高职院校：省教育厅主管	广州市	公办
42	广州铁路职业技术学院	市属高职院校：市人民政府主管	广州市	公办
43	广东科贸职业学院	省属高职院校：省教育厅主管	广州市	公办
44	广东科技贸易职业学院	市属高职院校：科学技术协会主管	广州市	公办
45	中山职业技术学院	市属高职院校：市人民政府主管	中山市	公办
46	东莞职业技术学院	市属高职院校：市人民政府主管	东莞市	公办
47	广东环境保护工程职业学院	省属高职院校：省教育厅主管	佛山市	公办
48	广东青年职业学院	省属高职院校：共青团省委员会主管	广州市	公办
49	广东舞蹈戏剧职业学院	省属高职院校：省教育厅主管	广州市	公办
50	惠州卫生职业技术学院	市属高职院校：市人民政府主管	惠州市	公办
51	广东生态工程职业学院	省属高职院校：广东省教育厅主管	广州市	公办
52	惠州城市职业学院	市属高职院校：市人民政府主管	惠州市	公办
53	广东茂名健康职业学院	市属高职院校：市人民政府主管	茂名市	公办
54	广州卫生职业技术学院	市属高职院校：市教育局主管	广州市	公办
55	惠州工程职业学院	市属高职院校：市人民政府主管	惠州市	公办
56	广东江门中医药职业学院	省属高职院校：省教育厅主管	江门市	公办
57	广东茂名农林科技职业学院	市属高职院校：市人民政府主管	茂名市	公办
58	广东财贸职业学院	省属高职院校：省教育厅主管	清远市	公办
59	广东梅州职业技术学院	市属高职院校：市人民政府主管	梅州市	公办
60	广东潮州卫生健康职业学院	市属高职院校：市人民政府主管	潮州市	公办
61	广东云浮中医药职业学院	市属高职院校：市人民政府主管	云浮市	公办

续表

序号	学校名称	高职院校性质	所在地	公办民办
62	广州珠江职业技术学院	—	广州市	民办
63	广州松田职业学院	—	广州市	民办
64	广东文理职业学院	—	湛江市	民办
65	广州城建职业学院	—	广州市	民办
66	广东南方职业学院	—	江门市	民办
67	广州华商职业学院	—	广州市	民办
68	广州华夏职业学院	—	广州市	民办
69	广东肇庆航空职业学院	—	肇庆市	民办
70	广东酒店管理职业技术学院	—	东莞市	民办
71	广东碧桂园职业学院	—	清远市	民办
72	广州东华职业学院	—	广州市	民办
73	广东创新科技职业学院	—	东莞市	民办
74	广东信息工程职业学院	—	肇庆市	民办
75	潮汕职业技术学院	—	揭阳市	民办
76	私立华联学院	—	广州市	民办
77	广州涉外经济职业技术学院	—	广州市	民办
78	广州南洋理工职业学院	—	广州市	民办
79	惠州经济职业技术学院	—	惠州市	民办
80	广州康大职业技术学院	—	广州市	民办
81	珠海艺术职业学院	—	珠海市	民办
82	广东亚视演艺职业学院	—	东莞市	民办
83	广东新安职业技术学院	—	深圳市	民办
84	广州现代信息工程职业技术学院	—	广州市	民办
85	广东岭南职业技术学院	—	广州市	民办
86	广州华南商贸职业学院	—	广州市	民办
87	广州华立科技职业学院	—	广州市	民办